学前教育专业"双证融通"系列教材

依据《幼儿园教师专业标准（试行）》《中小学和幼儿园教师资格考试标准（试行）》《学前教育专业认证标准》编写

幼儿社会教育与活动指导

YOUER SHEHUI JIAOYU YU HUODONG ZHIDAO

主　编◎李贵希

副主编◎袁　勇

U0734109

北京师范大学出版集团
BEIJING NORMAL UNIVERSITY PUBLISHING GROUP
北京师范大学出版社

图书在版编目(CIP)数据

幼儿社会教育与活动指导/李贵希主编. —北京:北京师范
大学出版社,2013.9(2021.10重印)

ISBN 978-7-303-16999-3

Ⅰ.①幼… Ⅱ.①李… Ⅲ.①学前教育-社会教育-幼
儿师范学校-教材 Ⅳ.①G611

中国版本图书馆CIP数据核字(2013)第201568号

营 销 中 心 电 话　010-58802755　58800035
北师大出版社职业教育分社网　http://zjfs.bnup.com
电 子 信 箱　zhijiao@bnupg.com

出版发行:北京师范大学出版社　www.bnupg.com
　　　　　北京市西城区新街口外大街12-3号
　　　　　邮政编码:100088
印　　刷:天津中印联印务有限公司
经　　销:全国新华书店
开　　本:787 mm × 1092 mm　1/16
印　　张:14
字　　数:300 千字
版　　次:2013年9月第1版
印　　次:2021年10月第20次印刷
定　　价:26.80 元

策划编辑:姚贵平　　　　责任编辑:王　婉　于晓晴
美术编辑:高　霞　　　　装帧设计:锋尚设计
责任校对:李　菡　　　　责任印制:陈　涛

编 写 委 员 会 名 单

主任委员

冯晓霞　朱家雄　秦金亮　杨　文

副主任委员（按姓氏笔画排序）

文　颐　朱宗顺　庄建东　刘迎接　刘　洋　杨四清

李红军　李河江　吴　林　宋占美　张兰香　张家森

陈文华　陈伟军　陈志超　杭　梅　范永丽　郑健成

周玲玲　赵汝亮　郦燕君　原淑慧　唐志华　唐学军

黄淑敏　喻小平

委　　员（按姓氏笔画排序）

王　刚　邓大河　石生莉　安春芳　孙华庚　张锋利

陈　华　武建芬　蒋荣辉　戴猛强

内容简介

　　本书立足我国学前教育发展的实际，全面体现《幼儿园教师专业标准(试行)》《3－6岁儿童学习与发展指南》的精神。以切实夯实学生的综合素质，增强幼儿教师所应具备的职业能力为导向，用崭新视角全面阐释了幼儿社会教育的本质、目标与内容、方法与途径，重点对幼儿社会领域各类教育活动的设计与实施进行了翔实、科学的阐述。教材在整体上体现了结构的新颖性与层次性、内容的实践性与互动性。各单元在阐述基本理论的同时，配有大量拓展阅读材料和案例，以有效促进学习者全面的提高和进步。

　　本书既可作为面向应用型、技能型人才培养的学前教育及相关专业的教学用书，也可作为社会从业人员的业务参考及培训用书。

前言

　　"如果人们集中力量培养'完善的人'，而这种人又会自觉地争取他们个人和集体的解放，那么，教育就可以对改变社会和使社会具有人性做出巨大贡献。"促进人的全面发展是教育最本真的追求，幼儿社会教育是人类教育理想实现的开端。创造幼儿快乐、幸福的童年生活，给予幼儿有价值的成长状态，体现在我国多年的幼儿教育实践之中。从《幼儿园工作规程》《幼儿园教育指导纲要(试行)》，到《3～6岁儿童学习与发展指南》，以及《幼儿园教师专业标准(试行)》等一系列文件的颁布出台，对幼儿教师职业素养的提高起了巨大的推动作用。优质幼儿教育的产生，关键在教师，而培养高素质的教师就要有高适宜性的教材。幼儿社会教育与整体教育的使命相辅相成，是学前教育的重要组成部分。幼儿教师必须具备幼儿社会教育的基本理论与常识，熟练掌握指导幼儿社会教育活动实践的本领。

　　本教材分为八个单元，涉及幼儿社会教育"是什么""为什么""学什么""如何学""教什么""如何教"等问题。第一单元阐释了对于幼儿社会教育的一般理解，幼儿社会教育的地位和专业视域；第二单元阐释了家庭、幼儿园及幼儿个性与幼儿社会性发展之间的相互关系；第三单元阐释了幼儿社会教育的目标与内容；第四单元阐释了幼儿社会教育的实施；第五单元阐释了幼儿自我意识及其教育活动的指导；第六单元阐释了幼儿社会交往及其教育活动的指导；第七单元阐释了幼儿社会环境和规范认知及其教育活动的指导；第八单元阐释了幼儿多元文化及其教育活动的指导。本教材总体上具有以下三个特点。

　　其一，注重体例的新颖性。教材每一单元都包括：单元导语、学习目标、正文、拓展阅读、经典案例、实践训练。其中，导语不是通常意义上的导入，而是经典之言，用以宣扬某种价值导向和教育追求，体现出编写者在专业上的高度。正文中根据需要适当穿插图片、小资料或互动平台，令人耳目一新。

其二，突出内容的实践性。在内容组织选择上，我们对大量大学生校内、外实习的典型主题进行了提炼，筛选出指导学生教育实践的阅读资料；在案例设计上，我们结合幼儿园教学实际，重点突出幼儿园小、中、大班的活动设计，并让学生体验同一社会主题在不同幼儿班级开展时的"变与不变"等。

其三，体现学生的发展性。在行文中，充分考虑学前教育专业学生的兴趣、需要，增强教材的可读性，发展学生主动的学习精神；寓教于乐，把抽象的知识讲述变成一种欣赏和体验的过程，发展学生积极的学习情感；因地制宜，培养学生利用和挖掘幼儿社会教育资源的能力，发展学生的创新素质。

本书由南京特殊教育职业技术学院李贵希担任主编，安阳幼儿师范高等专科学校袁勇担任副主编。具体分工如下：李贵希负责全书的统稿、定稿、课程标准的制定和第一单元的编写；袁勇负责编写第三、第四单元；徐州幼儿师范高等专科学校栾文娣负责编写第二单元；南京特殊教育职业技术学院张兰香负责编写第五单元；河北外国语职业学院王燕负责编写第六、第七单元；常熟理工学院喻小琴负责编写第八单元；深圳元平特殊教育学校刘花雨负责撰写附录1（社会适应不良幼儿的教育建议）；南京市实验幼儿园方圆绿茵园潘娟负责部分案例的编写。

本书在编写过程中得到了各编者所在单位领导的关心和大力支持；北京师范大学出版社的姚贵平老师，还有其他编辑也为此书付出了大量心血；书中还引用了国内外幼教同行的一些研究成果，在此一并表示衷心的感谢。鉴于编者水平有限，敬请广大同行多提宝贵意见，以便不断修订完善。

编　者

目　录 Contents

▶ 第一单元　幼儿社会教育概述 / 1

第一课　幼儿社会教育的一般理解 / 1
　　一、幼儿社会教育的学科性质 / 1
　　二、幼儿社会教育的内涵 / 2

第二课　幼儿社会教育的地位 / 5
　　一、幼儿社会教育与相关课程领域的关系 / 5
　　二、幼儿社会教育的意义 / 8

第三课　幼儿社会教育的专业视域 / 12
　　一、幼儿社会教育的价值追求 / 12
　　二、幼儿社会教育过程的本质 / 12
　　三、幼儿社会教育的专业准备 / 15

▶ 第二单元　幼儿社会性发展的影响因素 / 19

第一课　家庭与幼儿的社会性发展 / 19
　　一、家庭物质环境对幼儿社会性发展的影响 / 20
　　二、家庭精神环境对幼儿社会性发展的影响 / 23

第二课　幼儿园与幼儿的社会性发展 / 29
　　一、幼儿园物质环境对幼儿社会性发展的影响 / 29
　　二、幼儿园精神环境对幼儿社会性发展的影响 / 29

第三课　个性与幼儿的社会性发展 / 35
　　一、气质对幼儿社会性发展的影响 / 36
　　二、能力对幼儿社会性发展的影响 / 38
　　三、性格对幼儿社会性发展的影响 / 38

▶ **第三单元　幼儿社会教育的目标与内容** / 42

第一课　幼儿社会教育的目标 / 42

一、幼儿社会教育目标的含义 / 42

二、确定幼儿社会教育目标的依据 / 48

三、实现幼儿社会教育目标应注意的几个问题 / 49

第二课　幼儿社会教育的内容 / 51

一、幼儿社会教育的具体内容 / 52

二、选择社会教育活动内容的依据 / 56

▶ **第四单元　幼儿社会教育的实施** / 59

第一课　幼儿社会教育的途径 / 59

一、幼儿园专门的教育活动 / 59

二、环境教育 / 64

三、随机教育 / 66

四、幼儿园与家庭的合作 / 69

第二课　幼儿社会教育的常用方法 / 71

一、幼儿社会教育的一般方法 / 71

二、幼儿社会教育的特殊方法 / 79

第三课　幼儿社会教育活动的设计与评价 / 85

一、幼儿社会教育活动方案设计的一般要求 / 85

二、幼儿社会教育活动的评价 / 92

▶ **第五单元　幼儿自我意识与教育活动设计** / 96

第一课　幼儿的自我意识 / 96

一、自我意识的概述 / 96

二、幼儿自我意识的产生和发展 / 98

第二课　自我意识与幼儿的教育 / 106

一、自我意识对幼儿发展的作用 / 106

二、幼儿自我意识的培养途径与方法 / 108

第三课　幼儿自我意识教育活动的设计 / 114

一、幼儿自我意识教育活动的类型 / 114

二、幼儿自我意识教育活动的设计 / 116

▶ **第六单元　幼儿社会交往与教育活动设计** / 123

第一课　幼儿的社会交往 / 123

一、幼儿社会交往的发生与发展 / 124

二、幼儿社会交往教育的实施 / 137

第二课　幼儿社会交往教育活动的设计 / 142

一、幼儿社会交往行为的观察与评价 / 142

二、幼儿社会交往教育活动的设计 / 144

▶ 第七单元　幼儿社会环境和规范认知
　　　　　　与教育活动设计 / 150
　　第一课　幼儿社会环境与规范认知 / 150
　　　　一、幼儿社会环境与规范认知的发展 / 151
　　　　二、幼儿社会环境与规范认知教育的实施 / 158
　　第二课　幼儿社会环境与规范教育活动的设计 / 165
　　　　一、应选择符合幼儿年龄特征的任务与内容 / 165
　　　　二、设计活动应具有针对性，涉及的社会规则
　　　　　　不宜过多 / 166
　　　　三、活动内容的选择应根据幼儿的兴趣和关注点 / 166
　　　　四、应选取正面的社会现象作为社会规范
　　　　　　认知的案例 / 167
　　　　五、重视参观、游览等教育方式的运用 / 167

▶ 第八单元　幼儿多元文化教育与活动设计 / 174
　　第一课　多元文化教育 / 174
　　　　一、文化与多元文化的发展 / 175
　　　　二、幼儿多元文化认知的发展 / 180
　　　　三、幼儿多元文化教育的途径 / 181
　　第二课　幼儿多元文化教育活动的设计 / 187
　　　　一、幼儿多元文化教育的目标 / 187
　　　　二、多元文化教育活动设计的基本结构 / 190
　　　　三、幼儿园多元文化教育应注意的问题 / 196

▶ 附录1　社会适应不良幼儿的教育建议 / 198

▶ 附录2　《幼儿社会教育与活动指导》
　　　　　课程标准(建议) / 206

▶ 主要参考文献 / 208

第一单元

幼儿社会教育概述

如果人们集中力量培养"完善的人"，而这种人又会自觉地争取他们个人和集体的解放，那么，教育就可以对改变社会和使社会具有人性作出巨大贡献。

——联合国教科文组织

📚 学习目标

- 了解幼儿社会教育的学科性质，理解其内涵及地位。
- 理解幼儿社会教育与相关课程领域的关系。
- 掌握幼儿社会教育的价值追求，理解幼儿社会教育的本质。
- 领会幼儿社会教育的专业准备。

第一课　幼儿社会教育的一般理解

幼儿社会教育作为一个独立的课程领域，有其自身独特的性质、任务与内涵。学前教育专业的学生从总体上把握幼儿社会教育，对其从事学前教育的理论研究和实践探索都具有深远意义。

一、幼儿社会教育的学科性质

幼儿社会教育的学科性质是什么？这涉及幼儿社会教育的属性和本质问题。作为一门课程，幼儿社会教育主要研究幼儿社会性发展的现象、规律及其教育原理、方法与途径,从而促进幼儿的全面发展。这是一门兼有理论性、应用性和实践性的课程。

从理论性来看,它需要研究幼儿社会性发展过程中的现象、揭示幼儿社会性发展的规律、探究幼儿社会教育的方式和方法,并据此来建构与时俱进的教育原理等。当观念或思想一旦和行为产生融合,便会产生出巨大的教育力量。幼儿社会性是指作为社会成员的个体,为参与社会生活在环境互动中所表现出的心理和行为特征。幼儿社会性发展和身体、认知等方面的发展有着不同的特点和规律,正是这些不同,决定了幼儿社会教育的原理和其他领域是不一样的。我们必须站在理论的高度来对幼儿社会教育加以探索。

从应用性来看,幼儿社会教育是一门教法课程。学习者应能在充分把握学前儿童社会性发展规律的基础上,去正确理解和掌握幼儿社会教育的基本原理和原则,方法和策略,把幼儿社会教育的基本知识内核融入到幼儿社会教育的行动中去。

从实践性来看,幼儿社会教育为我们提供了一种实践性的知识。学习者掌握的幼儿社会教育领域里的相关知识并不能以间接经验的方式直接传递给幼儿。学习者应将这些知识转化为自己的品格素养和行动智慧,这样才能产生积极的教育效果,并使幼儿社会教育实践在丰厚的土壤中不断得到发展、升华和创新。

二、幼儿社会教育的内涵

从历史发展来看,幼儿社会教育被确立为独立的教育领域的时间尚短。但幼儿社会教育的内涵十分丰富,正确掌握其内涵是进行幼儿社会教育的前提。在此,我们从课程内容的角度对幼儿社会教育所涉及的若干基本概念进行简要阐述。

(一)社会性

人的需要是多种多样的。我们可以把人各种不同的需要归属于两大类,即生物性需要和社会性需要。生物性需要,也称作生理性需要,是指保存和维持有机体生命和延续种族方面的需要,如对饮食、休息、睡眠、排泄、性等的需要。这类需要是有机体的原发性需要,往往源于生理的冲动和有机体的本能反应。社会性需要是指与人的社会生活相联系的需要,如劳动的需要、交往的需要、认知的需要、成就需要和审美需要等。社会性需要是后天习得的结果,其源自于人类的社会生活,随着人类社会的发展而发展,在不同的社会历史发展时期表现出不同的特点。社会性需要是人类的一种基本需要,也是人类区别于动物的一个根本特征。一个人的生活不能没有社会性需要,人从幼年开始,就想与他人亲近、与他人来往,希望得到他人的赞许、关心、爱护、支持等,如果人从一开始就被置于一种孤独隔离状态之中,社会性需要得不到满足,就会产生焦虑、不安和痛苦等不良情绪反应,甚至会产生严重的人格障碍。我们所说的社会性正是源于人类的社会性需要。

社会性是指社会中的个体在发展过程中为适应社会所表现出来的心理和行为特征。社会性的含义可分为广义和狭义两种。广义的社会性是指人在社会生活过程中所形成的全部社会特征的总和,是与个体的生物性相对而言的。狭义的社会性是指个体在其生物性基础上形成和发展起来的适应社会环境、与人交往、竞争和合作,以及影响他人和团体的心理特征和行为方式,如遵守规则、交往能力、利他行为、合群性等。可以从下面两点来理解社会性的概念。

1. 社会性是社会生活中人际交往的产物

社会是人的各种关系的集合体。当一个人独处时,是谈不上社会的。人的生存脱离不开社会,人每天都在社会群体之中,充当着各种角色,表现着自己的社会性,逐渐学习适应于该社会所认可的行为方式、价值取向等,从而完成个体从"自然人"到"社会人"的转化。

2. 社会性是人发展过程的内容和结果

个体在从"自然人"到"社会人"形成的过程中,需要形成社会性的诸多特征,如个人的情感、性格、交往和社会适应等。这些既是个体社会性发展过程的内容,又是最终需要获得的结果。

幼儿社会性的形成和发展是幼儿在社会生活中,通过接受教育和社会影响而逐步习得的。社会性的发展是一个终生的历程,在不同的年龄阶段有着不同的内容和任务,但总的来说,学前期是一个人社会性发展的奠基阶段,3～6岁的幼儿期则是社会性发展的关键期。

(二)社会性行为

社会性行为是人们在交往活动中对他人或某一事件表现出的态度、言语和行为反应。它在交往中产生,并指向交往中的某一方,因此从某种意义上来讲,社会性行为也就是具体的交往行为,人们通过社会性行为来实现与他人的相互交往。

社会性行为,根据其动机和目的,可以分为亲社会行为和反社会行为两类。

亲社会行为是指人们在社会交往中对他人有益或对社会有积极影响的行为,主要包括:谦让、帮助、合作、分享、安慰和捐赠等。亲社会行为是一种积极的社会行为,它是人与人之间建立和维持良好关系的重要基础,始终受到人类社会的积极肯定和鼓励。

反社会行为是指违法或为社会所不能接受的行为。在学前儿童中最具代表性、最突出的是攻击性行为,主要表现为打人、骂人、破坏物品等。反社会行为是一种消极的社会行为,它不利于形成良好的人际关系,往往造成人际间的矛盾、冲突,甚至犯罪、伤亡等,因此,反社会行为始终被人类社会所反对和抵制。

幼儿社会性行为主要是指儿童在社会交往中形成的行为。按照交往对象的不同,幼儿的社会交往可分为两类:一是与成人的交往,主要包括与父母和老师的交往;二是与幼儿的交往,主要是指同伴之间的交往。

(三)个性

个性是一个人全部心理活动的总和,或者说是具有一定倾向性的各种心理特点或品质的独特结合。任何人都是有个性的,也只能是一种个性化的存在,个性化是人的存在方式。

幼儿的个性与社会性不同。个性是朝着与他人区别的独特性发展的,而社会性是朝着与社会群体相适应的共性方向发展的,二者协同发展,共同作用于幼儿的生长和发展。

(四)社会化

社会化是在一定社会环境影响下,个体朝着社会要求的方向不断发展并逐渐达到这种要求的过程。社会化是人类社会发展和人类文化延续与发展的前提条件。

幼儿社会化,也被称作幼儿社会性发展,它是幼儿成为负责任的、有独立行为能力的社会成员的发展过程。幼儿的社会化是一个非常复杂的过程。它既离不开与社会群体、集体、个人的相互作用和相互影响,也离不开个体主动地掌握社会经验和社会关系系统。这些社会经验和关系系统包括多方面内容,如参加社会生活所必需的道德品质、价值观念、行为规范,以及积极的生活态度和良好的自我调节与人际交往技能等。幼儿就是在社会性发展的过程中,不断丰富社会经验,完成从自然人到社会人的过渡的。

人类社会是绵延不息、持续不断前进的,这就为幼儿的终身社会性发展提供了无限空间。从这个意义上来说,幼儿的社会化是一个终身的动态发展过程。

(五)幼儿社会教育

究竟什么是幼儿社会教育呢?应该说整个学前教育界对这一问题尚没有一个统一的说法。这主要是因为研究者们都是从各自不同的视角与立场对这一问题做出回答与解释。当前,有关幼儿社会教育的概念主要有以下几种表述。[①]

1. 幼儿社会教育是指对幼儿进行社会认知、社会情感、社会行为等方面的教育,具体来说是指帮助幼儿正确地认识自己、他人和社会,形成积极的社会情感,掌握与同伴、成人相互交往以及与周围环境相互作用的方式,以使幼儿能有效地在社会中生存与发展的教育。

2. 幼儿社会教育是教育者按照社会的价值取向,通过多种途径不断向幼儿施加多方面教育影响,使其逐渐适应社会环境的过程。

3. 幼儿社会教育是以幼儿的社会生活事务及其相关的人文社会知识为基本内容,以社会及人类文明的积极价值为引导,在尊重幼儿生活,遵循幼儿社会性发展规律与特点的基础上,由教育者通过创设有教育意义的环境和活动等多种途径,陶冶幼儿心灵,最终实现培育具有良好社会理解力、社会情感,品德与行动能力完整、健康的幼儿之目的的教育过程。

为了方便理解和运用,依照中华人民共和国教育部 1996 年颁布的《幼儿园工作规程》、2001 年颁布的《幼儿园教育指导纲要(试行)》(以下简称《纲要》)及 2012 年出台的《3—6 岁儿童学习与发展指南》(以下简称《指南》)等有关文件,充分体现《幼儿园教师专业标准(试行)》中对幼儿教师提出的有关要求,我们将幼儿社会教育定义

---

① 张岩莉. 学前儿童社会教育[M]. 上海:复旦大学出版社,2012.

为:以社会和人类文明的积极价值为取向,以发展幼儿的社会性为目标,以增进幼儿的社会认知、激发社会情感、培养社会行为为主要内容的教育。幼儿社会教育的过程就是要引导幼儿在社会认知、社会情感和社会行为方面协调发展,使幼儿成为诚实的人、守信的人、勇敢的人、活泼开朗的人、善于交往的人、乐于助人的人。实质上,幼儿社会教育就是做人的教育,旨在帮助幼儿成为一个健康、乐观和幸福的人。

第二课　幼儿社会教育的地位

正确认识幼儿社会教育在整个幼儿园教育内容体系中的地位,把握好幼儿社会教育与其他领域教育的关系,树立整体教育观念是进行幼儿社会教育的前提。

一、幼儿社会教育与相关课程领域的关系

幼儿的发展是其自身与外部世界互动的过程,在这个过程中,幼儿是以整体的姿态与外部世界产生交互作用的,这就决定了幼儿社会教育只是整体教育影响的一部分,它与其他各领域教育有着非常密切的联系。《纲要》明确指出:幼儿园的教育内容是全面的、启蒙性的,可以相对划分为健康、语言、社会、科学、艺术五个领域,也可作其他的划分。各领域的内容相互渗透,从不同的角度促进幼儿情感、态度、能力、知识、技能等方面的发展。也可以说,幼儿园课程内容的每一领域都可以促进其他领域的发展,同样,其他领域也能促进任一单独领域向更高水平发展。

(一)幼儿社会教育与健康教育

《指南》指出健康是指人在身体、心理和社会适应方面的良好状态。幼儿阶段是儿童身体发育和机能发展极为迅速的时期,也是形成安全感和乐观态度的重要阶段。发育良好的身体、愉快的情绪、强健的体质、协调的动作、良好的生活习惯和基本生活能力是幼儿身心健康的重要标志,也是其他领域学习与发展的基础。

为有效促进幼儿身心健康发展,成人应为幼儿提供合理均衡的营养,保证充足的睡眠和适宜的锻炼,满足幼儿生长发育的需要;创设温馨的人际环境,让幼儿充分感受到亲情和关爱,形成积极稳定的情绪情感;帮助幼儿养成良好的生活与卫生习惯,提高自我保护能力,形成使其终身受益的生活能力和文明生活方式。所有这些教育的任务和目标都可以通过幼儿园有计划、有组织、有目的地开展幼儿社会教育活动来实现。同样,在进行健康教育的时候,幼儿的社会性也得到了发展。例如,当幼儿拥有良好的师幼关系和同伴关系的时候,他更容易获得安定、愉快的情绪,更容易产生安全感和依赖感,更容易使幼儿形成良好的社会情感;在幼儿参与体育活动的时候,不仅身体素质得到了锻炼,也培养了幼儿坚强、勇敢、不惧困难和勇于挑战的思想品质。另外,幼儿的主动参与、乐观积极、团结合作等做事态度都能在健康教育中得到适当的培养。

(二)幼儿社会教育与语言教育

语言是交流和思维的工具。幼儿期是语言发展、特别是口语发展的重要时期。幼儿语言的发展贯穿于儿童社会化的整个历程中,同时对儿童的社会性发展也有着重要的影响。幼儿在运用语言进行交流的同时,也在发展着人际交往能力、理解他人和判断交往情境的能力、组织自己思想的能力。语言可以获取信息,这使得幼儿的学习逐步超越个体的直接感知。

《指南》强调幼儿的语言能力是在交流和运用的过程中发展起来的。应为幼儿创设自由、宽松的语言交往环境,鼓励和支持幼儿与成人、同伴交流,让幼儿想说、敢说、喜欢说并能得到积极回应;并为幼儿提供丰富、适宜的低幼读物,经常和幼儿一起看图书、讲故事,丰富其语言表达能力,培养阅读兴趣和良好的阅读习惯,进一步拓展学习经验。幼儿的语言学习需要相应的社会经验支持,教师应通过多种社会活动扩展幼儿的生活经验,丰富语言的内容,增强理解和表达能力。同时,应在生活情境和阅读活动中引导幼儿自然而然地产生对文字的兴趣。一般来讲,社会性发展较好的幼儿,利用语言进行交往的机会会更多,语言运用能力也较强;反之,较好的语言能力也能使幼儿增添沟通与交流的频率,从而在社会性发展进程中获得先机。在幼儿园里,教师经常喜欢利用一些优秀的儿童文学作品来组织语言活动,这不仅能让幼儿感受到语言的丰富和优美,同时,也使幼儿从作品中体验到善良与邪恶、光明与黑暗、美丽与丑陋的含义,激发了幼儿对美好事物的向往。

(三)幼儿社会教育与科学教育

幼儿的科学学习是在探究具体事物和解决实际问题中,尝试发现事物间的异同和联系的过程。幼儿在对自然事物的探究和运用数学解决实际生活问题的过程中,不仅获得丰富的感性经验,充分发展形象思维,而且初步尝试归类、排序、判断、推理,逐步发展逻辑思维能力,为其他领域的深入学习奠定了基础。

幼儿科学学习的核心是激发探究兴趣,体验探究过程,发展初步的探究能力。成人要善于发现和保护幼儿的好奇心,充分利用自然和实际生活机会,引导幼儿通过观察、比较、操作、实验等方法,学习发现问题、分析问题和解决问题;帮助幼儿不断积累经验,并运用于新的学习活动,形成受益终身的学习态度和能力。其实,通过科学活动培养起来的探究事物的兴趣、认识事物的科学态度、勇于发现和追求真理的精神,以及在相关活动中发展起来的自信心、爱心、责任心,还有对人类社会及整个世界关系的认识和体验,也属于社会教育的范畴。例如,在认识植物的活动中,我们不仅要让幼儿从自然的角度,将植物作为一种物质来认识,去了解它的生长特点、用途等,还要从社会的角度启发幼儿理解和感受植物的社会意义、文化意义和生命意义,使幼儿体验到植物与人类之间密不可分的关系,激发幼儿爱护环境的情感,并树立人与自然和谐共处的观念。

(四)幼儿社会教育与艺术教育

艺术是人类感受美、表现美和创造美的重要形式,也是表达自己对周围世界的认识和情绪态度的独特方式。

美来源于生活。每个幼儿心里都有一颗美的种子。幼儿艺术领域学习的关键在于充分创造条件和机会,在大自然和社会文化生活中萌发幼儿对美的感受和体验,丰富其想象力和创造力,引导幼儿学会用心灵去感受和发现美,用自己的方式去表现和创造美。可以说,社会教育本身需要艺术,艺术教育本身也离不开丰富的社会实践生活。艺术教育并不仅仅让幼儿学会了某些艺术的技法(如绘画、舞蹈和歌唱),更重要的是唤起了幼儿对美的追求,使幼儿热爱生命、热爱生活,发展了幼儿乐观、积极的品格。

(五)幼儿社会教育在整个幼儿园课程领域中的地位[①]

那么,幼儿社会教育在全部幼儿园课程领域里的地位又是怎样的?它与其他领域教育存在怎样的关系?我们可以用身受无意识环境影响的完整的人来形容幼儿园五大领域教育内容的整合关系(见图1-1),以便全面把握幼儿社会教育与相关课程领域的关系。

图1-1 五大领域的整合关系

如上图所示,圆圈中的空白处代表影响儿童发展的无意识环境,它渗透在幼儿所处的所有环境中。整个人体部分代表幼儿园有意识开展的五大领域教育,其中头部表示社会教育,它为整个学前教育提供价值的指引。没有价值指引的学前教育是盲目的,无助于人类进步的教育价值指引则是无益的,因而实施学前教育的第一步是根据幼儿的身心发展规律和社会健康发展的需要,思考我们要培养什么样的儿童。身体躯干是健康教育,它是幼儿教育的主体,学前阶段所有的教育都要以有益于幼儿的

---

① 甘剑梅.学前儿童社会教育的内涵、性质与课程地位[J].学前教育研究,2011(1).

整体健康为先,违背幼儿整体健康发展的知识、技能与能力都是不具有教育性的,也是不值得提倡的。右手和左手代表艺术教育,它们是帮助幼儿体验世界之美的途径。左脚是科学教育,右脚是语言教育,它们是帮助幼儿认识与表达对世界的理解与体验的两种有力途径。从它们各自的功能来看,这五大教育领域对于幼儿的完整发展来说都是不可或缺的。也就是说,在幼儿园的教育过程中,五大领域的教育共同作用于幼儿的整体发展。其中,幼儿社会教育起着导向性作用,为其他领域提供方向与价值的指引。可以说,一切教育的最终目的都是在帮助孩子建立起与世界的一种恰当关系,学会做一个人格健全,并有益于人类的人。在幼儿科学教育中,我们不仅要让幼儿学会科学地认识与探究客观世界,还要认识到人类与客观世界的关系,以及人类对客观世界所承载的责任;幼儿语言教育也不仅是教会孩子正确与流利地表达,还要教孩子学会表达真诚与善意;幼儿艺术教育不单要让孩子学会欣赏与创造美,还要让孩子体验与领会人性之美。这些都是社会教育的内容,可见社会教育规定着所有课程领域的价值方向,即培养有益于促进人类社会健康发展的人。

值得强调的是,幼儿社会教育以一种相对独立的课程领域被提出,其理论意义大于实践意义。从教师教和幼儿学的角度来看,这样做更有利于我们树立起科学的教育意识,更有利于我们进行针对性的研究。但我们却不能因此忽视学前教育的实践规律,事实上,对于实践工作者而言,越是能统整各个领域资源、以一种整体的教育观念与行为来面对我们的学前教育实践,我们的教育就越会有效果,幼儿的发展就越会有生机。

二、幼儿社会教育的意义

教育具有强大的力量。雅斯贝尔斯说:"我们的安全掌握在原子强国的手中,但是我们的道德政治和精神的未来,以及历史上作为民族存在的价值,则掌握在我们自己的手中。因此国家所能做的一切,以及将来仍然最具有政治意义的事,还是教育。教育所要唤醒的是人的潜在本质,能让儿童逐渐认识自我、认识知识和探索道德。"[①]莫兰也指出,教育应该对人格的自我形成和学会成为公民做出贡献。而在一个民主制度中,公民是通过他与祖国休戚与共的关联以及对祖国的责任来确定的。[②] 社会教育不能代替全部的教育,但是在人生的幼儿阶段,社会教育具有极其重要的地位和作用。幼儿时期的社会教育能够使儿童真切地体验到公民的责任和义务,它是一种陶冶情操的教育、做人的教育和生活的教育。概括来说,幼儿社会教育的意义体现在以下方面。

(一)传承文化功能

社会教育与文化之间有着十分密切的联系。任何文化特性或形态,如果没有社会教育就难以延续。虽然文化一词有多种解释,但从广义上来理解,通常是指人类在

---

① 雅斯贝尔斯.什么是教育[M].北京:生活·读书·新知三联书店,1991.
② 埃德加·莫兰.复杂性理论与教育问题[M].北京:北京大学出版社,2004.

社会生产、生活过程中创造的一切,包括物质生产与精神生产的全部内容。例如,一定社会民族长期形成的共通的语言、知识、价值、信仰、习俗及其成员的行为方式、生活方式等都属于文化的范畴。社会教育是一种特殊的文化现象,它几乎与文化内部所有的部分都发生着直接的联系,任何一种文化特质或文化模式如果不借助于社会教育的传递和深化功能,都将影响其存在的质量或缩短存在的历史时间。社会教育对文化的传承作用主要体现在以下几个方面。

1. 保存文化

人类文化只有通过社会教育的传递才能承前启后、继往开来,不断发扬光大。社会教育传递文化,因而使得新生一代能较为迅速、高效、经济地占有人类创造的精神文化财富的精华,使一个人能从毫无文化内容的"自然人"变成一个具有汲取、鉴赏、创造文化的"文化人",并将文化精髓内化为个体的精神财富,成为生命的一部分。这样人类的精神财富便找到了最安全、与人类共存亡且具有再生功能的"保险库",从而实现了保存文化的功能。

2. 交流文化

文化既然可以传递,也就可以传播。文化的传播,一般是指某一社会文化共同体的文化向另一社会文化共同体的传输过程,是单向的;而文化的交流,则是两个或两个以上文化共同体的文化相互传播,是双向的或多向的。

现代社会生产力的发展和市场经济结构的形成,使文化打破封闭的地域性走向开放,文化的交流成为必然。交流对丰富文化发挥着重要作用,它可以助长和影响人们的态度,激发并促进思想观念、行为方式的传播,以及推动文化的多元化发展。在当今社会中,文化的交流在很大程度上是通过社会教育实现的。

3. 提升文化

社会教育是文化传递的手段,但并不是所有的文化都可以成为教育内容。社会教育是有选择性的,即为了适应时代发展的要求,社会文化的糟粕必须摈弃,精华则有待发扬。经过社会教育选择的文化传递给年幼一代,以促进文化的进步和发展。社会教育对文化进行选择依据两大标准:一是社会价值标准,即只有符合社会、政治、经济和文化传统的主流文化才能进入教育的内容;二是个体价值标准,即那些适应个体身心发展需要和特点的文化。社会教育在选择文化的过程中实现了对文化品位的提升。

4. 更新文化

文化不是自然赋予人类的,而是人类利用自己智慧创造出来的。换言之,人是文化的继承者、创造者。人类为了自身的生存与发展,必须不断地更新与创造文化。社会教育通过传递已有文化,使幼儿社会化,并在此过程中培养、造就与文化发展相关的个性和创造力,从而使文化能够得以发展和更新。通过社会教育,人类已有的精神财富不断内化为幼儿个体的精神财富,使他们具有参与文化生活的能力,并培养和发展他们的文化表现方式和创造能力(如音乐、绘画、舞蹈等的创造);通过社会教育,年幼的一代迅捷而有效地占有人类全部文化的精华,并在此基础上逐步走向创造。从这个角度来说,社会教育具有发展文化和更新文化的功能。

(二)促进社会化功能

社会化是幼儿适应社会、参与社会生活、在社会环境中独立生存的必要条件。刚出生的婴儿除了具备一些最基本的生理和适应本能外,其他像社会观念、社会技能和价值观之类的成为社会成员的要素是没有的。幼儿必须通过社会教育来了解社会文化、学习社会生活技能,以便适应所处的社会,并在社会生活的大环境中获得发展。

幼儿的社会化是各方面因素交互影响的结果,幼儿园社会教育在幼儿社会化进程中发挥着至关重要的作用。对于幼儿来说,他们所受到的环境影响大多是被动的、不自觉的,环境对幼儿社会化的作用是潜移默化和难以抗拒的。当环境影响处于积极的趋向时,幼儿就会实现积极的社会化。例如教师之间互敬互助的处事氛围、师幼之间关爱和赏识的交往方式,能让幼儿学会尊重和爱护同伴,使幼儿更易与同伴建立起和睦融洽的关系。相反,当环境影响处于消极的趋向时,幼儿的社会化就会是消极的。例如父母的溺爱和家庭不良生活环境会强化幼儿的自我中心倾向,养成不健康行为习惯等。幼儿社会教育的一个重要职责就是按照社会生活积极的价值取向,为幼儿营造一种有教育意义的环境,有意识地引导幼儿实现积极的社会化,让幼儿形成良好的行为习惯和积极的价值观。从这个角度来讲,幼儿社会教育就是孩子心中的一盏明灯,指引着孩子前进的航向。

拓展阅读

教师期待的作用[①]

心理学家罗森塔尔曾进行过一个著名的实验。他对一个班的儿童进行智力测验,从中随机选取20%的学生,告诉这些儿童的老师,他们是非常有发展潜力的,将来可能表现出不同寻常的智力水平。8个月过后,再次试测智力测验,结果发现:那些随机抽取的所谓有发展前途的儿童都表现出了出乎意料的进步。研究者认为这是老师听信了实验者提供的假信息从而对儿童产生了期望效果所致。实验结果表明,教师的期望明显会对儿童的行为发生影响,这种现象被称为罗森塔尔效应。

大量社会调查和实验研究表明,教师是根据儿童的性别、身体特征、家庭的社会经济地位、家庭成员、兴趣爱好等信息,形成对某个儿童的期望的。当教师对儿童有高期望时,他们会对儿童表现得更和蔼、更愉快,会更经常发出微笑、表现友好的行动、点头、注视儿童,谈话、提问更多,并提供较多有挑战性的资料,提供更多的线索,经常重复问题,给予密切关注,等待儿童回答的时间也更长,经常赞扬儿童。研究显示,在情绪、身体语言、口头言语、教学材料、赞扬与批评等不同水平上,教师都表现出他们的期望。

---

① 李幼穗. 儿童社会性发展及其培养[M]. 上海:华东师范大学出版社,2004.

研究表明:教师对儿童的热情"期待",对改变儿童的行为具有很大的作用。凡是教师寄予希望的儿童,因为感受到教师的关心、帮助和厚爱,老师和儿童感情会很融洽,儿童会常常以积极的态度对待教师、对待学习,且更加自尊、自爱、自信、自强,表现出一种积极向上的激情。如果教师态度冷漠,不注意关心儿童,对儿童期望低,儿童就不会有高的学习热情。可见,教师的期待对于儿童的积极社会化功不可没。

(三)完善人格功能

所谓完善人格功能是指幼儿社会教育能够促进幼儿的整体和谐发展,使幼儿成为健康发展的人。幼儿社会教育在帮助形成全面发展的人这一功能上,主要体现在以下两方面。

1. 促进幼儿体、智、德、美全面发展

从幼儿发展的内容来看,幼儿完整人格的发展是指体、智、德、美的全面发展。促进幼儿体、智、德、美全面发展是幼儿园教育的根本目标。然而,在现代社会中,由于对工具理性和技术理性的过分推崇,造成功利主义和唯科学主义的价值观长久盛行于教育生活。"唯智论"的泛滥就体现了一种幼儿发展进程中的失衡。由于对应试教育的推崇,幼儿教育实践中普遍存在"小学化"现象,这严重违背了幼儿生长发育的特点和规律。幼儿社会教育不仅重视智育,也重视其他各育的共同发展;不仅重视幼儿在学习和生活过程中的智力因素的发展,同时也非常重视幼儿非智力因素的培育,充分肯定智力因素和非智力因素对幼儿发展的协调作用。

2. 促进幼儿认知、情感和意志的统整发展

从幼儿发展的结构来看,幼儿完整人格的发展是指认知、情感和意志的统整发展。从人类发展的哲学意义上来讲,人是一种关系性的存在,人类总是从以往那种自我封闭的、孤立自存的实体状态之中不断地把自身解放出来,从而成为一个现实的、具体的人。这体现的是一种现代生活的世界观和关系性的思维方式。可以说,教育自产生之日起,儿童自出生之日起,从来没有离开过真实的生活世界。幼儿的真正发展是在与环境和成人的共同体之交融中,源源不断地增长智慧,滋润情感,收获快乐和幸福的。幼儿社会教育犹如幼儿之生活,它承载了幼儿认知、情感及其他各方面的发展,使幼儿体验了尊重与被尊重,理解了人存在的价值及生命的意义,从而不断完善着人格。

总之,幼儿期是人生发展的重要时期,在这个阶段恰当的教育可以为幼儿一生的发展奠定一个良好的基础。幼儿社会教育正是通过总结历史发展中幼儿社会教育的宝贵经验、探索幼儿社会教育的普遍原理和规律、结合教育发展的实际,来促进幼儿社会教育实践不断进步和提高的。从本质上来说,幼儿社会教育促进着幼儿的不断社会化,掌握着幼儿发展的方向,推动着社会向更高层次发展。

第三课　幼儿社会教育的专业视域

　　这里所说的专业视域是指对幼儿社会教育整体规律的把握,对幼儿社会教育理论与实践的本质的理解,以及学习者投身到幼儿社会教育实践中时所应具备的视野和情怀。

一、幼儿社会教育的价值追求

　　幼儿社会教育的价值究竟是什么? 陶行知先生说过:"千教万教,教人求真。千学万学,学做真人。"这里突出了社会教育的"成人"功能。

　　国际 21 世纪教育委员会向联合国教科文组织提交的报告《教育——财富蕴藏其中》一文中指出:面向 21 世纪教育的四大支柱,就是要培养学生学会四种本领:(一)学会认知(learning to know)。即培养学生学会运用认知工具求知,学会发现问题,学会探究知识,学会构建知识,也就是要学会继续学习的本领;注重培养学生认知方法,引导学生通过发现、探究和意义构建的途径获取知识,培养学生的继续学习能力。(二)学会做事(learning to do)。即要学会实践,报告强调了人才培养"从技能到能力"的转变。这里的能力不仅指实际动手技能,还包括处理人际关系能力、社会行为、集体合作态度、主观能动性、交际能力、管理和解决矛盾的能力,以及敢于承担风险的精神等综合而成的能力。(三)学会合作(learning to live together)。即培养在人类活动中的参与和合作精神。(四)学会生存(learning to be)。即学会生活、学会自身发展。[①]

　　该文件中所提出的教育的四大支柱集中体现了 21 世纪社会对完整人格培养的要求,这和当今中国对素质教育提出的一般要求相吻合。幼儿社会教育是实现教育四大支柱的基础性工作。幼儿社会教育的价值是着眼于"健全人"的培养的。为此,幼儿社会教育将追求幼儿整体人格的养成,注重激发和丰富儿童的感觉经验和生活体验,凸显对儿童想象力和创造力的释放和提升,顺势利导儿童成为保存自由天性、具有丰富个性和初步社会性的主体性存在。

二、幼儿社会教育过程的本质

　　幼儿身心发展的特点和社会教育内容的特殊性,决定了幼儿社会教育过程的本质,了解这些本质,有利于我们更好地实施幼儿社会教育。

(一)幼儿社会教育是一种认知建构的过程

　　瑞士学者皮亚杰在谈到幼儿认知发展时提出,幼儿的认知判断力是按照一定的

---

　　① 节选自:国际 21 世纪教育委员会向联合国教科文组织提交的报告《教育——财富蕴藏其中》。

阶段和顺序从低到高不断发展的,要根据幼儿已有的发展水平来确定教育的内容,运用冲突的交往并采用小组讨论的方式,创造机会让幼儿接触和思考高于他们现有水平的推理方式,造成幼儿认知失衡,引导他们在寻求新的认知平衡之中不断地提高自己认识客观世界的水平。幼儿社会教育的过程就是促进幼儿认知判断力发展与行为发生的过程。幼儿认知建构的特征主要表现在以下几个方面。

第一,人的本质是理性的,因此,进行幼儿社会教育时,必须利用智慧达到对理性的把握,并在此基础上建构合乎理性的认知。比如,对于事物合理性的判断、对于社会规范的认知等。

第二,人的认知发展是建构的,因此,进行幼儿社会教育时,必须注重个体认知发展与社会客体的交互作用。也就是说,幼儿认知理性的获得并非天赋或外界规则的直接灌输,而是主客体在实践的过程中互动的结果。

第三,人的发展是动态的,因此,进行幼儿社会教育时,必须关注幼儿社会性发展的进程,关注教育的过程;重视教育内容和方法的灵活和创新,重视对促进幼儿可持续发展动因的研究。

(二)幼儿社会教育是一种情感体验的过程

英国教育家彼得·麦克费尔在谈到幼儿道德情感的培养时提出,与人友好相处是每个孩子的基本心理需要,关心人和体谅人的品性是做人的基础和核心,教育的重点就在于提高幼儿的人际意识,培养自我与他人相互关联的一种个人风格。幼儿社会教育的过程就是以一系列的人际与情境问题启发幼儿的人际意识与社会意识,引导他们学会关心,学会体谅,不断丰富情感体验的过程。幼儿情感体验的特征主要表现在以下几个方面。

第一,幼儿是教育的主体,因此,进行社会教育必须以幼儿为中心,尊重幼儿发展的需求,教育内容和教育策略的选择应能充分调动起幼儿的主动性,激发起幼儿对于教育情境的感悟力,促进幼儿情感和理性的投入,增强幼儿对于教育情境的鉴赏和理解力。

第二,幼儿天性趋善,因此,社会教育应富有感染力,以无限的真善美来促进幼儿各种潜能自由、快乐的发展,使幼儿自然而然地形成良好的社会行为,而不是靠成人的强迫形成。

第二,幼儿生活即学习,幼儿的生活世界是饱含着生命意义和价值的源初世界,是幼儿认知素材的主要来源,也是幼儿可以自由想象、探索、创造的生存环境。因此,社会教育应充分关注幼儿的生活世界,在丰富的情感体验中,促进幼儿社会性的不断发展。

(三)幼儿社会教育是一种社会模仿的过程

美国社会学家班杜拉认为幼儿与环境是一个互动体,幼儿既能对外界的刺激做出反应,也能主动地解释并作用于情境。幼儿的行为不仅可被现实经验所规定,也受未来预期所影响。幼儿是通过观察他人在相同环境中的行为,从他人行为获得强化的观察中进行体验学习的。幼儿社会学习是一种社会模仿的过程,其特征主要表现在以下几个方面。

第一,观察是社会学习的基本方法,因此,创设和完善可供观察的环境是引起幼儿学习动机的有效途径。

第二,模仿是社会学习的操练,幼儿在模仿的进程中,不断习得被期望的社会行为。

第三,良好的自信心是进步的助推剂,因此,教师在社会教育的进程中,应重视榜样示范的作用,及时对幼儿的进步予以肯定,不断激励幼儿积极主动地参与到社会学习的实践中去。

拓展阅读

关于情商

20世纪末,美国《纽约时报》专栏作家戈尔曼的著作《EQ》之所以风靡了美国商业界与教育界,原因在于人们终于认识到,IQ并非成功的唯一法宝,EQ才是人生的制胜关键。现如今,EQ在国外很多国家已被纳入到正式教育中,美国的学校已开办EQ课程,将其与传统的数学、语言等课程并列。在我国港台地区,EQ也正在成为一门显学。

美国学者卡耐基在《成功之路》一书中说:"一个人事业上的成功,只有15%是靠他的专业技能,另外85%要靠他的人际关系和处世技巧。"这里的人际关系和处世技巧可用情绪智能来表示。换句话说,一个人的成功,少部分归功于智商,而大部分取决于情商。情商高的人生活和学习比较快乐,能维持积极的人生观和价值观,保持健康的心态,并进行合理的自我管理,因此成功的概率更大。

我国学者在参考国外研究的基础上,一般都认同EQ的主要因素有五个部分,即自我意识、自我激励、情绪控制、人际沟通、挫折承受能力。[①]

一、自我意识

自我意识是指对自身情绪的认识。它是EQ的基础。自我意识的本领在于自我认知感觉、自我体验感受与自我监控情感。不了解自身真实感受的人必然沦为感觉的奴隶;反之,掌握感觉才能成为生活的主宰。

二、自我激励

自我激励依赖于完成任务的动机水平、兴趣和意志的影响以及人生的基本信仰、明确的生活目标、乐观与自信的生活态度。善于自我激励的人,能保持高度热忱完成任务,这种人做任何事情效率都比较高,因为自我激励是一切成就的动力。

三、情绪控制

情绪控制的核心在于妥善管理情绪。情绪管理有赖于自我认识,并需做出意志的努力。因此,情绪控制必须建立在自我意识和自我激励的基础上,它需要自我安

---

① 周明星,邓新华. 成功学生全面素质测评手册[M]. 北京:人民日报出版社,2000.

慰、摆脱焦虑和不安。

四、人际沟通

人际沟通包含认知他人情绪,并能管理好人际关系。其中同情心是基本的人际沟通技巧,具有同情心的人较能从细微的信息中察觉他人的需求。同样,站在他人角度了解他人感受也能达到人际沟通。人际沟通还需要在交往过程中保持互利互惠的思想维系友谊,消除分歧。一个人的人缘、人际和谐程度是与领导管理能力直接相关的,充分掌握人际沟通能力的人常常是社会上的佼佼者。

五、挫折承受能力

对失败的承受能力在国外不作为 EQ 的指标,但在我国,情况有所不同。中国儿童受中国传统社会文化家长制的影响,独生子女从小养成依赖思想,在未来的生活中,失败的机会可能要比成功的机会多,在这种情况下,从小培养挫折承受能力就显得尤为重要。事实上,能承受挫折的人往往把失败归因为可以控制的因素,能从每次失败中总结经验,吸取教训。相反,消沉、萎靡、挫折承受能力差的人则更容易把失败归因为不可控制的因素。因此,我们需要从小培养孩子的挫折承受能力,使之尽快适应生活、适应社会,做生活的主人。

三、幼儿社会教育的专业准备

为了更好地开展幼儿社会教育,促进幼儿社会性良好发展,幼儿教育实践者必须要全面地做好职业准备。这是做好幼儿园教育工作的必要前提。

(一)树立科学的幼儿社会教育观

不管是幼儿园一线的教师,还是将来要从事幼儿园教育的准教师,最基本的就是要树立起科学的幼儿社会教育观。所谓幼儿社会教育观,是指对于开展幼儿社会教育活动的基本观点,例如,对于幼儿社会教育目标价值取向的认识、对于幼儿社会教育活动性质和任务的认识,以及对于幼儿社会教育规律的把握等。

1. 成人支持下的发展观

儿童社会性、人格的健康发展需要成人提供良好、适宜的教育环境。高质量的幼儿教育对于幼儿社会性、人格的发展具有积极的促进作用。实践证明,幼儿时期适宜的社会性教育能够有力地促进幼儿社会交往能力、爱心、责任感、自控力、自信心和合作精神等社会性、人格品质的发展,接受了适宜社会性教育的幼儿以上各方面发展水平都要显著高于没有受过类似教育的幼儿。相反,不良的幼儿教育则容易使幼儿形成消极的社会性及人格品质。在早期教育环境中缺乏成人的关爱与发展支持、缺乏情感互动与交往引导的幼儿更容易出现孤僻、冷淡、退缩、依赖、攻击性及破坏性强等适应性不良问题,严重的还可能产生情感、人格方面的障碍。

因此,在幼儿社会性发展的重要时期,环境和教育影响起着非常重要的作用。教师作为幼儿成长过程中的重要他人,必须具有自觉的教育意识、树立坚定的教育信念,给予幼儿适宜的物质支持和精神支持,促进其社会性不断发展。

2. 成长取向的目标观

受我国传统应试教育的影响,以知识学习为中心的教育目标观在幼儿教育中还普遍存在。反映在社会教育领域就是重视规范和规则的学习,对于形式的追求远胜过内在品质的培育。这实质上是没有给社会教育以应有的地位和尊重。传统意义上的知识学习强调的是幼儿外在行为的改变,它更倾向于追求量上的累积。但对于年幼的孩子来讲,更应当保护和培植他们的身体以及各种精神官能的发育成长,把幼儿各方面的潜能保护好、挖掘好,这才是学前教育的重心所在。

因此,幼儿社会教育的目标应该是成长取向的,所谓成长取向就是社会教育要面向生活,教育要以幼儿的健康成长为主要目的和任务,最终目标是把幼儿培养成全面发展的人。

3. 融合视野下的方法观

这里说的融合包含三层含义。

(1)幼儿身心发展是一个整体,不可分割。科学研究表明,幼儿年龄越小其身心素质分化程度就越低,幼儿的身体和心理,以及身心内部各因素之间都相互制约、相互联系,所以作为幼儿身心发展的外部主导因素——幼儿社会教育也是不可分割的。

(2)幼儿教育各领域是一个整体,相互渗透。幼儿园课程中健康、语言、社会、科学和艺术五大领域是相对划分的,各领域的内容是相互渗透的,从不同的角度促进幼儿情感、态度、能力、知识、技能等方面的发展。所以幼儿社会教育和其他领域的教育是相互依存和制约,总是整体作用于幼儿的发展的。

(3)幼儿社会教育的外在力量是多因素作用的合力。幼儿园的教育离不开家庭、社区以及社会各个方面的合作和影响。只有当幼儿园的教育与其他方面的教育在同一方向形成合力的时候,幼儿的发展才会更加顺利和积极。

因此,幼儿社会教育反对狭隘的教育观,应怀有一种宽广的教育视野,整合各方面的教育力量,融教育于幼儿的生活,促进幼儿全面发展。

(二)掌握广泛的相关知识

为了促进幼儿社会性发展,教育工作者需要掌握许多相关的知识。主要涉及以下方面。

1. 有关自我的知识即教育者的知识

幼儿教师首先必须对自身有一个清晰的了解和客观的评价,包括对自身的文化素养、兴趣爱好、态度能力、经验积累等方方面面有一个明确的认识。了解自身社会性发展的知识有利于教师在接受新事物、新理念时,正确作出判断,有针对性地补充自身的不足,有利于教师在组织教学活动时客观地评价自己的教学行为,有利于教师不用自身的喜好去影响孩子的学习。

2. 有关幼儿的知识即学习者的知识

幼儿教师面对的是3~6岁甚至0~3岁的婴幼儿,他们的生理和心理特征与成人有显著差异。幼儿阶段是人一生中发展最为迅速的时期,许多能力的关键期都处于这一年龄段。因此专业的幼儿教师,必须对其教育的对象有一个全面深入的了解和认识,熟悉幼儿的生理、心理发展特征及认知特点,尤其是要全面掌握幼儿社会性发展过程中的各种规律、因素,并能够依据《幼儿园教育指导纲要(试行)》和《3－6岁儿童学习与发展指南》的相关要求,有针对性地组织各种社会教育活动。

3. 有关社会教育方面的知识

幼儿社会教育与其他各领域的教育有着紧密的联系,因此,教育者应具备关于教育的最一般的原理、原则、规律和方法等方面的知识。同时,社会教育又有其自身的特性,教育者还要进一步学习和掌握幼儿社会教育的内涵、目标和内容,幼儿社会教育的方法和途径,以及影响幼儿社会性发展的各种因素和幼儿社会性发展的相关理论知识等。

(三)提升教育能力

教育能力的内涵很广,这里主要是指进行幼儿社会教育活动时应该具备的基本能力。

1. 开发和利用生活资源的能力

幼儿园社会活动的开展离不开幼儿鲜活的生活世界。深刻把握幼儿的生活是进行幼儿教育的前提。幼儿的生活包括主体外生活和主体内生活。主体外生活主要是指文化习俗、环境气候、政治经济发展水平等因素影响儿童时而产生的生活;主体内生活主要包括教师、幼儿(自己)、同伴、幼儿园等因素在互动时而产生的生活。教育者应能借助自身的教育智慧,综合各方面的条件,深刻挖掘各种资源的教育价值,使幼儿社会教育成为有源之水、有本之木。

2. 教育活动的组织能力

这是指教育者能根据教育教学的基本法则和幼儿的具体情况,对教育活动进行科学的筹划与安排,并能根据设计方案熟练实施教育活动的能力。教育活动是流动的、变化的,因而活动的设计不是静态的、程序化的,而是以幼儿为本,充满人文关怀的。幼儿是活力四射、富有个性的,因而活动的开展不能照本宣科、一成不变,要适应个性要求、合理生成。

3. 教育研究的能力

教育研究能力是指对教育现象和问题进行分析和综合,并能使问题得以解决的能力。它是教师提升自己的专业水准,创造优质教育的保障。在幼儿社会教育的过程中,教师会面临许多的问题和挑战,如何使社会教育顺利进行,如何使幼儿健康发展,总归依赖于教师解决问题的能力。而这类能力,如细致地观察幼儿的能力、敏锐地发现问题的能力、科学有效地解决问题的能力等,都需要教育者在研究性和实践性的工作中去探索和锻炼。教育者只有具备了教育研究能力,才能不断促进幼儿快乐、幸福的成长。

拓展阅读

两朵玫瑰花

苏霍姆林斯基是苏联著名教育家,他在担任乌克兰巴甫雷什乡村中学校长时,曾发生这样一则真事。校园的花房里开出了一朵朵硕大的玫瑰花,全校师生都非常惊叹它们的鲜艳和美丽,每天都吸引许多同学前来观看。这天早晨,苏霍姆林斯基在校园里散步,看到幼儿园的一个4岁的小女孩在花房里趁人不注意摘下了一朵很大的玫瑰花,抓在手中,从容地往外走。苏霍姆林斯基看到了,叫住那小女孩,但他没有训斥她。苏霍姆林斯基很想知道这个小女孩为什么摘花。于是他耐心地弯下腰来,亲切地问:"孩子,你摘这朵花是送给谁的?能告诉我吗?"小女孩知道他是校长,所以害羞并胆怯地说:"奶奶病得很重,一直在床上躺着。我告诉她学校里有这样一朵又大又美丽的玫瑰花,奶奶有点不信,我现在摘下来想送给她看,看过我就把花送回来。"听了孩子天真的回答,苏霍姆林斯基的心颤动了,他拉着小女孩,在花房里又摘下了一朵大玫瑰花,对孩子说:"这一朵是奖给你的,你是一个懂得爱的孩子;那一朵你就送给奶奶吧,感谢她养育了你这样好的孩子。"

苏霍姆林斯基的"两朵玫瑰花"的故事,传达了一种爱的教育理念。孩子犯了错误,教师通常的做法,往往是板着脸孔进行道德说教,甚至采用简单粗暴的方式。这造成教育缺乏同情与怜悯心,缺少方法和耐心,缺乏对人性美的感悟。在这类教育者的心中,似乎所有的玫瑰花都已凋谢,生活中再也没有甜蜜的糖果了。事实上,学校是传递人间真、善、美的地方,是播撒爱的种子的地方。爱是教育的基础,没有爱就没有教育。爱是陪护孩子成长的生命良药。正是这副良药使孩子成长为一个心中有爱,对他人、对社会有爱的人。

实践训练

1.校内练习:结合学前教育方面的知识,分析幼儿社会教育的地位及意义。
2.校外练习:去你所在地区的幼儿园,了解幼儿社会教育活动开展的现状。

第二单元

幼儿社会性发展的影响因素

小孩子生来是无知无识的,不知什么是好,什么是坏。他的一举一动可说一方面受遗传的影响,一方面受环境的约束,受教育的支配。

——陈鹤琴

📚 学习目标

- 了解家庭物质环境、幼儿园物质环境、能力、性格等对幼儿社会性发展的影响。
- 掌握家长、教师、同伴与幼儿社会性发展的相互关系。
- 掌握气质对幼儿社会性发展的影响。
- 理解各因素在幼儿社会性发展中的相互关系。

第一课　家庭与幼儿的社会性发展

弗洛姆曾说:"家庭是社会生活的精神媒介,通过使自己适应家庭,儿童获得了后来在社会生活中适应其所必须履行的职责的性格。"家庭环境的影响具有特殊意义,家庭是儿童最初的生活场所,儿童的社会性发展首先是在家庭中开始的。通过家庭成员特别是父母的抚养与教育,儿童逐渐获得了知识和技能,掌握了各种行为准则和社会规范,从一个基本依靠本能生活的婴儿发展成一个合乎其社会角色系统要求的、被其所在的社会环境认可和接纳的人。家庭教育是在有意和无意、有计划和无计划、自觉和不自觉之中进行的,不管是以什么方式、在什么时间进行,都将潜移默化地影响着孩子的社会化进程。

一、家庭物质环境对幼儿社会性发展的影响

(一)家庭物质条件

家庭物质条件是满足孩子生存的基本条件,这里所说的家庭物质条件,主要指的是家庭物质生活条件,它包括家居环境、社区环境等。

1. 家居条件

随着社会经济的发展,人们的生活条件有了较大的提高,家居条件也得到了很大的改善。不少家庭购置新房,增添家具和电器,把家庭生活空间布置得优美、整齐、干净、有序。幼儿拥有了自己独立的房间,房间布置也体现出了幼儿的特点。这样的环境能时时刻刻熏陶、启迪着孩子,对孩子自我意识、独立性以及创造性的发展十分有益,有利于促进幼儿的社会化。相反,如果家居条件太差,则会影响幼儿的自我认同,阻碍幼儿社会性的发展。

2. 大众传媒

随着科技的发展,电视、电脑、手机、电子游戏机、卡拉 OK 等多媒体设备进入了千家万户,大众传媒对儿童的影响越来越大。

(1)电视

根据美国最大的媒体市场调查公司尼尔逊的调查显示,美国 2～5 岁的儿童平均每周看电视 30 小时,如果除去每天 10 小时的睡眠时间,那么孩子每天大约有 1/3 清醒的时间是在看电视。另一项在 2000 年进行的研究表明,美国 2 岁以下的儿童中,26％ 在他们的房间里有电视机,这些孩子通常是睡在婴儿床上看电视;36％ 的家庭即使没有人看,电视还是一直开着。虽然看电视的过程也是认识事物的过程,看电视可以开阔儿童的视野、丰富知识、娱乐生活,良好的电视节目有助于培养儿童合作、友好、自制的行为,但是,电视也会给他们带来许多负面的影响。

①电视会导致孩子变孤独

孩子花在看电视上的时间越多,户外活动和人际交往时间就会越少。他们长时间地坐在电视机前,不参加人际交往活动,只从电视中获得依赖和满足,孩子和电视中角色的单向关系影响了他和真人相处的关系。尤其是那些不能从现实交往中获得令自己满意的社会支持和同伴关系的儿童,更容易花费大量时间待在电视屏幕前成为"电视儿童",这极大地阻碍了儿童社会性的发展。

②电视会导致孩子攻击性行为增加

幼儿分辨能力较差,易受电视中情节的影响。一些暴力、恐怖的成人节目不断影响着儿童,甚至一些儿童电视节目也在宣扬暴力、战争、残杀等。儿童盲目模仿这些内容,攻击性行为出现频率大大增加,甚至产生憎恨、反叛的心理。

③电视影响幼儿价值观

不论儿童电视剧或成人电视剧,透过里面人物和故事情节,其实都是在传播一种价值观。积极的电视节目可以在幼儿的心灵里逐渐树立起正确的人生观、价值观,但是有些电视节目情节惊险,价值观消极,充满了钩心斗角、虚幻迷离。幼儿处于人生观、价值观和世界观形成的初期,长此以往对幼儿的负面影响是很大的。

(2)电脑和网络

另一种对儿童影响较大的媒体是电脑和网络。电脑除了与其他传媒一样可提供多方面的信息之外,其最大的优点在于它具备与使用者之间强烈的互动性,儿童可以通过简单操作与电脑进行人机互动。另外,随着网络技术越来越成熟,其对人们生活的影响也越来越广泛,电脑、网络在共享资源、扩大知识面上有着自己独特的优势,故而将孩子完全隔离在电脑等电子产品之外,是不现实,也不必要的。网络上丰富的资源可以帮助幼儿了解人文地理、风土人情、社会时事等,激发幼儿热爱文化、热爱生活的情感;电脑的交互功能能帮助幼儿自主学习,激发幼儿学习动机。但是相比于网络世界里数量庞大的商业网站和个人网站,儿童网站寥寥无几。由于可供选择的资源有限,儿童使用的网站往往是商业网站,会接触到大量的成人世界信息。这些信息常夹杂着色情、暴力和危险的陷阱,使幼儿被误导或过分沉迷于网络。幼儿的思想还不成熟,分辨能力不强,因而不受成人引导地使用电脑或网络常会对幼儿社会性发展造成一定不良影响。

3. 社区环境

我国古来就有"孟母三迁"的故事。由此我们可以知道,周边居住环境的质量会影响幼儿受教育的程度,同时对幼儿身心发展也具有潜移默化的作用。毕竟对幼儿来说,社区是他们认识社会的直接途径。社区活动丰富,能大大开阔幼儿的眼界,在增长他们知识经验的同时也让幼儿在一种温馨、和谐的社区中体会到人与人之间的美好情感,提高他们的交往能力。但并不是所有的社区环境对幼儿都有积极的作用,也可能有消极的影响。如社区的经济条件、社区内人们的行为方式与思维方式等对幼儿的发展也会起到一定制约作用。就比如,如果社区内的人们经常说些不文明用语,在遇到邻里问题时常用武力去解决,经常聚集赌博等,都会给幼儿树立不良的学习榜样,会造成他们乱发脾气、好打架、好争吵、以强欺弱、不能和别的幼儿友好相处、具有破坏行为等心理问题。

相比于城市,农村幼儿的物质资源相对匮乏,但居住场所较为开阔,玩耍的空间较大,邻里交往和同伴交往较为频繁和方便。而城市居住条件相对拥挤,独门独户、自成一统的格局,使大多数幼儿常常都是单独活动,这不仅限制了儿童的户外活动和与邻里交往的机会,而且影响了儿童与同伴之间的交往。随着城市化进程的加快,我们看到农村许多的大宅院也开始慢慢被华丽的别墅、高档的楼中楼或者小区所替代,孩子交往的空间和范围也越来越狭小。因为生活空间"狭窄",已经导致一些幼儿不善与同伴交往,性格孤僻、沉默、暴躁、脆弱,沟通和合作能力差。

(二)家庭结构

家庭结构指的是家庭成员相互间的亲属关系以及家庭成员人数的多少,即家庭成员的亲属构成和人数,主要包括核心家庭、主干家庭、联合家庭、其他家庭。核心家庭是指父母与未婚子女一起居住,特点是人口少、辈分少,多集中于我国的城市地区;主干家庭是指由祖辈、父辈、孙辈三代人构成的家庭类型,主干家庭特点是结构复杂、人口多,在我国最为典型的是"五口之家";联合家庭即家庭中任何一代含有两对以上夫妻的家庭,如父母和两对或两对以上已婚子女及其孩子组成的家庭,或是兄弟姐妹婚后不分家的家庭;其他家庭是以上三种类型家庭以外的家庭,包括无父母的未婚子女共同居住、跨代或缺代、单亲以及由实体婚姻产生的其他多人共同组合形式等。

我国学者吴凤岗的研究结果表明,两代人家庭的幼儿个性发展水平高于三代人家庭的幼儿。两代人家庭幼儿在独立性、自尊心、自制力、敢为性、合群性、聪慧性、情绪特征、文明礼貌及行为习惯九个方面均好于三代人家庭的幼儿。此项研究结果还表明,在各个年龄阶段里,不同家庭结构给儿童社会化发展带来的影响是不稳定、不均衡的。日本学者梅田文绘对独生子女的研究,也发现家庭结构及类型会影响儿童的社会化。

1. 核心家庭

在核心家庭中,家庭关系简单,成员关系密切,内聚力较强,容易形成教育合力和亲密情感。一方面,父母年富力强,可以为儿童创造更为优越的教育环境和物质环境,为幼儿社会性发展提供良好保障;另一方面,由于家庭成员少,孩子的交往对象单一,不利于幼儿形成较强的社交能力。

2. 主干家庭

祖辈可以协助父母照顾、管理、教育第三代,孩子可以得到更多的爱和更充分的教育;儿童同时和几代人交往,学习长辈们的相处方式,锻炼各种适应社会生活的交往能力,促进个体社会化。但缺点是,祖辈容易对子女过分溺爱和宽容,这样会使子女以自我为中心,自控能力差,依赖性强,不利于孩子的个性和社会性的发展。

3. 联合家庭

联合家庭人员较多,给儿童提供了一个宽松、快乐、富有竞争性的学习环境,儿童在家庭中可以与同辈的兄弟姐妹学习交流;家庭成员之间的相处对儿童也起到了一定潜移默化的影响,让儿童更易懂得怎样与人友好相处,有利于其社交能力的发展。但一些儿童过多地沉浸在自己的"家族圈"中,而不愿意与陌生人交往,出现社会适应能力差的现象,在家里活泼、调皮,到了一个陌生的环境后沉默寡言、害羞、腼腆、不合群、孤独。

4. 其他家庭

在其他类型的家庭中,单亲或离异家庭以及留守幼儿的社会性发展情况特别值得关注。

　　单亲家庭或离异家庭被称为"缺损家庭"。生长在这类家庭中,儿童社会性发展所受的影响取决于儿童的性别、年龄、失去父亲或母亲的原因以及父母的态度。有研究表明,父母离异对孩子造成的伤害要大于自然死亡带来的伤害。在这种家庭中儿童易产生自卑感、被遗弃感、怨恨感等消极情感,会因为得不到父爱或母爱而产生孤独感,逐渐形成富于攻击、冷酷的性格,在同伴关系、自控能力、亲子关系等社会性发展方面往往出现不良的现象。但如果父母离异了,对孩子的教育和成长仍能保持积极态度,孩子受到不良影响的概率就会大大降低。

　　留守幼儿即父母双方或一方流动到其他地区,自己留守在户籍所在地并因此不能和父母双方共同生活的六周岁及以下的未入小学的儿童。由于缺乏父母良好的生活照顾,爷爷奶奶与幼儿有一定的隔阂、不能及时有效地约束管教,再加上留守幼儿自身缺乏正确判断的能力,所以幼儿很容易受到一些不良文化、行为的影响。由于亲情的缺失,部分留守幼儿心理抑郁、性格孤僻,这将对以后的人际交往产生不良影响。

　　近些年来,世界各国均出现了家庭结构核心化和子女数目减少的趋势。在我国,独生子女家庭占主导地位,"421家庭"也越来越多,这种特殊的家庭对幼儿的社会性发展有特殊的影响。一方面,独生子女充分享受父母给予的关爱,有着强烈的安全感和归属感,有利于良好的个性品质的培养;另一方面,独生子女缺乏兄弟姐妹,自我中心倾向较强,容易养成自私、任性的性格,容易具有同伴交往能力弱、社会适应能力差、意志薄弱等倾向。

拓展阅读

"421家庭"①

　　所谓"421家庭",即家庭成员包括四位老人、一对夫妻、一个孩子。随着第一代独生子女大多已进入婚育年龄,这种家庭模式开始呈现出主流倾向。而这种"倒金字塔"的家庭结构,也衍生出一些现实问题。如何养老,如何教育孩子,身处"上有老、下有小"的中间层承受着巨大的压力。专家担心,这将使家庭功能式微和社会传统结构解体,因为嫡亲数量的减少,将直接危及中国延续数千年的亲族网络及其社会伦理观念。若干年后,人们将不再有表亲,不再有姑叔姨舅,更让人担心的是,只有极少数人才有兄弟姐妹,家庭细胞随之解体。

二、家庭精神环境对幼儿社会性发展的影响

家庭精神环境包括家庭成员关系、家长教养方式和家长自身的教育素养等。

(一)家庭成员关系

　　家庭是由其全体成员及成员间的互动关系组成的一个动态系统。该系统又由许多子系统(如夫妻系统、亲子系统等)组成。家庭系统与其子系统之间以及家庭各子

---

① 资料来源:http://baike.baidu.com/view/3639144.htm

系统之间存在着双向的影响关系,其中对孩子影响比较大的是亲子关系。

1. 夫妻关系

夫妻关系会影响到家庭中的情感气氛,进而影响儿童的发展。好的夫妻关系,是孩子建立安全感的前提,能够给幼儿以正确互动的榜样,教给幼儿解决分歧的方法;如果父母不能向幼儿提供稳定、温和、有秩序、责任明确、规则统一的关爱,幼儿就会缺乏安全感。家长的某些不良情绪与行为,会给孩子树立负面榜样,同时也对孩子进行了错误的人际交往训练,使孩子用冷战、吵架、谩骂乃至打架解决冲突。

2. 亲子关系

拓展阅读

奥地利科学家劳伦兹曾用"印刻"一词来描绘小动物的依恋现象。例如小鸡、小鸭、小鹅在出壳后,会对第一次看到的体形较大的活动的客体(通常是母禽)发生依恋。不论那个被依恋的客体走到哪里,它们都会紧紧地跟随其后。当这个依恋对象不见时,它们会出现焦虑。如果我们有意地改变原先的自然条件,让小雏自幼接触的不是同类母禽,而是别的动物、人,甚至是活动的气球等,那么小雏也会像爱自己的"母亲"那样爱它们。到了性成熟期,这些小动物不是向自己的同类求爱,而会向与"母亲"同类的动物求爱。

亲子关系是以血缘和共同生活为基础,由父母与子女之间相互影响、相互作用构成的,亲子双向行为体系的自然关系和社会关系的统一体。亲子关系是儿童社会化以及人格发展的核心和主要动因,对幼儿的成长有着决定性的影响。

(1)亲子依恋

运用标准的"陌生情境"实验,可以测查并区分出三种亲子依恋类型。

安全型依恋:只要母亲在场,婴儿就感到足够的安全,能在陌生的环境中进行积极的探索和玩耍,对陌生人的反应也比较积极。当母亲离开时,孩子明显地表现出苦恼和不安,想寻找母亲回来;当母亲回来时,他又很容易平静下来,继续去做游戏。

反抗型依恋:这类婴儿每当母亲离开时都大喊大叫,极度反抗,但当母亲回来时,他对母亲的态度又是矛盾的,既寻求母亲的安抚,又拒绝母亲的接触,并不时地朝母亲这里看。

回避型依恋:母亲离开或回来婴儿都表现出无所谓。实际上这类婴儿与母亲并没有建立起特殊的情感联结。

亲子依恋,是母子间相互作用的产物。母亲与婴儿交往的态度和行为以及婴儿本身的气质特点,是影响婴儿形成不同依恋类型的两个主要因素。那种负责任的、敏感的、充满爱心的母亲,其孩子常常是安全型依恋的婴儿;反之,则可能是反抗或回避型。儿童早期形成的不同类型的依恋影响着其将来社会性的发展。在这三种依恋类型中,安全型依恋是良好、积极的依恋,这类婴儿自尊、同情、积极性情感较高,更多地以积极性情感来发动、响应、维持与他人的相互作用,同时他们攻击性低,对新鲜活动表现出较少的消极反应,更具社会竞争能力和社会技能;而反抗型和回避型依恋则属于消极的、不良的依恋,这些婴儿内心非常缺乏安全感,容易感到焦虑、孤独,适应能力差。

拓展阅读

父亲的独特影响①

在孩子小的时候,母亲的影响是巨大的,父亲的作用则难以体现。而事实上,儿童在越小的时候失去父亲或得不到父爱,对儿童的负面影响越严重。研究发现,父亲对婴儿越关心,越多参与照顾,婴儿在以后就越可能聪明、机灵、好奇、愉快,其智商往往也比较高。父亲有较为丰富的知识面、较强的动手操作能力、深刻的理解与判断能力以及敢于探索的精神,对开阔儿童的视野,发展其认知能力、创造能力无疑能起到独特的作用。

观察发现,在抱孩子的事情上,父母也有不一样的地方。母亲抱孩子主要是为了照顾他,竭力使他安静,限制他的活动;父亲抱孩子则大多是为了玩,为了让孩子多探究。在同婴儿交往时,母亲习惯的做法是和孩子玩其熟悉的游戏,心神沉浸于玩耍之中;父亲则常常吸引孩子做一些要用力气的游戏或令孩子特别开心、感到新奇的游戏,这样的玩耍会让儿童的心理体验极为深刻。

面对家庭中不同性别的儿童,母亲的态度与行为方式相差不大;而父亲通常倾向于鼓励男孩玩一些探索性、竞争性、活动量大的游戏,鼓励女孩玩一些平和的、家庭式的游戏,因此可以看出,父亲在子女性别角色培养方面比母亲所起的作用更大。在西方国家,越来越多的儿童生活在只有母亲但没有父亲的单亲家庭里。调查研究显示,缺乏父爱会使儿童出现诸如烦躁不安、害羞胆怯、自暴自弃、沉默寡言、缺乏自信、感情冷漠、游离集体、抑郁、易怒等不良心理特征。

在婴儿期,儿童也会对父亲产生依恋,尤其是在父亲也参与照顾儿童的情况下,如儿童饥饿时,父亲用奶瓶喂养;夜间啼哭时,能安慰他。不过在婴儿期父亲的作用仍不如母亲重要。只有在1岁以后,由于儿童睡醒的次数增加,儿童才有更多的机会与父亲接触,父亲的重要性才逐渐体现出来。有研究表明,从2岁开始,儿童更喜欢和父亲在一起游戏。但到3岁时,女孩子开始更喜欢和母亲在一起。

在学前期,父亲对孩子的关怀也很重要,这有利于儿童心理的良好发展。在学前期能从父母双方得到关怀的儿童,要比失去父亲的儿童更能体验到较高水平的自我,性别角色认同发展更好,能与其他儿童友好相处,有较强的成就动机。

父亲对于儿童性别同一性的发展也有积极影响。有些研究表明,失去父亲的男孩在童年早期常常会变得女性化(被动和依赖),而到青年期却又变得过度男性化(过

---

① 李幼穗.儿童社会性发展及其培养[M].上海:华东师范大学出版社,2004:100－101.

度的攻击和恃强欺弱），这可能是对缺乏男子气质的一种防御。失去父亲对女孩的影响的研究给出了不同的结果。一些研究表明，失去父亲的女孩在青年期表现出较少的女性特征，同时对女性的性别角色认知也较少。但在一项针对大都市长大的女大学生的研究中发现，儿童早期失去父亲对成人早期的性别角色发展并不一定产生消极影响。研究结果的不同，可能是由于所研究的女孩来自不同的地域（农村或城市），也可能是受到了其他因素的影响。在下列情况中，父爱剥夺的不利影响会减小，如由于出差、生病或死亡等原因造成父亲不在身边；父亲不在身边是发生在儿童中期而不是儿童早期；母亲经常向儿童表明父亲很好等。

（2）亲子关系

亲子关系影响着儿童人际关系的发展。如果父母和子女的关系基本平等，父母子女间既有亲情，又有朋友之间的友谊，父母在孩子面前有一定的权威性，同时也有较充分的民主，这样家庭中的孩子易形成稳定的依恋，形成一种积极向上的性格；相反，幼儿就容易以自我为中心，缺乏社会责任感和独立性，任性，感情易冲动，脾气暴躁，好反抗，不善于控制自己的行为等。

家庭是一个相互作用的系统，家庭成员间会相互作用、相互影响。与其将幼儿社会化看作是父母塑造幼儿行为的过程，不如将其看作是一个亲子之间相互影响，相互改变的过程。

3. 家庭其他成员关系

首先，家庭中的祖孙关系是影响幼儿社会化的重要因素。如果祖辈具备一定的教育知识，能理智地管教孙辈，祖孙关系比较和谐，会对幼儿社会性发展起促进作用；相反，如果祖辈对孙辈娇惯、溺爱，甚至与孩子父母的教育态度不一致，就会使幼儿无所适从，不利于幼儿独立性、自控性的形成。其次，家庭中同胞关系也是影响幼儿社会化的重要因素。同胞间的互动会在不经意间传递已有的价值观念，对年龄小的幼儿起到示范作用。

（二）家长教养方式

家庭不是孤立地对幼儿发展发挥作用的，它存在于一个大的社会环境中，外在的文化、政治、经济等方面的因素会制约着家庭的影响。生活在不同社会文化中的父母，会将自身早已内化了的社会文化传递给孩子，规范孩子的言行。他们常常告诉孩子对他的期望是什么，同时孩子也从父母的各种反应中逐渐理解了父母的要求，并使自己的行为尽量符合社会规范。虽然父母本身可能不会意识到自己对文化传递的作用，但这种作用是真实存在的。几千年来的文化便是这样得以传承和延续，并影响着一代又一代儿童社会化的。家长教养方式不仅存在着文化差异，而且具有不同的类型，常见的教养方式可概括为以下四种。

1. 权威型

父母对儿童的态度是积极、肯定的，热情地对儿童的要求、愿望和行为予以反馈，尊重儿童的意见和观点,鼓励他们表达自己的想法并参与讨论;他们对儿童提出明确的要求,并坚定地实施规则,对儿童的不良行为表示不满,而对其良好行为表示支持和肯定,鼓励儿童获得成就、形成独立和探索的行为。这种高控制、高接纳的教养方式,对儿童的心理发展带来许多积极的影响。在这种教养方式下的儿童多数独立性较强,善于自我控制和解决问题,自尊感和自信心较强,喜欢与人交往,对人友好,有很强的认知能力和社会适应能力。

权威型父母是热情的,他们传达了一种关心照顾的信息,这些信息促使孩子接受父母的指导。权威型父母不像专制型父母那样制定不可动摇的标准来控制孩子、不允许孩子自由表达,他们用一种合理的方式来进行管教,向孩子耐心地讲道理,并且能够考虑到孩子的观点。权威型父母能够很准确地判断孩子的要求,预测他们的行为,也就是说,他们设立的标准是孩子能够真正实现的,并且他们会在一定范围内给孩子一些自由和自治。他们会不时地鼓励孩子,如"你是一个有能力的人","我相信你能成为自我信赖的,能完成重要目标的人",从而培养孩子的自我实现愿望和成就动机。

2. 专制型

专制型的教养方式表现为:家长把孩子看作自己的附属物,对孩子的行为过多干预,经常采取强制手段让孩子听命于父母,漠视孩子的兴趣和意见,压制其独立性、创造性,不允许孩子对自己的事情有发言权,要求孩子随时都要遵守父母的规定,稍有违背就会遭到训斥或惩罚,甚至是过于粗暴的惩罚。在这种教养方式中,父母与子女的关系是一种"管"与"被管"的不平等关系,亲子之间的沟通十分有限。父母采用专制型的教养方式,往往是出于"为孩子好"的目的,于是对孩子过多干预,过分保护,以至于在一定程度上限制了孩子自我意识的和自我教育能力的发展。这种类型的父母对儿童时常表现出缺乏热情和否定的情感反应,很少考虑儿童自身的愿望和要求;父母往往要求儿童无条件地遵循规则,但却缺少对规则的解释;他们常常对儿童违反规则的行为表示愤怒,甚至采用严厉的惩罚措施。这种教养方式下的儿童大多缺乏主动性,容易胆小、怯懦、畏缩、抑郁,有自卑感,自信心较低,容易情绪化,不善与人交往。

3. 放任型

这类父母和权威型父母一样对儿童充满积极肯定的情感,但是缺乏控制。他们甚至不对儿童提出任何要求,而让其自己随意控制、调节自己的行为,对儿童违反要求的做法采取忽视或接受的态度,很少发怒或训斥、纠正儿童。放任型教养方式虽然给孩子较多的自由,对孩子的压抑较少,有利于孩子社会适应能力的发展,但孩子接受父母的管束和教育较少,这对孩子是不负责任的。在儿童社会性发展的最初阶段,采用这一教养方式,会导致儿童社会性发展的不成熟,不利于儿童的情绪情感、社会认知、同伴关系、自我意识等方面的发展。这种教养方式培养下的儿童性格内向、孤僻,对人冷淡,情绪消沉,兴趣狭窄,缺乏理想和追求。

4. 忽视型

父母对儿童既缺乏爱的情感和积极反应,又缺乏行为的要求和控制。亲子间交往很少,父母对儿童缺乏基本的关注,对儿童的任何行为表现都缺乏反馈,且容易流露厌烦、轻视的态度。在这种教养方式下的儿童容易具有较强的冲动性和攻击性,不顺从,且很少替别人考虑,对人缺乏热情与关心,这类儿童在青少年时期更有可能出现不良行为问题。

(三)家长自身的教育素养

1. 家长的教育意识

家长的教育意识,会影响家长对孩子成长的价值取向和对孩子的期望。希望孩子成才的家庭,会把家庭教育的重点更多地放在传授知识和开发智力方面;希望兴趣爱好广泛的家庭,会将教育重点放在兴趣的培养上;注重品德培养的家庭,则会把教育重点放在培养孩子良好的日常行为习惯上。

一般来说,文化水平和修养水平较高的父母对幼儿的期望也会较高。他们对教育动态敏感,易接受新的教育观念,教育方式倾向理性、开放;能关注到孩子教育中更多的层面,容易理解孩子的内心世界以及遇到的问题,从而给予科学有效的指导;他们重视培养儿童积极情感、创造性、独立性、好奇心和自我控制能力,鼓励儿童拥有理想;有时会花大量的时间陪伴孩子学习,一起游戏,发展共同的兴趣爱好;对孩子感情投入较多,希望子女能有较高的文化知识、强烈的成就感、独立自主精神和较高的自信等。而文化水平和修养水平相对较低的父母强调儿童要顺从、尊重他人、爱整洁、少惹麻烦;在行为上较多地控制儿童,对儿童使用权威;与儿童言语交流较少,更多地教给子女生存的技能,而缺乏情感的交流。

虽然父母的文化程度和职业对孩子的影响是客观存在的,但这种影响的方向并不是绝对的。我们常常看到或听到这样的事:有的父母自身文化水平不高,而他们的子女照样考上大学且事业有成。可见,影响孩子教育的不仅是家长的职业、学历,家长朴实、勤奋、自立、自强的品德和他们所营造的开放、自由的家庭氛围对孩子同样重要。

2. 家长的教育能力

每个孩子都是独一无二的,家长的教育方式也要因人而异。如何将一定的教育理论转化为现实行动,这就需要家长具备相应的教育能力。家长的教育能力主要包括:发现和选择教育时机的能力;选择运用教育方式、方法的能力;妥善处理教育过程中实际问题的能力;转化子女思想的能力;培养良好习惯的能力等。这些能力相互联系、相互渗透、相辅相成,教育效果往往是这些能力的综合表现。家长的教育能力不是随孩子的降生自然生成的,而是在教育子女的实践过程中逐渐表现出来的,是教育理论知识的创造性运用。

第二课　幼儿园与幼儿的社会性发展

陈鹤琴先生说过:"儿童教育要取得较大的效益,必须优化环境。"《幼儿园教育指导纲要(试行)》总则中也指出:幼儿园应为幼儿提供健康、丰富的生活和活动环境,满足幼儿多方面发展的需要,使幼儿在快乐的童年生活中获得有益于身心发展的经验。幼儿除了家庭外,在幼儿园的时间最多,与教师、同伴接触最多。幼儿园对学前儿童的影响非常重要,不可忽视。幼儿园无论是物质环境还是精神环境,都与幼儿的社会性发展有着密切联系。只有充分认识到幼儿园对幼儿发展的重要作用,营造良好的幼儿园环境,才能更好地促进幼儿社会性的发展。

一、幼儿园物质环境对幼儿社会性发展的影响

幼儿园物质环境是幼儿园内对幼儿发展起影响作用的各种物质要素的总和。包括园舍建筑、园内装饰、园所布置、设备条件、物理空间的设计与利用以及各种材料的选择和搭配等。在物质条件逐渐提高的今天,越来越多的幼儿园以高档华丽的装修、软软的塑胶地垫、五彩缤纷的墙饰、琳琅满目的高价玩具等,来为幼儿创设舒适、温馨的环境,片面追求"现代化",一味追求形式上的美观和表面的丰富绚丽,往往使环境只具有观赏性,而缺乏教育性。

图 2-1　深圳兰亭国际幼儿园的活动室

研究表明,整洁、幽雅、自然的幼儿园环境会使幼儿情绪安定,心情愉悦,亲社会行为增多,而复杂、夸张、无序的环境会让幼儿烦躁,产生消极的社会性行为;幼儿园空间大小要适宜,过大会让幼儿无所适从,交往行为减少,过小会让幼儿表现出侵犯性行为;幼儿园玩教具提供也应适宜,要满足不同年龄和兴趣的幼儿的需要,促进幼儿之间的交流、合作、协商的行为。

二、幼儿园精神环境对幼儿社会性发展的影响

幼儿园的精神环境主要指幼儿园的人际关系及整体的心理气氛等,具体体现在教师与幼儿、幼儿与幼儿、教师与教师间的相互作用和交往方式等方面。精神环境虽然是无形的,但却直接影响着幼儿的情感、交往行为和个性的发展。

(一)师幼关系

师幼关系指的是在班级及日常交往中教师与幼儿之间形成的心理关系,即心理距离,良好的师幼关系对幼儿社会性发展有着积极意义,主要表现在以下几个方面。

1. 促进幼儿安全感、自信心的建立

埃里克森人格发展理论指出，幼儿期是自主意识和自信心建立的重要阶段。轻松愉快的精神环境，能使幼儿精神愉悦，行动积极、主动、大胆、自信，心理健康，有助于社会性的发展；相反，则会使儿童畏缩、懦弱，缺乏社交能力。

幼儿教师对幼儿的影响是通过师幼互动实现的。幼儿教师应鼓励幼儿的独创性行为和想象力，把幼儿当作有独立人格的人，尊重幼儿的人格和自尊，让幼儿感受到教师的爱，使每位幼儿都能发自内心地愿意接受教师的教育。这样建立起来的和谐、平等、互相信赖的师幼关系，能帮助幼儿建立安全感、自信心和归属感，促进他们良好社会性行为的发展。

拓展阅读

埃里克森人格发展理论

埃里克森是美国著名精神病医师，新精神分析派的代表人物。他认为，人的自我意识发展持续一生，他把自我意识的形成和发展过程划分为八个阶段，这八个阶段的顺序是由遗传决定的，但是每一阶段能否顺利度过却是由环境决定的，所以这个理论可称为心理社会阶段理论。每一个阶段都是不可忽视的，儿童在每个阶段都将面临相应的冲突解决任务。

婴儿前期（0～1.5岁）

信任对怀疑的冲突。如果这一阶段的危机成功地得到解决，就会形成希望的美德；如果危机没有得到成功地解决，就会形成胆小惧怕的性格。

婴儿后期（1.5～3岁）

自主对羞怯的冲突。在这个阶段中，如果儿童形成的自主性超过羞怯与疑虑，就形成意志的美德；如果危机不能成功地解决，就会导致自我疑虑。

幼儿期（3～6岁）

主动对内疚的冲突。如果这个阶段的危机成功得到解决，就会形成方向和目的的美德；如果危机不能成功地解决，就会形成自卑感。

童年期（6～12岁）

勤奋对自卑的冲突。如果这一阶段的危机成功地得到解决，就会形成能力的美德；如果危机不能成功地解决，就会形成无能感。

青春期（12～18岁）

自我同一性对角色混乱的冲突。如果这一阶段的危机成功地得到解决，就会形成忠诚的美德；如果危机不能成功地解决，就会形成不确定性或没有归属感，为人冷淡、冷漠，缺乏关爱的意识。

成年早期（18～25岁）

亲密对孤独的冲突。如果这一阶段的危机成功地得到解决，就会形成爱的美德；如果危机不能成功地解决，就会形成混乱的两性关系。

成年中期(25～65岁)

生育对自我专注的冲突。如果这一阶段的危机成功地得到解决,就会形成关心的美德;如果危机得不到成功地解决,就会变得自私自利。

成年后期(65岁以上)

自我成就对绝望的冲突。如果这一阶段的危机得到成功地解决,就形成智慧的美德;如果危机得不到成功地解决,就会形成失望和毫无意义感。

2. 促进幼儿与他人的交往

现代教育学家陈鹤琴先生曾经说过:"怎样的环境就得到怎样的刺激,得到怎样的印象,从所得的印象中,发生与印象有关的动作。"幼儿在师幼互动中获得的知识、技能和情感支持对同伴交往能力的发展具有积极意义。教师良好的品德、行为习惯和心理素质将成为幼儿观察学习的榜样,班杜拉的社会学习理论所强调的正是这种观察学习或模仿学习。在幼儿社会性发展过程中,教师作为幼儿园中幼儿的主要交往者和教育者,加之幼儿崇拜权威的心理,自然是幼儿观察学习的重要对象,教师的言行举止无时无刻不潜移默化地影响着幼儿,教师对待幼儿的行为,常常成为幼儿对待他人的行为范例。教师在某些社会情境下表现出的同情、助人倾向,以及友好、合作等社会行为,会为幼儿处理同伴关系树立良好的榜样,引导幼儿表现出同样的积极行为,同时影响幼儿在同伴交往中的主动性、交往能力和社交地位等。

3. 增强幼儿自我意识

幼儿的自我意识不是与生俱来的,而是在社会交往中逐渐形成的。教师对幼儿的态度与幼儿的自我认识之间具有密切的关联。在幼儿眼里,幼儿教师的权威性在一定程度上比父母还要高。比如我们常常听到幼儿评价自己是"好孩子",因为"老师说我是好孩子","这是老师说的"。教师在幼儿面前的言谈举止,对幼儿的反应与评价,会对幼儿产生重要影响,会成为幼儿评价自己的主要依据。良好的师幼互动,可以使幼儿加深对自己特征的了解,可以影响幼儿自我概念的形成和自我评价的发展。

4. 增强幼儿环境适应能力

对幼儿来说,从家庭进入幼儿园这个新环境需要一个适应过程,起初会产生"分离焦虑"。如果教师和幼儿建立了良好的师幼关系,那么,幼儿会感觉到亲切和安全,能够尽快适应幼儿园生活,在幼儿园中心情愉悦。相反,幼儿会因为家庭和幼儿园的巨大差异,惧怕幼儿园,惧怕教师,影响其交往行为。

拓展阅读

影响师幼关系的教师因素[1]

《幼儿园教育指导纲要(试行)》指出,幼儿社会化是一个漫长的积累过程,是幼儿

---

[1]　庞丽娟等.论教师影响儿童社会性发展的途径[J].学前教育研究,1997(2):34－37.有改动.

在与成人、同伴之间的共同生活、交往、探索、游戏的过程中实现的。幼儿社会教育具有潜移默化的特点，教师作为幼儿生活中的"重要他人"，对幼儿社会化起着导向作用。幼儿教师是幼儿社会性行为的指导者，其自身专业素养在相当大的程度上影响、决定着儿童社会性发展的性质与水平，也影响着师幼关系的建立。

一、社会教育的科学性

幼儿教师可以通过直接指导、树立榜样、强化与惩罚、创设环境、干预矫正、影响家长等途径促进幼儿社会性发展。

直接指导。直接指导指教师按照社会性发展的目标，运用阐明规范、解释规则、提出要求及行为过程的言语与动作指导等方法，对幼儿直接进行认知、情感、行为方面的指导。这是教师引导幼儿社会性发展的一个基本途径，为幼儿教师所普遍运用。

树立榜样。教师的榜样作用主要体现在行为与情感两个方面。如果说直接教导是影响幼儿社会性发展的显性途径，那么，教师榜样对幼儿社会性发展的作用既是隐性的，又是显性的。

强化与惩罚。如果说直接指导与树立榜样为幼儿提供了社会行为规范与行为范型，那么，强化与惩罚则是对幼儿已表现出的行为的进一步塑造（增强或削弱）。教师的强化与惩罚对于幼儿社会性行为与品质的培养主要从两个方面发挥作用：一是为其提供反馈，帮助幼儿将行为纳入社会规范及相应行为标准体系之中。二是调整幼儿相应行为动机强度，以改变特定行为的将来发生频率。教师对幼儿某种行为的肯定和赞扬常常会增强幼儿积极发出该行为的动机；而那些未得到强化或受到惩罚的行为，幼儿则会因动机的逐渐或迅速减弱而降低后发行为频率，乃至行为消失。

创设环境。在幼儿教育实践中，教师会依据自己的教育观、个性、能力、教育教学进程以及责任感等，有意识地为幼儿社会性发展创设性质、质量不同的物质与心理环境。不同环境对幼儿社会性发展的影响也是不一样的。

干预矫正。与直接指导等上述途径不同，干预矫正这一途径主要针对幼儿表现出的特殊问题，教师通过对问题或冲突的引导、调解或解决，实现对幼儿社会性发展的影响。

影响家长。由于家长与幼儿的交往是一对一的关系，更容易深入、全面地影响幼儿；而且家长与幼儿之间具有密切的情感依恋，家长是幼儿模仿、认同的主要对象。所以，通过与家长交流、影响家长这一间接途径，教师同样可以对幼儿社会性发展产生不可忽视的影响。

二、社会教育中的创新做法

社会教育蕴含于幼儿园一日活动之中，幼儿教师如果能善于发掘这些活动的教育价值，就能提高社会教育的效果。例如，游戏是幼儿最喜爱的活动，就其本质而言，游戏本身就是社会性活动，它是幼儿对成人社会生活的想象和模仿，满足了幼儿渴望参加成人社会的愿望，幼儿在游戏中作为集体的成员，必须学会互相理解，这也是游戏经验在幼儿社会化方面最重要的价值。换言之，游戏就是幼儿参与社会生活的独特方式。又如,日常生活是幼儿一日活动中的生活环节和每天都要进行的一些日常活动,日常生活活动在一日活动中所占时间长,内容丰富,形式多样,幼儿独立性、责任感、社交能力等都可以在日常生活活动中进行培养。

一些幼儿园也在教育形式上进行着尝试。混龄教育对幼儿发展的影响是全面的,包括认知、健康、情感与社会性等方面,尤其是对幼儿社会性发展的作用最为突出。因为现在的孩子大多数为独生子女,在性格上大都任性、自我中心、独立性差,交往能力低。而混龄教育则能弥补幼儿在交往上单一与局限的不足,为幼儿学会交往技能、形成交往态度,养成关心、分享、助人、合作等社会性品质提供了特别的帮助。

> **互动平台**
>
> 　　混龄教育:即将不同年龄组的儿童编在一个班级中游戏、生活和学习。你认为混龄教育的实施存在哪些困难?

(二)同伴关系

随着幼儿年龄的增长、认知活动的增强和活动范围的扩大,幼儿与同伴的交往越来越密切。相较于与成人的交往,同伴之间的交往更自由、更平等,其在幼儿社会性发展中发挥着无法替代的作用。

1. 良好的同伴关系有助于幼儿去自我中心

自我中心主义,是瑞士心理学家皮亚杰提出的概念,指婴幼儿在判断和行为中有受自己的需要与感情强烈影响的倾向。婴幼儿很难脱离主观情感去客观地判断与理解事物、情境及同人的关系等,他们主要是根据自己的主观印象来推理他人的意图和回答问题的。"自我中心"本是个体发展在婴幼阶段的一种自然的心理特征,随着个体发展,这一心理特征会逐渐减弱或消失。但是,现在很多独生子女家庭,过分关注孩子的需求,给予孩子过多的爱而不求回报,这种单向的爱使幼儿难以换位思考,缺乏对别人的关爱,形成了众人为我的"自我中心"心理定势。"自我中心"反映在幼儿行为上就是自私、独霸、骄纵、不合作、不分享,这些是幼儿社会化的极大障碍。皮亚杰指出,非常年幼的儿童是自我中心的,既不愿也不能意识到同伴的观点、意图、感情。随着游戏的增多,幼儿开始建立平等互惠的同伴关系,与此同时体验冲突、谈判或协商的机会亦随之出现。产生于同伴关系中的

图 2-2　同伴

合作与感情共鸣使幼儿获得了关于社会的更广阔的认知视野,在与同伴交往的过程中,幼儿也逐渐学会站在他人的角度去思考问题,克服自私的人性弱点,养成合作、共享、谦让、同情、助人、宽容等亲社会行为。

2. 良好的同伴关系有助于幼儿掌握社会交往技能

社会交往能力是一种综合能力,也是一种实际操作能力。幼儿的社会交往能力虽然离不开成人的培养,但主要还是幼儿亲身参与社会实践的结果。社会实践经验积累的过程是缓慢的,它主要通过同伴交往来实现。儿童的伙伴不是由成人指定或者强加给他们的,而是他们自己选择的,这更便于幼儿与同伴建立亲密关系,发展友谊。在同伴交往中,一些游戏有明显的规则和秩序,幼儿通过彼此的观察、模仿,自觉地接受并且遵守规则,幼儿的自我调控能力由此得到发展。同时,通过同伴间的交往,幼儿锻炼了自己和别人交流的能力,这种能力不仅包括语言技巧,也包括幼儿对别人情绪、想法等的知觉和推断,由此幼儿逐步学会了如何与别人沟通和合作,学会了宽容与谅解别人,学会了同情与帮助别人,学会了接受别人的指导与建议,这有助于幼儿与他人建立良好的人际关系。

3. 良好的同伴关系有助于幼儿适应性的提高

同伴关系不仅会影响幼儿当时的发展,还会影响儿童未来的社会适应。幼儿与同伴之间的主要活动方式是游戏。以角色游戏为例,幼儿饶有兴趣地对社会角色进行模仿、探索、认识,为自己将来的社会角色做着积极的准备。幼儿开心、积极地再现着现实生活,对教师的启发、诱导很容易接受,并从同伴交往中逐步认识、理解各种社会角色的义务、职责,不断学习社会规范和行为准则,为社会适应打下良好基础。有研究表明,幼儿期的同伴关系障碍与未来的退学、犯罪、精神疾病之间存在着密切关系。追踪研究进一步表明,退学者中低接纳儿童要比接纳儿童多,低接纳儿童未来的犯罪率也较高,在 10%(女孩)到 50%(男孩)之间。

4. 良好的同伴关系有助于幼儿增强归属感

归属感是指一个人属于群体并被群体接纳的感觉。心理学研究表明,每个人都害怕孤独和寂寞,希望自己归属于某一个或多个群体,如有家庭,有工作单位,希望加入某个协会、某个团体,这样可以从中得到温暖,获得帮助和爱,从而消除或减少孤独和寂寞感,获得安全感。对于幼儿来说,成为同伴群体的一员可以增强幼儿的归属感。当儿童得知自己某些方面的能力能够被团体中的其他成员肯定和认同时,他将更愿意参与这个群体,遵守群体的规范。团体的认同对幼儿的归属感有着积极的影响。许多研究表明,具有良好同伴群体关系的儿童易表现出友好、谦虚的品质和低焦虑的情绪。良好的同伴关系有利于幼儿情绪的社会化,有利于激励幼儿对环境的探索欲望。没有同伴的孩子常会产生消极情绪,长期没有同伴,这种消极情绪会发展为一种不良自我感觉,将严重地阻碍幼儿心理发展,影响个体社会化的进程。

总之,同伴关系在幼儿适应学校和社会的过程中起着重要的作用。良好的同伴关系有利于幼儿社会技能的获得,有利于他们产生安全感,有利于他们形成积极的自我概念和完善的人格;不良的同伴关系则会影响幼儿的学校适应和未来的社会性发展。

儿童的友谊[①]

儿童青少年的同伴关系是一个多层次、多侧面、多水平的网络结构。在同伴关系中，一些人可能是亲密的朋友，另一些人可能只是玩伴，还有一些人可能只是相识而已，极少数人可能成为竞争对手或敌对关系。研究者把同伴关系划分为两种：一是在同伴群体中的被接受性或受欢迎程度；二是朋友之间相互的、一对一的关系。第一种关系是群体指向的、单向的，表示群体对个人的看法；第二种关系指发生在两个人之间的关系。同伴接纳和友谊是同伴关系中两个重要的层面。同伴接纳是一种群体指向的单向结构，反映的是群体对个体的态度：喜欢或不喜欢，接纳或排斥。同伴接纳水平反映了个体在同伴群体中的社交地位。友谊关系则是以个体为指向的双向结构，反映的是个体与个体之间的情感联系。

在班级中，友谊是一种特殊的同伴关系和依恋关系，它在儿童社会化过程中起着非常重要的作用。心理学家对友谊有如下界定：①友谊是两个个体之间的一种相互作用的双向关系，而非简单的喜爱或依恋的关系；②友谊是一种较为持久的稳定性关系；③友谊是以信任为基础，以亲密性支持为情感特征的关系。

儿童友谊的形成是个渐进的过程。有人在托儿所里观察发现，入托第二年的儿童对他们的游戏伙伴已经显示出偏好，儿童之间的这种关系可以持续一年以上；在托儿所第四年的儿童对游戏伙伴更具选择性，这时的友谊也更为普遍；进入学校后，儿童的友谊关系发生了明显变化，主要表现在朋友数量逐渐增多。

莱斯曼和肖尔研究发现，二年级儿童几乎每人都能说出大约 4 个朋友的名字，七年级儿童则能说出 7 个朋友的名字。在青少年时期，朋友数量略微减少，但朋友之间交往的深度却增加了。

第三课　个性与幼儿的社会性发展

个性是一个人全部心理活动的总和，或者说具有一定倾向性的各种心理特点或品质的独特结合。任何人都是有个性的，且只能是一种个性化的存在，个性化是人的存在方式。儿童社会性的发展离不开与社会群体、集体、个人的相互作用和相互影响，同时，还受到个体已有的心理发展水平和心理特征的影响。在儿童社会化过程中，气质、能力、性格等都会对其社会化产生影响。

---

① 方建移,张英萍.学校教育与儿童社会性发展[M].杭州:浙江教育出版社,2005:173－174.

一、气质对幼儿社会性发展的影响

气质是一个人所特有的心理活动的动力特征,是个性和社会性发展的生物基础。它使人的整个心理活动带上个人独特的色彩,并制约着心理活动的进行。人的气质差异是先天形成的,受神经系统发育情况的制约。孩子刚一出生时,最先表现出来的差异就是气质差异,有的孩子爱哭好动,有的孩子平稳安静。气质是人的天性,无好坏之分。它只给人们的言行涂上某种色彩,但不能决定人的社会价值,也不直接具有社会道德评价含义。一个人或活泼或稳重,都不能决定他为人处世的方式,任何一种气质类型的人都可能成为品德高尚,有益于社会的人,也可能成为道德败坏、有害于社会的人。气质对幼儿社会性发展的影响主要包括以下几个方面。

(一)气质对幼儿社会认知的影响

林崇德研究发现多血质和胆汁质的人的解题速度和灵活性都明显超过黏液质、抑郁质的儿童。多血质和胆汁质的人情绪和情感表现较强烈,但他们的抑制力较差,较难从事需要细致和持久的智力活动;而黏液质和抑郁质的人情绪情感表现较微弱,但体验深刻,能经常地分析自己,因此他们较适合于从事那些需要细致和持久的智力活动。

多血质和胆汁质幼儿对社会知识和社会规则的认识较快,但他们自制力较差,因此常常出现违反规则的行为;而黏液质和抑郁质幼儿掌握这类内容的速度较慢,但自制力较好,对于社会规则的遵守也好于前两种幼儿。

(二)气质对幼儿社会交往的影响

1. 对亲子交往的影响

亲子影响是双向的。儿童社会性发展的传统理论往往强调父母对儿童的影响,认为父母在儿童社会化的过程中,对孩子的教养方式、态度,心理氛围的营造等影响着儿童社会化的方向和水平。但近年来,研究者越来越重视儿童自身的主动性,认识到父母不仅会影响儿童,儿童也会反过来影响父母。易抚养型儿童生理活动有规律,容易适应新的环境,容易接近陌生人,容易接受新的事物,这类儿童通常会得到成人极大的关注,因此亲子关系比较融洽和亲密。难抚养型儿童的气质特点会对亲子关系产生消极的影响。这类儿童生理活动没有规律,进食时烦躁不安,经常哭闹,睡眠不规则,对新的环境表现出强烈的退缩、不安,对新环境适应缓慢。他们的主导心境是不愉快的,与成人的关系不亲密。这会导致父母产生厌烦和焦躁的情绪,从而影响亲子关系。

2. 对同伴交往的影响

在幼儿园中,多血质幼儿更喜欢参加各种活动,在人际交往上更积极、主动,人际交往范围广,但交往对象易变,人际关系维持时间短;胆汁质幼儿也喜欢主动交往,但易于发生攻击性行为和交往冲突;黏液质幼儿沉静、稳重,不善于主动与人交往,但交往中不易发生冲突,人际关系稳定;抑郁质幼儿性情孤僻、胆小,人际交往不主动,而且交往范围小,不易出现攻击性行为。

(三)气质对幼儿性别角色的影响

所谓性别角色,是指特定社会对男性和女性社会成员所期待的适当行为的总和。

性别社会化是指在特定的文化中,儿童获得适合于某一性别的价值观、动机和行为的过程。男孩的性别角色发展的速度快于女孩,且其了解的性别角色知识也远比女孩丰富和详细。受生物基础和社会环境等多方面因素影响,男孩和女孩存在一定性别差异。在社会行为方面,女孩对年幼儿童的抚养性行为显著多于男孩,而男孩的支配和攻击性行为多于女孩。

拓展阅读

气质学说[①]

巴甫洛夫认为有 4 种典型的高级神经活动类型,即活泼型、安静型、兴奋型、抑制型,分别与希波克拉底的 4 种气质类型相对应(见表 2-1),4 种气质类型即 4 种典型的高级神经活动类型的行为表现。除这 4 种典型的类型外,还有许多中间类型。巴甫洛夫学派的观点得到后继者的进一步发展,如捷普洛夫和涅贝利岑等主张研究神经系统的各种特性及其判定指标;梅尔林主张探讨神经系统特性与气质的关系,强调神经系统的几种特性的组织是气质产生的基础。还有人将气质归因于体质、内分泌腺或血型的差异,但气质的生理基础仍无法确定。

表 2-1　气质类型与高级神经活动类型的对照

气质类型	神经系统的基本特点	高级神经活动类型
多血质	强、平衡、灵活	活泼型
胆汁质	强、不平衡	兴奋型
黏液质	强、平衡、不灵活	安静型
抑郁质	弱	抑制型

人的气质可分为 4 种类型:胆汁质(兴奋型)、多血质(活泼型)、黏液质(安静型)、抑郁质(抑制型)。古代所创立的气质学说用体液解释气质类型虽然缺乏科学根据,但人们在日常生活中确实能观察到这 4 种气质类型的典型代表:活泼、好动、敏感、反应迅速、喜欢与人交往、注意力容易转移、兴趣容易变换等,是多血质的特征;直率、热情、精力旺盛、情绪易于冲动、心境变换剧烈等,是胆汁质的特征;安静、稳重、反应缓慢、沉默寡言、情绪不易外露、注意稳定但难于转移、善于忍耐等,是黏液质的特征;孤僻、行动迟缓、体验深刻、善于觉察别人不易觉察到的细小事物等,是抑郁质的特征。因此,这 4 种气质类型的名称曾被许多学者所采纳,并一直沿用。

人的气质类型可以通过一些方法加以测定。但属于某一种类型的人很少,多数人是介于各类型之间的中间类型,即混合型,如胆汁—多血质,多血—黏液质等。

① 资料来源:百度百科 http://baike.baidu.com/view/5309.htm

二、能力对幼儿社会性发展的影响

每个人在完成活动时表现出来的能力都不同。能力,就是指顺利完成某一活动所必需的主观条件。能力是直接影响活动效率,并使活动顺利完成的个性心理特征。能力总是和人完成一定的活动联系在一起的。离开了具体活动既不能表现人的能力,也不能发展人的能力。幼儿的能力在一定程度上影响着其社会性发展水平。以观点采择能力为例,有研究者认为,观点采择能力会影响幼儿的社会化①。观点采择的首要元素是转换思维角度,与他人进行交流,同时在头脑中将自己的观点与他人的观点、自我的特征与他人的特征进行比较,作出准确的推断,进而了解、采纳他人的观点。观点采择能力可以帮助幼儿去自我中心、建立良好的同伴关系,并且对幼儿形成亲社会行为具有极大的作用。

三、性格对幼儿社会性发展的影响

性格是指表现在人对现实的态度和相应的行为方式中的比较稳定的、具有核心意义的个性心理特征,是一种与社会关联最密切的人格特征,在性格中包含有许多社会道德含义。性格表现了人们对现实和周围世界的态度,并表现在他的行为举止中。性格主要体现在对自己、对别人、对事物的态度和所采取的言行上。不同性格对儿童的社会性发展也有着不同程度的影响。比如,活泼开朗的儿童能积极参与活动,并接受来自环境的影响,容易在幼儿园或其他场所受到大家的欢迎;而沉默寡言的儿童主动参与社会交往的程度比较低,容易被大家忽视。

拓展阅读

依恋的研究进展及启示②

依恋的研究一直是儿童社会化研究的重要领域,这一方面国外的研究现在正随着对儿童认知研究的发展而更加深入,同时借助于新的研究手段,对依恋的心理机制和神经机制的探讨也是方兴未艾。国内这方面的研究较少,但越来越多的研究者开始进行尝试。现在国内的研究虽然已取得了一定成果,但从理论上和实际中对婴儿的依恋关系进行研究依然非常有意义。

一、不同年龄儿童依恋的纵向研究与启示

研究表明,影响婴幼儿依恋关系的因素与母亲和婴儿双方的特点有关。除了以上两个方面的因素外,另一个重要的影响因素是母亲与婴儿相互作用的吻合度。托马斯和奇斯首先提出"拟合优度水平",以描述气质与环境压力如何结合起来影响儿童的发展进程。在拟合优度模型中,家庭环境及教养方式并不是唯一考虑的因素。拟合优度也有赖于整体的社会文化背景。

另外,在对母亲和其他照顾者影响儿童发展的研究中,母亲依然是影响儿童人际

---

① 林彬. 儿童观点采择能力的发展及其对儿童社会化影响问题初探[J]. 黔东南民族师专学报,2001(4):50—52.
② 邢靖枫. 幼儿社会性教育论[M]. 长春:吉林人民出版社,2009:45—46.

关系的性质和不同环境下的适应特征的主要因素。

因此,应借助社会支持系统改善养育行为和亲子关系问题。

二、不同领域的横向研究与启示

研究者非常关注依恋关系与儿童的认知和人格之间的相互作用,并展开了许多横向研究。这方面的研究对于了解依恋的心理机制有着重要意义,同时这方面的研究也成为近年来研究的热点。

母婴依恋质量与儿童认知发展的关系。许多研究表明,母婴依恋关系的安全性与儿童在个体和群体活动中的认知活动有着密切的联系。所以现在比较一致的看法是,依恋关系给儿童的认知发展提供了一种更好的可能性。

母婴依恋质量和儿童人格发展的关系。在对依恋关系和儿童人格发展关系的研究中,研究者更多的是注意不同依恋类型的儿童人格发展的不同结果。

儿童依恋的生理心理模式。依恋的神经心理学研究发现,儿童对与母亲分离的反应以及与母亲的依恋是有生理基础的。不同依恋水平儿童的生理反应模式是相同的,但反应的程度存在着差异。

因此,在幼儿园教育中,通过影响或者改变儿童的认知能力,促使儿童逐步形成社会人格,是值得我们在研究依恋心理中特别注意的导向性问题。

三、依恋在发展精神病理学上的研究与启示

近10年内依恋研究在发展精神病理学中非常活跃,研究者着重探讨了早期依恋在不同发展环境下的结果、不安全依恋的类型、儿童环境中的高危因素和儿童适应的模式转换等。

研究表明,儿童与母亲依恋关系是否具有组织性和连贯性是导致儿童行为问题的最重要因素,这比依恋关系是否安全在临床上更有意义。

因此,我们可以看到,研究揭示了儿童异常的经验和精神病理的发展过程对儿童发展过程中面临的重要问题的影响,使我们了解了正常发展过程的内在机制,这也就为我们在开展相关教育和活动时,提供了干预和指导的依据。

四、依恋在跨文化研究中的进展与启示

从20世纪80年代起,依恋的跨文化研究成为依恋研究的一个热点,不同文化从各自角度充实和丰富了依恋研究的内容和结果。

几项跨文化的研究结果表明:在不同教育环境中,依恋类型分布各不相同,并且在依恋行为上,不同文化背景下的婴儿也有明显不同的行为。之所以存在这种类型上的差异可以用不同文化的抚养特点和抚养方式的差异来解释。

因此,立足本土文化开展的社会性教育,是一种真正适宜于幼儿的主体性、个体性的教育。

拓展阅读

儿童社会化偏差现象①

我们的社会正处于急速变化的转型期,家庭、教育机构、社会等外部环境对儿童社会化的影响变得空前巨大,其中任何一个影响因素产生偏差都可能导致儿童陷入早期社会化的困境,偏离正常社会化取向。有学者对独生子女社会化的内容、环境以及偏差现象作过概括性描述,并根据类型差异将其分为超前型社会化、迟滞型社会化、片面社会化和社会化冲突。本文借助该分类模式,对儿童社会化偏差的不同类型予以介绍。

一、超前型社会化

一般而言,社会化过程是阶段性和连续性的统一,社会化的内容、目标要与个体身心发展水平相适应。如果社会化的内容、方式、目标超越个体的生理、心理发展规律和现实状况,就会导致个体的早熟。这就是超前型社会化。社会学者风笑天、张小山提出:"由于父母承担了伙伴的角色,儿童在语言、心理发展上表现出早熟化、成人化的特征。"儿童过早地进入成人世界,体验到成人复杂的内心世界,致使他们的审美能力、语言表达和自我意识都过早地成熟。但是,他们在变得"乖巧懂事"的同时,也失去了最珍贵的童真。

二、迟滞型社会化

与超前型社会化相反,迟滞型社会化主要表现为儿童的心理幼化、心理承受能力低、基本社交技能差、行为与自身发展水平不相称等。社会学者尹玉光指出:"儿童社会化过程中有早熟和心理幼化的倾向。"越来越多的孩子希望早日长大,积极模仿着成人的行为和语言。虽然在表象上他们进入了超前社会化,表现出早熟化和成人化的特征,但事实上大多数儿童心理极不成熟,缺乏安全感,抗挫折能力低,他们遇到困难就选择逃避,遇到挫折就轻言放弃,越来越多的儿童经受不起生活的考验,承受不了失败的打击。

三、片面型社会化

儿童社会化的片面性主要表现在:"学校教育和家庭教育的重智轻德,过分强调某一方面的社会化内容,而忽视其他方面,这导致儿童在一些方面得到极端的发展,而在其他方面的成长受到抑制。"许多儿童的双休日被"兴趣班"所占领,虽然有些儿童小小年纪就能写一手好字,画画、弹琴也不赖,但他们缺乏基本的生活自理能力和劳动技能。此外,在许多幼儿园里,"读经"已成为主要教育内容之一,四五岁的儿童能熟背《三字经》《弟子规》等经典之作,对于许多典故也略知一二。但是,每当分点心或玩具时,他们仍然争先恐后,毫不谦让。家长或教育工作者在施教的过程中,往往只注重儿童对于知识概念的获得与吸收,却忽视他们是否真的将这些观念内化为自己的日常行为了。

---

① 陈莉.从社会学视角透析儿童社会化偏差现象[J].幼儿教育,2007(5):1—2.

四、社会化冲突

社会化冲突是指不同的甚至相互对立的社会化内容和目标同时作用于受化者,使受化者难以取舍,无所适从。风笑天、张华、杨树君都提出父母教养态度、教养内容的不一致,学校、家庭、社会教育的不协调是引起儿童社会化冲突的主要原因。由于教养内容和态度本身蕴含着施化者自身的价值观念,在施化者与儿童互动的过程中,这种观念会直接传递或间接感染儿童,一旦施化者所持的观念或态度不一致,就会给儿童带来困扰,使他们陷入社会化的危机。这种冲突主要表现为个体内心的角色矛盾,价值观念和取向不一致而产生的困扰。这些冲突往往会导致儿童形成"两面派"作风,在不同的人面前采取不同的行为、态度,价值观念不稳定。

实践训练

1. 校内练习:结合自身经历,谈谈教师和家长对儿童社会性发展产生的影响有哪些。

2. 校外练习:去幼儿园观察并记录不同幼儿的言行,试分析气质类型与幼儿社会性发展之间的关系。

第三单元

幼儿社会教育的目标与内容

在一个崇高的目标支持下，不停地工作，即使慢，也一定会获得成功。

——爱因斯坦

学习目标

- 理解幼儿社会教育目标的含义。
- 能科学制定幼儿社会教育活动目标。
- 能依据不同年龄段幼儿特点选择社会教育活动的内容和游戏材料。

第一课　幼儿社会教育的目标

　　小康是某市一级示范园的一名年轻教师。她将代表幼儿园参加该市举行的"幼儿园教师技能大赛"。为了在说课比赛中获得好成绩，她按照大赛要求精心准备了一节社会领域活动设计的说课稿。园长为了让说课稿精益求精，专门组织教师就她的说课稿召开了一次园内研讨会。在会上，多位教师对她设计的活动目标提出了异议，认为活动目标存在问题，脱离了幼儿的年龄特点，将导致整个社会教育活动的失败。

　　幼儿社会教育的活动目标真的这么重要吗？应依据什么来确定活动目标呢？

一、幼儿社会教育目标的含义

　　幼儿社会领域教育是为了促进幼儿的社会化，使幼儿从出生时的一个自然人，逐渐成长为一个符合社会要求的社会人，并在此过程中使其社会性不断得到发展。幼儿社会教育以促进幼儿的社会性发展为目的,通过教育促进幼儿自我意识的形成,发展人际交往能力和社会适应能力,激发社会情感,增进对社会的理解和认识,使幼儿成长为能够适应社会、参与社会生活、在社会中独立生存和发展的成熟的人。

幼儿阶段是人生的初始阶段,也是身心发展的基础阶段。幼儿出生于不同的家庭中,在与周围环境的相互作用和相互影响下不断成长起来,社会化过程将伴随其一生。幼儿阶段的社会化水平将深远地影响幼儿未来的社会生活和学习工作。《指南》在对幼儿社会领域的学习与发展目标的阐述中强调:"幼儿社会领域的学习与发展过程是其社会性不断完善并奠定健全人格基础的过程。……良好的社会性发展对幼儿身心健康和其他各方面的发展都具有重要影响。"

(一)幼儿社会教育总目标

目标是一切工作的出发点和落脚点,是工作的导向,也是评价的标准。幼儿社会教育的总目标为社会教育指明了方向,任何社会教育活动都应该符合总目标的要求。《幼儿园教育指导纲要(试行)》(以下简称《纲要》)将社会领域目标确定为:

1. 能主动地参与各项活动,有自信心;

2. 乐意与人交往,学习互助、合作和分享,有同情心;

3. 理解并遵守日常生活中基本的社会行为规则;

4. 能努力做好力所能及的事,不怕困难,有初步的责任感;

5. 爱父母长辈、老师和同伴,爱集体、爱家乡、爱祖国。

《指南》将3~6岁幼儿在社会领域方面所应达到的最基本、最重要的要求进一步明确为两个方面七项目标,具体内容如下。

1. 人际交往

(1)愿意与人交往;

(2)能与同伴友好相处;

(3)具有自尊、自信、自主的表现;

(4)关心尊重他人。

2. 社会适应

(1)喜欢并适应群体生活;

(2)遵守基本的行为规范;

(3)具有初步的归属感。

《纲要》与《指南》中的目标方向一致,都是当前幼儿园社会教育的总目标。二者的区别在于它们具有不同的使用功能和使用对象。

幼儿社会教育目标的源流

在 1996 年 6 月正式实施的《幼儿园工作规程》中,规定了幼儿情感——社会性发展的目标是:萌发幼儿爱家乡、爱祖国、爱集体、爱劳动、爱科学的情感,培养诚实、自信、好问、友爱、勇敢、爱护公物、克服困难、讲礼貌、守纪律等良好的品德行为和习惯,以及活泼、开朗的性格。随后在此基础上,2001 年教育部在《幼儿园教育指导纲要(试行)》中进一步提出了幼儿社会领域的五项目标。2012 年教育部在《指南》中将 3～6 岁幼儿社会领域教育所应达到的最基本、最重要的要求划分为人际交往和社会适应两个方面,共包括七项目标。

(二)幼儿社会教育年龄阶段目标

幼儿社会教育年龄阶段目标是总目标在各个年龄阶段上的具体落实和体现,是对幼儿园各年龄班幼儿社会性发展提出的具体要求。年龄阶段目标来源于总目标,是社会教育总目标在不同年龄段的具体化。

针对总目标中同一要求,对不同年龄段的幼儿要制定不同的阶段目标。以"关心尊重他人"这一目标为例,小班的阶段目标可以是"身边的人生病或不开心时表示同情";到了中班阶段目标就变为"能注意到别人的情绪,并有关心、体贴的表现";对于大班幼儿,目标要进一步提高为"能关注别人的情绪和需要,并能给予力所能及的帮助"。

《指南》指出"幼儿的发展是一个持续、渐进的过程,同时也表现出一定的阶段性特征。"幼儿社会教育年龄阶段目标应与幼儿发展的阶段性特征相匹配,同时考虑到幼儿发展的连续性,阶段目标还要具有年龄段间相互衔接的特点。

结合各年龄段幼儿的身心发展特点,我们将幼儿社会教育年龄阶段目标确定如下。

1. 小班社会教育目标

(1)初步了解自己身体主要部分的基本特征和功能,初步学会自我保护。

(2)知道自己是幼儿园的小朋友,具备一定的独立性和最基本的自我控制能力。

(3)初步熟悉幼儿园的环境,认识幼儿园班级中的同伴和成人,初步了解他们与自己的关系,能初步适应幼儿园集体生活。

(4)能保持愉快的情绪,愿意与人交往,能积极参与集体活动。

(5)初步掌握日常生活中常用的礼貌用语,初步学会有礼貌地同他人交往,见到老师和长辈能问好。

(6)初步了解和掌握基本的卫生要求,养成初步的卫生习惯。

(7)初步了解最基本的交通安全常识。

(8)能遵守最基本的学习活动规则,初步养成良好的学习习惯。

(9)初步了解父母和老师的工作,产生进行简单的自我服务的兴趣。

(10)初步了解不提无理要求、不无故发脾气的道理。

(11)愿意与同伴共同活动,不争抢或独占玩具。

2. 中班社会教育目标

(1)初步认识自己和他人的异同。

(2)初步了解自己与他人的情绪,初步懂得同情和关心他人。

(3)具备最基本的自我控制能力,初步懂得不伤害同伴。

(4)初步了解周围主要的社会机构、社区设施,及它们与人们生活的关系,萌发最初步的爱家乡的情感。

(5)初步了解重大的节日,感受节日的快乐。

(6)产生与他人交往的愿望,在与同伴及成人交往时,能较准确地使用礼貌用语。

(7)初步懂得与他人合作、分享和谦让。

(8)了解周围成人的劳动,能做一些力所能及的事,初步养成爱劳动和爱惜劳动成果的习惯。

(9)能初步大胆表达自己的见解,能尝试克服困难、完成任务、有始有终地做一件事。

(10)初步学会评价自己与同伴,有承认错误和改正缺点的意识。

(11)初步养成诚实、守纪律等良好的品德行为。

(12)初步感受我国的民间艺术及传统文化。

3. 大班社会教育目标

(1)初步了解自己的成长历程和成人为此付出的劳动,萌发爱父母、爱老师和爱长辈的情感。

(2)初步学会控制自己的情绪和行为,学会处理紧急情况的简单应变方法。

(3)了解自己所在的幼儿园,能为班级、幼儿园做力所能及的事。

(4)能主动、准确地使用礼貌用语,能以恰当的方式与他人交往。

(5)能主动照顾、关心小班和中班的小朋友。

(6)了解周围的社会生活,初步了解各社会机构、社会成员及其劳动与人们生活的关系,萌发尊敬、热爱劳动者的情感。

(7)初步了解我国的民族和不同地区的物产,萌发爱祖国的情感。

(8)初步了解国家间的友好往来,萌发爱好和平的情感。

(9)初步学会分辨是非,懂得应向好的榜样学习,形成初步的是非观和爱憎观。

(10)能遵守基本的规章制度,初步学会按照规章制度的要求评价自己和他人的行为。

(11)喜欢从事力所能及的劳动,能够爱惜劳动成果、爱惜公物。

(12)感知家乡的自然环境和人文景观,初步了解我国主要的自然和人文景观,萌发对民族文化的喜爱及保护自然、社会环境的意识。

(13)初步感知世界著名的人文景观及优秀艺术精品,产生对世界文化的兴趣。

拓展阅读

在《指南》中,幼儿社会领域七项目标按各个年龄段幼儿的需求与特点进行了阶段细化,各年龄阶段目标详见表3-1、表3-2。

表3-1 人际交往的年龄阶段目标

	3~4 岁	4~5 岁	5~6 岁
愿意与人交往	1. 愿意和小朋友一起游戏。 2. 愿意与熟悉的长辈一起活动。	1. 喜欢和小朋友一起游戏,有经常一起玩的小伙伴。 2. 喜欢和长辈交谈,有事愿意告诉长辈。	1. 有自己的好朋友,也喜欢结交新朋友。 2. 有问题愿意向别人请教。 3. 有高兴的或有趣的事愿意与大家分享。
能与同伴友好相处	1. 想加入同伴的游戏时,能友好地提出请求。 2. 在成人指导下,不争抢、不独霸玩具。 3. 与同伴发生冲突时,能听从成人的劝解。	1. 会运用介绍自己、交换玩具等简单技巧加入同伴游戏。 2. 对大家都喜欢的东西能轮流、分享。 3. 与同伴发生冲突时,能在他人帮助下和平解决。 4. 活动时愿意接受同伴的意见和建议。 5. 不欺负弱小。	1. 能想办法吸引同伴和自己一起游戏。 2. 活动时能与同伴分工合作,遇到困难能一起克服。 3. 与同伴发生冲突时能自己协商解决。 4. 知道别人的想法有时和自己不一样,能倾听和接受别人的意见,不能接受时会说明理由。 5. 不欺负别人,也不允许别人欺负自己。
具有自尊、自信、自主的表现	1. 能根据自己的兴趣选择游戏或其他活动。 2. 为自己的好行为或活动成果感到高兴。 3. 自己能做的事情愿意自己做。 4. 喜欢承担一些小任务。	1. 能按自己的想法进行游戏或其他活动。 2. 知道自己的一些优点和长处,并对此感到满意。 3. 自己的事情尽量自己做,不愿意依赖别人。 4. 敢于尝试有一定难度的活动和任务。	1. 能主动发起活动或在活动中出主意、想办法。 2. 做了好事或取得了成功后还想做得更好。 3. 自己的事情自己做,不会的愿意学。 4. 主动承担任务,遇到困难能够坚持而不轻易求助。 5. 与别人的看法不同时,敢于坚持自己的意见并说出理由。
关心尊重他人	1. 长辈讲话时能认真听,并能听从长辈的要求。 2. 身边的人生病或不开心时能表示同情。 3. 在提醒下能做到不打扰别人。	1. 会用礼貌的方式向长辈表达自己的要求和想法。 2. 能注意到别人的情绪,并有关心、体贴的表现。 3. 知道父母的职业,能体会到父母为养育自己所付出的辛劳。	1. 能有礼貌地与人交往。 2. 能关注别人的情绪和需要,并能给予力所能及的帮助。 3. 尊重为大家提供服务的人,珍惜他们的劳动成果。 4. 接纳、尊重与自己的生活方式或习惯不同的人。

表 3-2 社会适应的年龄阶段目标

	3~4 岁	4~5 岁	5~6 岁
喜欢并适应群体生活	1. 对群体活动有兴趣。 2. 对幼儿园的生活好奇,喜欢上幼儿园。	1. 愿意并主动参加群体活动。 2. 愿意与家长一起参加社区的一些群体活动。	1. 在群体活动中积极、快乐。 2. 对小学生活有好奇和向往。
遵守基本的行为规范	1. 在提醒下,能遵守游戏和公共场所的规则。 2. 知道不经允许不能拿别人的东西,借别人的东西要归还。 3. 在成人提醒下,爱护玩具和其他物品。	1. 感受规则的意义,并能基本遵守规则。 2. 不私自拿不属于自己的东西。 3. 知道说谎是不对的。 4. 知道接受了的任务要努力完成。 5. 在提醒下,能节约粮食、水电等。	1. 理解规则的意义,能与同伴协商制定游戏和活动规则。 2. 爱惜物品,用别人的东西时也知道爱护。 3. 做了错事敢于承认,不说谎。 4. 能认真负责地完成自己所接受的任务。 5. 爱护身边的环境,注意节约资源。
具有初步的归属感	1. 知道和自己一起生活的家庭成员及与自己的关系,体会到自己是家庭的一员。 2. 能感受到家庭生活的温暖,爱父母,亲近与信赖长辈。 3. 能说出自己家所在街道、小区(乡镇、村)的名称。 4. 认识国旗,知道国歌。	1. 喜欢自己所在的幼儿园和班级,积极参加集体活动。 2. 能说出自己家所在地的省、市、县(区)名称,知道当地有代表性的物产或景观。 3. 知道自己是中国人。 4. 奏国歌、升国旗时能自动站好。	1. 愿意为集体做事,为集体的成绩感到高兴。 2. 能感受到家乡的发展变化并为此感到高兴。 3. 知道自己的民族,知道中国是一个多民族的大家庭,各民族之间要互相尊重、团结友爱。 4. 知道国家一些重大成就,爱祖国,为自己是中国人感到自豪。

应当注意的是,《指南》中所列举的幼儿社会领域的各年龄阶段目标只是为家长和幼儿教师提供了一个观察和了解幼儿发展状况的参照,而不是衡量幼儿发展好与坏、快与慢的标尺。家长和幼儿教师不能简单地对照目标评价幼儿,更不能将目标当作训练达标的清单,为追求"达标"而对幼儿进行各种强化训练。《指南》的作用在于让我们正确地了解幼儿的发展状况,通过我们的指导和帮助,让幼儿能够有效地学习和发展。

在幼儿园的实际工作中,教师应根据幼儿的特点,对照《指南》,确定适合其身心发展状况的合理发展目标。需要指出的是,不能将《指南》中各年龄段的目标简单、直接用作幼儿园具体教育活动目标和活动内容,教师应根据幼儿的兴趣和实际的需要,制定有针对性的活动目标,选择活动内容,提供丰富的活动材料,促进幼儿在社会领域的发展。

(三)幼儿社会教育活动目标

幼儿社会教育活动目标是总目标和年龄阶段目标的具体化,是最具体的目标,是教师通过一定的方法和途径能够直接实现的目标。教育活动目标的最主要特点是具有较强的可操作性。通常情况下由教师制定,活动目标可以通过具体的活动内容和形式,在教师、幼儿和环境的相互作用中得以实现。因此,教育活动目标要充分反映社会教育的总目标和年龄阶段目标,教育活动目标是否能与社会教育总目标和阶段目标相互呼应,是否全面且重点突出地涵盖了上级目标的要求,会在很大程度上影响幼儿园社会教育的质量,影响幼儿社会性发展的进程。

二、确定幼儿社会教育目标的依据

制定科学合理的幼儿社会教育目标,必须考虑众多相关因素的影响。这些因素主要有幼儿社会性发展的规律、国家的教育方针和社会发展的需要等。

(一)幼儿社会性发展的规律

以人为本是现代教育的基本思想。这种思想体现在幼儿教育中,就是要做到"以幼儿为本"。"以幼儿为本",须将幼儿的发展作为制定课程目标的主要依据。在学前阶段,幼儿社会性发展的基本规律,对确立幼儿社会教育目标有直接影响。如果我们在制定社会教育目标时不考虑幼儿社会性发展的特点和需要,那所制定的教育目标就可能过高或过低、过难或过易,这既不利于实现促进幼儿社会性发展的目的,也会降低社会教育的质量。在实施幼儿社会教育活动时,首先要考虑幼儿社会性发展的现状,依据幼儿社会性发展的年龄特点和需要,确定符合幼儿实际发展水平和满足未来发展需要体现层次差异的社会教育活动目标,确保每个幼儿的社会性均能得到充分发展。

(二)国家的教育方针和社会发展的需要

《纲要》明确指出:"幼儿园教育是基础教育的重要组成部分,是我国学校教育和终生教育的奠基阶段。城乡各类幼儿园都应从实际出发,因地制宜地实施素质教育,为幼儿一生的发展打好基础。"《纲要》为实施幼儿社会教育提出了纲领性要求。《纲要》中对社会领域发展目标的阐述,充分体现了"为幼儿一生的发展打好基础"的要求。《指南》指出:"幼儿社会领域的学习与发展过程是其社会性不断完善并奠定健全人格基础的过程。"因此,实施幼儿园社会领域教育时,目标应始终指向幼儿当前的和未来长远的发展。

幼儿的社会化过程是他在社会生活中不断学习和实践的过程。社会在不断地发展变化,社会在不同发展时期对人的要求是不同的,对个体社会化的内容和方向也会产生不同的影响。幼儿社会领域教育要在为幼儿一生的发展打好基础的前提下,结合当下社会生活的现实需要和未来社会发展对个体的要求,确定符合幼儿发展水平、满足个体和社会发展需要的教育目标。幼儿社会教育要培养幼儿的人际交往能力,引导幼儿发展社会适应能力,以帮助幼儿适应未来不断变化的社会环境。

三、实现幼儿社会教育目标应注意的几个问题

《指南》指出:"幼儿的社会性主要是在日常生活和游戏中通过观察和模仿潜移默化地发展起来的。"幼儿具有天生的好奇心和求知欲望,在与环境积极互动的过程中,他们模仿、学习他们感兴趣的一切新奇的事物,并在此过程中获得各方面的经验。成人对幼儿的正确引导、鼓励、尊重和明确的规范,有助于幼儿社会性不断完善并奠定健全的人格基础。教师是幼儿社会性发展的支持者、引导者、合作者,是实现社会领域教育目标的重要保证。

(一)具有明确的目标意识

目标是一切工作的出发点和落脚点。幼儿社会领域的教育目标能否真正落实,最终要依赖于幼儿园所提供的发展环境以及教师组织开展的各种教育活动。因此,幼儿教师必须具有明确的教育目标意识。只有这样,才能保证创设的环境是有利于幼儿社会性发展的,才能有目的、有意识地组织社会教育活动,并随时注意自身言行、态度对幼儿潜移默化的影响。

幼儿的社会性主要是在日常生活、游戏以及在各种教育活动中,与同伴、教师的多种交往活动中逐渐发展起来的。教师应具有明确的目标意识,其作用主要体现在以下几个方面。

第一,教师在有计划、有目的地组织教育活动的过程中,能够迅速发现教育活动中可能影响幼儿社会性发展的具体问题,便于采取有效的教育方法,有针对性地做好教育引导工作。

第二,教师能够在幼儿一日生活的各个环节,敏锐地发现并捕捉各种偶然出现的教育机会,从而促进幼儿在社会认知、社会行为、社会情感和态度等方面的发展。

第三,幼儿对各种行为规范的理解和掌握离不开具体的生活活动,且容易出现遗忘和反复,这就需要幼儿在实际交往中反复练习。教师具有明确的目标意识,才能够在组织幼儿一日生活时保持清醒,才能够发挥生活活动对幼儿社会性发展的积极作用。

案例评析

上小班的欣欣早晨被妈妈送到了幼儿园。在幼儿园门口,欣欣看到了她们班的马老师,就挣开妈妈的手,三两步走到马老师面前,大声说:"马老师,早上好!"然后就往幼儿园里跑。此时,欣欣的妈妈站在幼儿园门口,举着手准备和欣欣说"再见"。马老师看到后,下意识地叫住了刚跑了两步的欣欣,走过去,蹲下来抱住了她,"欣欣,你看,妈妈要和你说'再见'呢,你该怎么办呢?"欣欣明白了,回过头,对她妈妈挥挥手,大声说:"妈妈再见!"

评析：

生活中蕴含着大量偶然出现的社会教育的机会，教师只有具备明确的社会教育目标意识，才有可能捕捉并利用这种机会，促进幼儿的社会性发展。在本案例中，马老师正是具备了明确的社会教育目标意识，才及时叫住了欣欣，引导她和妈妈说"再见"。这种就是典型的生活中的社会教育。在这里，马老师所具备的明确的目标意识对把握偶然出现的教育机会起到了关键作用。

（二）制定明确具体的活动目标

幼儿园社会教育的核心目标是促进幼儿的社会性发展。《指南》指出："人际交往和社会适应是幼儿社会学习的主要内容，也是其社会性发展的基本途径。"要把促进幼儿社会性发展落到实处，教师就需要准确了解幼儿社会性发展的总体要求，并结合本班幼儿的实际发展水平和特点、幼儿的兴趣爱好等个性特征，制定明确具体的目标，避免目标空洞、抽象。只有这样，才能使教育更有针对性，才有利于社会教育效果的提高。

制定明确具体的目标还应保持目标的连续性和一致性以及与其他领域发展目标的联系，注意幼儿发展的连续性和阶段性。《指南》指出"儿童的发展是一个整体，要注重领域之间、目标之间的相互渗透和整合，促进幼儿身心全面协调发展，而不应片面追求某一方面或几方面的发展。"幼儿的发展是整体的，教师要牢固树立目标指导教育过程的意识，并将这种意识贯穿于幼儿园的各种活动之中。

（三）设计和选择科学有效的活动形式

实现社会领域的教育目标，教师需要依据目标选择适合幼儿发展水平，符合幼儿兴趣需要的具体内容，并结合社会教育的特点，采取科学、有效的方式，从而确保社会教育目标的实现。

幼儿社会性发展是在各种社会活动中实现的。《纲要》指出"应为幼儿提供人际间相互交往和共同活动的机会和条件，并加以指导"。教师应设计、选择和利用科学有效的活动形式，促进幼儿的社会性发展。例如，在和同伴玩"娃娃家"游戏时，幼儿学会了协商，学会了合作；在玩"荡秋千"的过程中，懂得了轮流，获得了分享的快乐。教师要合理安排幼儿在园的一日活动，给幼儿以充分的自主活动的时间和机会，让幼儿在与同伴交往的过程中掌握交往技能，学会理解别人。幼儿进行自由活动，并不意味着教师不予以任何指导，而是要求教师在恰当的时机、以恰当的身份介入幼儿活动，并给幼儿以巧妙的支持。

（四）家庭、幼儿园和社会应共同努力，为幼儿创设良好环境

《纲要》提出："幼儿社会态度和社会情感的培养尤应渗透在多种活动和一日生活的各个环节之中，要创设一个能使幼儿感受到接纳、关爱和支持的良好环境，避免单一呆板的言语和说教。""（社会教育）需要幼儿园、家庭和社会密切合作，协调一致，共同促进幼儿良好社会性品质的形成。"良好的环境是幼儿社会性发展的保障。在一个能使幼儿感受到接纳、关爱和支持的幼儿园环境中,幼儿会自觉自愿地接受教师对他的影响,并且愿意为这样的约束调整自己的行为,并模仿受到老师鼓励的榜样行为。教师为幼儿提供一个良好的社会环境,能够有效地提高幼儿学习的积极性和主动性,使幼儿在生活中主动理解并反复练习,从而掌握必要的社会行为准则、规范和交往技能。这种接纳、关爱和支持的环境,对幼儿能起到无声的心理暗示作用,是进行社会教育的重要途径,也是实现社会教育目标的重要保证。《指南》提出:"让幼儿在积极健康的人际关系中获得安全感和信任感,发展自信和自尊,在良好的社会环境及文化的熏陶中学会遵守规则,形成基本的认同感和归属感"。

形成一个对幼儿接纳、关爱和支持的良好环境,与教师的儿童观、教育观和态度密切相关。教师要尊重幼儿的发展水平和个性特点,要以欣赏、关爱和期待的眼光关注他们的成长,对他们要"三多三少",即多宽容、多鼓励、多表扬,少苛求、少责备、少批评。

《指南》提出:"家庭、幼儿园和社会应共同努力,为幼儿创设温暖、关爱、平等的家庭和集体生活氛围,建立良好的亲子关系、师生关系和同伴关系。"幼儿的社会化过程受到他周围各种环境因素的影响,幼儿园的社会教育一定要与家庭、社会紧密配合,共同为幼儿创造一个良好的环境,促进幼儿社会性的发展。

案例评析

笑笑是幼儿园中班的一个性格比较内向的孩子。晚上吃过饭后,爸爸问他:"笑笑,今天在幼儿园玩得高兴吗?"这一问,笑笑顿时哭了起来。爸爸赶紧说:"别哭,别哭,怎么了,告诉爸爸。"笑笑哭着对爸爸说:"皓皓打我了,还抢我的玩具。"爸爸一听就火了,对笑笑大声说:"你不能打他? 和他抢。"

评析:

在幼儿园中孩子之间发生矛盾、冲突是很正常的事情,关键是教幼儿如何解决矛盾和冲突,如何更好地与人相处和交往。人际交往能力是幼儿社会性发展的重要内容,如果缺乏人际交往能力,幼儿便不能顺利适应社会。像协商、轮流、分享等人际交往技能是要从小习得的,教师和家长应该共同努力,为幼儿提供好的模仿榜样。家长教孩子打人的做法无疑是错误的,只会给孩子的社会性发展带来负面影响。

第二课　幼儿社会教育的内容

幼儿社会教育的内容主要指幼儿社会领域所包含的特定的现象、事实、规则、问题等基本的组成部分,它们按照一定的规则形成一个有机的整体。幼儿社会教育的内容是幼儿园社会课程的主体部分,是教师设计和实施社会教育活动的主要依据,是实现社会课程目标的重要保证。

一、幼儿社会教育的具体内容

幼儿社会教育的内容非常丰富,涉及幼儿社会生活的方方面面。一切有助于实现社会教育目标,增进幼儿的社会认知、激发幼儿的社会情感、培养幼儿良好的社会行为的内容,都可以作为幼儿社会教育的内容。幼儿社会教育的内容具体可划分为五个方面,即自我意识、人际交往、社会环境、社会规范和社会文化。

(一)自我意识

自我意识是幼儿社会性发展的重要组成部分,也是其社会性发展的基础。自我意识的教育内容主要有:

1. 帮助幼儿认识和接纳自己,增进幼儿的自我价值感和自信心。比如让幼儿从表面特征上认识自己,知道自己的身体、面貌的特点等;让幼儿从心理和社会层面认识自己,了解自己的优缺点,能够比较全面客观地认识自己并能对自己做出比较客观的评价;引导幼儿接纳自己的优点和缺点。

2. 帮助幼儿认识、理解和恰当地表达自己的情绪,并控制自己的行为。比如受委屈了,可以有控制地哭泣,可以暂时不理人,也可以向别人述说自己的委屈,但是不能打人、骂人、摔东西等。

3. 帮助幼儿学习自主选择、自主决断,培养幼儿的独立性、自主性以及对自己行为负责的意识。

4. 支持、鼓励幼儿大胆地向别人表达自己的想法、观点、态度以及自己的意志。

5. 帮助幼儿主动地参与幼儿园各项活动,在活动中能体验到同伴交往的快乐。

6. 帮助幼儿努力做好自己力所能及的事情,不怕困难,有初步的责任感。

(二)人际交往

人际交往是幼儿社会学习的主要内容,是其社会性发展的核心内容,也是其社会性发展的基本途径。幼儿在与成人和同伴交往的过程中,不仅要学会如何与人友好相处,也在学习如何看待自己、对待他人。有关人际交往的主要内容有:

1. 培养幼儿乐意与人交往,学习互助、合作和分享,有同情心。

2. 帮助幼儿学习协调自己与他人的想法、做法和兴趣,学会与同伴友好相处。

3. 帮助幼儿在交往中做到自尊、自信、自主,不依赖别人。

4. 培养幼儿关心、理解、尊重和赞赏他人,学习掌握最基本的交往技能。

(三)社会环境

社会环境主要包括物质环境和文化环境。物质环境方面要求帮助幼儿了解环境的客观特点,文化环境方面要求帮助幼儿了解各种环境中的人及人与人之间的关系。有关社会环境的教育内容主要有:

1. 帮助幼儿知晓家庭的地址、电话、家庭用品、家庭成员的职业、家庭成员间的关系等。

2. 帮助幼儿了解所在幼儿园的名称、地址、环境设施、班级、班上的同伴、幼儿园主要工作人员等。

3. 帮助幼儿认知社区的名称、主要设施,公共场所的名称、物品,公共机构的人员以及工作与人们生活的关系。

4. 帮助幼儿认知家乡的主要地形、建筑、公共场所、风景名胜、物产等。

5. 帮助幼儿认知国家的名称、国旗、国歌、首都;尊敬国旗和国徽,会唱国歌等。

6. 帮助幼儿理解人与环境之间相互依存的关系,培养其爱护、保护环境的意识,培养他们参与、关注社会生活的公民意识。

图 3-1　擦洗社区运动器材
(杭州市文华幼儿园提供)

图 3-2　在敬老院里
(南京顶山中心幼儿园提供)

(四)社会规范

社会规范是指与社会要求相符的从事社会活动、处理社会关系必须遵循的一般要求和行为准则。主要包括生活规则、学习规则、集体规则、公共规则、道德规范等。

1. 生活规则。引导幼儿学会不妨碍别人,独立完成力所能及的事,有规律的生活,养成日常卫生习惯等。

2. 学习规则。要求幼儿按时到园,集中注意学习或游戏,积极思考,举手回答问题,轮流发言,自己整理学习用品等。

3. 集体规则。鼓励幼儿与同伴游戏,能与人分享,知道感谢,爱护公物且能轮流使用等。

4. 公共规则。要求幼儿遵守购物规则、交通规则,爱护公物等。

5. 道德规范。帮助幼儿树立公德意识、环保意识,会使用文明礼貌用语等。

案例评析

中班社会活动:红绿灯

活动目标

1. 幼儿懂得过马路时,必须遵守交通规则。

2. 初步掌握安全小常识,学会自我保护的方法。

活动准备

常见的交通标志图片,自制的汽车道具,警察标志;红、黄、绿灯头饰各 1 个;交通事故视频等。

活动过程

1. 观看交通事故的视频,引出活动主题。

2. 认识几种常见的交通标志。

3. 唱儿歌"红灯停,绿灯行,黄灯亮了等一等",幼儿学习过马路的规则。

4. 三个小朋友分别戴上红、黄、绿灯的头饰,做游戏"过马路",知道要走斑马线。

5. 两个幼儿使用汽车道具,做游戏"我是小司机",其他幼儿利用交通标志图片、警察标志和红、黄、绿灯头饰等参与游戏。教师注意指导幼儿遵守交通规则。

6. 游戏结束后,教师与幼儿共同总结,对遵守交通规则的幼儿给予表扬。

活动延伸

幼儿回家后把今天学到的知识讲给父母听。

评析:

交通规则是最贴近幼儿生活的一种社会规则。幼儿要从小养成遵守交通规则的意识和习惯。本活动让幼儿在游戏中学习交通规则并练习遵守交通规则,在激发幼儿参与兴趣的同时,促使规则在幼儿身上内化。游戏结束后的总结以及对幼儿表现的评价进一步强化了幼儿遵守交通规则的意识。

(五)社会文化

社会文化主要是指社会中稳定的价值取向、行为方式、精神风貌及其多种表现形式。在当前社会条件下,社会文化的突出特征体现在多元文化之中,体现在民族文化与世界文化的交相辉映之中。

1. 民族文化。了解中国的文字、文学、传统民俗节日、民族风情、民间工艺、历史等,对祖国的传统文化感兴趣;让幼儿了解自己的成长与家人的关系,感激父母的养育之恩;感受周围自然环境、文化环境的美,萌发爱周围环境、爱家乡、爱祖国的情感。

2. 世界文化。引导幼儿主动接触不同国家、不同种族的人,了解和感受他们在肤色、语言、生活习惯、文化风俗习惯等方面的不同,能够以理解、尊重的态度对待各国、各民族之间的差异。

案 例 评 析

大班社会活动:快乐的中秋节①

设计意图

中秋节在我国是一个重要的节日,每到这一天,一家人就会围坐在一起,赏月、吃

---

① 本案例为河南省第二届幼师毕业生技能大赛说课项目的参赛教案。作者户玉真,辅导教师袁勇,来自安阳幼儿师范高等专科学校。

月饼,欢度佳节。孩子们非常喜欢过这样的节日,但是对这个传统节日的风俗习惯,却知之甚少。中秋节日文化是中国传统文化的重要组成部分,对幼儿进行这方面的教育是极为重要的。《纲要》中明确指出:“要引导幼儿实际感受祖国文化的丰富和优秀,激发幼儿爱祖国的情感”。大班幼儿双手灵巧,动作灵活,操作物体的能力大大加强,活动中具有比较强烈的创造欲望。本活动在让幼儿了解节日知识的基础上,自己动手制作月饼,既培养了幼儿的动手能力,又使其体验到欢度中秋佳节的快乐。

活动目标

1. 了解中秋节的传说及民间习俗。

2. 培养幼儿的动手操作能力和创新意识。

3. 体验劳动带来的快乐,感受中秋节的快乐气氛。

活动准备

1. 材料准备:月饼实物,制作月饼的材料、模具,制作月饼流程的视频,“嫦娥奔月”及中秋民间风俗的视频。

2. 环境准备:布置一个充满中秋节日气氛的教室。

活动过程

1. 活动导入

教师:“我们幼儿园来了一位食品王国的小客人,它说它的节日就要到了,它想跟小朋友一起过节。今天老师把这位小客人请到我们班来了,小朋友,你们看——”

教师出示一个装有月饼的盒子。

评析:教师设置了一个悬念,既吸引了幼儿的注意力,又让幼儿对本次活动产生了强烈的兴趣。

在孩子们议论纷纷进行猜测的时候,教师打开手中的盒子,取出月饼,然后说道:“你们看,小客人出来了,它是——月饼。”

2. 了解中秋节的风俗习惯

教师:“小朋友,你们知道小客人的节日是什么吗?”“对,是中秋节。”“小朋友,你们喜欢吃月饼吗?”孩子们回答后,教师说:“别着急,老师听到月饼宝宝说话了。”(教师把月饼放到耳朵边)“它说:‘小朋友,你们不要贪吃,我还要给你们讲一个故事呢。’”

评析:教师以“月饼宝宝”的身份,与幼儿谈话,角色的变化,可以使幼儿感到新奇。爱因斯坦说过:“兴趣是最好的老师”,教师以“月饼宝宝”的口吻进行自述,激发起幼儿强烈的好奇心。

“月饼宝宝”自述:“我的节日是八月十五中秋节,你们知道这个节日是怎么来的吗?事情是这样的……”教师播放“嫦娥奔月”及中秋民间风俗的视频。

评析:观看视频,既可以让幼儿更直观地了解中秋节的来历及风俗习惯,也可以给幼儿留下深刻的印象。

3. 我来动手做月饼

播放制作月饼的视频,让幼儿观看月饼制作的过程。教师说:“小朋友们,你们都想吃月饼了吧！你们想不想吃自己做的月饼呢?""月饼宝宝为了让小朋友们学会做月饼，它给我们带来了一段制作月饼的视频，我们一起来看看吧。"在幼儿看完视频后，教师带领幼儿到事先布置好的教室，分发制作月饼的材料和工具，开始指导幼儿制作月饼。

教师一边示范讲解，一边指导幼儿动手做月饼，并进行巡回指导。教师通过语言启发幼儿"怎么样才能让月饼更好看一些呢"，"可以在月饼上刻一些图案、花纹或者符号，也可以刻上自己喜爱的东西"，以此鼓励幼儿发挥想象力和创造力，通过制作月饼表达自己的情感。

评析:对于幼儿而言，动手操作是一个十分开心的过程，一方面可以在动手操作的过程中充分体验中秋节的快乐；另一方面还能在月饼制作好后感受到劳动的快乐和成功的喜悦。

4. 一起唱歌，结束活动

月饼做好后，把月饼送到幼儿园食堂进行烘烤加工。教师总结:"今天我们了解了中秋节的风俗习惯，每个小朋友都亲手做了月饼，我们制作的月饼正在食堂进行加工，现在我们一起唱首歌吧。"

教师带领幼儿一起唱歌:

"中秋到，月儿圆，八月十五乐开怀，吃月饼来，赏月儿。开开心心过中秋……"

在欢快的歌声中结束本次活动。

活动延伸

月饼烤制好后，教师把月饼分发给幼儿，让他们把月饼带回家，和父母、爷爷奶奶一起分享自己的劳动成果，并给家人讲述中秋节的风俗习惯。

二、选择社会教育活动内容的依据

幼儿社会教育活动内容的选择是幼儿园社会教育活动设计的一项重要工作，也是社会教育活动设计中最具挑战性的工作。幼儿社会教育内容除了要与幼儿社会教育目标相一致外，还应当符合社会价值观的要求，符合幼儿自身的兴趣和需要，与幼儿身心发展的要求相一致。

(一)幼儿社会教育的目标

幼儿社会教育目标是开展社会教育活动的指引。选择什么样的社会教育内容必然受到社会教育目标的指导和制约。社会教育目标明确规定了幼儿社会性发展应达到的程度和水平，选择社会教育的内容就应服务于社会教育目标的实现。因此，社会教育目标是社会教育内容选择的首要依据。幼儿社会教育的内容要依据社会教育的目标来确定，在不同的社会现实及文化背景下，幼儿社会性发展的目标不同，其所决定的社会教育内容也会有所不同。在选择社会教育内容时，应尽量避免部分社会教育目标的遗漏和无效重复，应努力使所选的教育内容能够最有效地实现教育目标。

(二)社会现实

幼儿的社会性发展离不开其所生活的社会环境，只有亲身参与社会现实生活，幼儿的社会性才能得到真正发展。离开社会现实生活,社会教育就将失去意义。

1. 幼儿社会性发展离不开社会现实

幼儿一出生就处在一定的社会现实之中,社会现实为幼儿提供了丰富的认知源泉。幼儿刚刚来到这个世界上的时候,周围的一切对他来说都是陌生的,他要从一个自然人转变为一个社会人,就要融入这个社会,就要从认识周围的社会现实开始。幼儿对他人、对自己、对事物和对各种社会关系的认知都来源于社会现实。社会现实为幼儿的社会认知提供了依据,也为幼儿的社会教育提供了丰富的内容。

社会现实激发了幼儿的社会情感和社会行为。幼儿情感的发展需要经历一个从简单到复杂、从低级到高级的过程。两三岁以后,随着幼儿社会性需求的逐渐增多,其社会性情感也逐渐发展起来。幼儿社会情感的发展离不开一定的社会生活现实,社会现实中的人、事、物逐渐成为幼儿情感产生的来源。随着幼儿越来越多地参与社会生活,幼儿的道德感、理智感和美感等高级情感也相继产生并发展起来。与此同时,幼儿的社会行为也逐渐发展起来。由此可见,社会现实是幼儿社会认知、社会情感和社会行为发展的源泉。

2. 社会已有的知识体系为幼儿提供了丰富的学习内容

社会现实中已有的知识体系为幼儿提供了丰富、生动的学习内容,同时也是选择社会教育内容的重要依据。这些知识包括社会学知识(社会机构、社会组织、社会互动等)、伦理学知识(伦理关系、社会道德、伦理规范等)、地理学知识(行政区划、地理特征、物产等)、经济学知识(劳动、商品、贸易、货币等)、历史学知识(人类的演进与发展、国家民族的发展、社区的发展等)、心理学知识(自我意识、对他人的认识、个性、社会情感和社会行为等)和文化学知识(风俗习惯、民间文化、艺术形式等)等。这些知识为幼儿社会教育提供了全面、科学和丰富的内容。幼儿社会教育内容越贴近幼儿现实生活越容易被幼儿接受,越有利于教育目标的实现。

3. 幼儿社会教育内容需要反映社会生活的发展变化

当今社会,经济、科技迅速发展和进步,整个社会都在发生着巨大的变化。与此同时,人们的价值观念、生活方式、行为方式、人际关系也都在发生着变化。在选择幼儿社会教育的内容时必须充分体现和反映社会的发展变化,这样才能起到引导幼儿主动适应变化着的社会的作用,这样的社会教育才具有现实意义。

图 3-3　在幼儿园跳蚤市场上,孩子们在交换自己的物品
(安阳市幸福泉幼儿园提供)

(三)幼儿社会性发展水平

依据幼儿的社会性发展水平选择社会教育内容主要有以下两方面原因。

1. 幼儿现有的生活经验和学习能力制约着社会教育内容的广度和深度

幼儿拥有的生活经验还相当有限,主要涉及家庭、幼儿园及一些常见的社会机构。幼儿的学习能力也正处于发展过程中,幼儿的认知水平处于前运算阶段,以形象思维为主,抽象思维能力才刚刚萌芽。因此在选择社会教育内容时,必须以幼儿已有经验为基础,有针对性地对经验进行扩展,并以各种可被幼儿感知的方式呈现,使教育内容能够真正被幼儿理解和接受。

2. 幼儿的经验和发展状况不是笼统的,而是具体的,具有一定结构的

幼儿社会性发展的具体结构存在较大的个体差异。因此在选择幼儿社会教育内容时,应考虑到这种结构差异,考虑到幼儿在学习和发展上的不同特点和需求,充分理解和尊重幼儿社会性发展进程中的个体差异,支持和引导每一名幼儿从原有水平向更高水平发展。

实践训练

1. 校内练习:给下列教育活动制定具体的活动目标。

(1)让幼儿学会拉拉链。

(2)到别人家做客,如何做小客人?

(3)着火了,怎么办?

(4)国庆节活动。

(5)讲故事《小羊过桥》。

2. 校外练习:到幼儿园观摩一个社会教育活动,就该活动的目标和内容进行讨论。

第四单元

幼儿社会教育的实施

最有价值的知识是关于方法的知识。

——达尔文

📚 学习目标

- 了解并掌握幼儿社会教育的常用方法。
- 能依据实际情况选择使用适当的教育方法。
- 了解并掌握幼儿社会教育的途径。
- 了解并掌握幼儿社会教育活动方案的构成要素。
- 能够初步设计一个幼儿社会教育活动方案。
- 了解并掌握幼儿社会教育活动评价的内容和标准。

第一课 幼儿社会教育的途径

幼儿社会性的发展受多种因素的影响,是一个长期的过程。我们在对幼儿进行社会教育时,要根据社会教育的目标、内容和幼儿的年龄特点,通过不同的教育途径,科学有效地开展社会教育活动。对幼儿进行社会教育有多种途径,主要包括以下几方面。

一、幼儿园专门的教育活动

专门的社会教育活动是指幼儿教师根据教育目的,按照《纲要》和《指南》的要求,结合本班幼儿的身心发展特点和规律,采用合理的教育方法,对幼儿进行社会教育的形式。专门的社会教育活动具有明确的目标和计划性,教育内容比较集中和系统,教师对幼儿的组织和指导作用比较直接,效果明显,且具有较强的针对性。例如,刚入园的幼儿大多会存在程度不一的分离焦虑问题,教师在悉心照料之外,可以开展一些认识小朋友、认识幼儿园的游戏活动,让幼儿缓解焦虑,尽快适应幼儿园的生活;针对有些幼儿霸道、不能分享、过于自我中心等情况,教师可以组织"我的好朋友"、"拔萝卜"等教育活动,帮助幼儿认识到与同伴友好相处的重要性并学习与小朋友友好相处的方法等。

幼儿园专门组织的社会教育活动形式多样,主要有以下四种形式。

(一)综合教育活动

综合教育活动是指教师围绕一个教育主题,综合运用上课、游戏、参观、社会实践、谈话等多种教育形式,并将社会领域与其他领域的活动相结合,发挥多种教育手段的作用,在多种形式的活动中发展幼儿社会性的一种社会教育形式。在综合教育活动中,教师采用多种教育形式和教育方法,将幼儿社会性发展的现状、幼儿的兴趣和需要与幼儿园社会教育目标结合起来,促进幼儿社会性的发展。经过精心设计的综合教育活动往往采用多种活动形式和教育方法,活动过程环环相扣,能使幼儿在较短的时间内,对某一特定主题产生系统、全面的认知和感受,并获得一定程度的社会行为,具有比较好的教育效果。

案 例 评 析

大班社会活动:快乐的动物园①

活动目标

1. 初步了解各种小动物的特征,能运用各种材料将自己打扮成各种小动物。

2. 能在游戏中大胆创造和表现,感受在做中玩、玩中学的愉悦。

3. 在活动中能够学会合作、互助,体验游戏的快乐。

活动准备

1. 物质准备:各种装扮材料、宽敞的活动室、音乐《快乐的动物园》、音响设备等。

2. 经验准备:幼儿了解几种常见的小动物的基本特征和生活习性。

活动过程

1. 讨论幼儿心目中可爱的小动物。

由于我们在本次活动之前进行了相关的主题活动,所以幼儿对小动物的印象极为深刻。幼儿你一言、我一语地发表自己的看法。

2. 引导幼儿回想、讨论各种小动物的特征,试想自己想变成什么。

---

① 教育部教育管理信息中心组编. 全国优秀幼儿社会教育活动课例评析[M]. 重庆:西南师范大学出版社,2010:157.

活动中幼儿纷纷发表意见,畅所欲言。如,路路想要变成一只可爱的小山羊,思思想变成一头小猪,欣欣渴望自己成为一只惹人喜爱的小花猫……

3. 幼儿自主选择材料,装扮自己。

幼儿七嘴八舌地讨论着:用毛线贴在白色衣服上可以当成绵羊身上的毛;在蛋糕壳上画格子,就成了乌龟背上的壳了;果冻盒可以作梅花鹿的角……

4. 幼儿互相帮助进行装扮。

幼儿互相合作、互相帮助,教师以合作者、参与者、指导者的身份参与制作,为幼儿出谋划策。

活动中,波波帮助文文把毛线贴在背上作羊毛;宇宇帮助思思装上了"猪鼻子";菲菲和佳佳合作共同制作了"贝壳",装在了背上;珊珊撕下透明胶把果冻盒"安装"在希希头上……

分析:虽然幼儿是初次进行装扮动物的活动,但是由于他们已经积累了丰富的知识经验,所以顺利完成了装扮环节。这一环节为他们提供了充分展示的舞台,即利用一切废旧物品表现自己对动物的喜爱。

5. 对同伴的装扮进行评价。

波波装扮后俨然成了一个"孙悟空"。他先是拿一块布围在身上,再拿一个小朋友的头箍套在头上,眨眼间,一个"猴子"现身了。

思思在一个雪碧瓶的盖子上挖了两个洞,然后装在鼻子上,一个"猪鼻子"出现了。

路路拿了两个一次性杯子,做成了山羊角。

欣欣用几根吸管分别贴在脸两侧,扮作了一只小花猫。

贝贝用两根分叉的树枝贴在头上,仿佛一只梅花鹿的角。

……

幼儿在欣赏别人的作品后,欢快地唱起了歌曲《快乐的动物园》。

6. 布置运动会比赛场地,并介绍游戏规则。

幼儿分4组比赛,每组从第一个幼儿开始。幼儿坐在羊角球上,紧握两个手柄向前跳动,穿越"山洞",走过独木桥,拿到水果后,按原路返回。

7. 幼儿进行游戏过程中,教师做裁判,指导幼儿游戏。

幼儿在游戏中情绪高涨,十分活跃。

8. 活动结束,引导幼儿收拾物品回家休息。

幼儿、教师一起将活动场地收拾干净。

评析:

喜欢小动物是每个处在学前阶段儿童的共性。这一活动,正是在幼儿喜欢小动物的基础上开展的。活动设计贴近幼儿的生活,提高了孩子的动手能力、相互合作的能力、大胆的设计与创作能力,激发了幼儿的表演欲望,培养了幼儿的想象力,实现了活动目标。该活动虽是社会活动却也融入了其他领域的内容,将各领域内容进行了有机整合,注重综合性、趣味性、活动性。活动采用了多种教育方法,寓教于生活、游戏之中。

（二）游戏活动

游戏是幼儿每天生活的主要内容，是幼儿最喜爱的活动。游戏不仅可以满足幼儿参与成人生活的愿望，而且对于幼儿的社会性发展也具有其他教育形式不可替代的作用。在幼儿园中，游戏可以独立作为社会教育的活动形式，也可以和其他教育形式结合起来使用。

对幼儿社会性发展影响较大的游戏是角色游戏和表演游戏。这类游戏对幼儿社会性发展的作用主要表现在以下方面。

1. 游戏有助于幼儿发展社交能力和掌握行为规范。在游戏中，幼儿需要就游戏的主题、角色分配、情节、玩法等进行协商和交流。在"娃娃家"游戏中，幼儿需要协商分配游戏角色、布置游戏环境和选择材料等。在游戏过程中，幼儿有时会因玩具或角色分配而发生纷争，如争抢同一个角色，这就要求幼儿学会与同伴合作、分享、谦让等人际交往技能，逐渐掌握人际交往规则。角色游戏还能起到社会角色示范的作用。如通过对父母等角色的扮演，感受到父母对孩子的关心和疼爱，懂得孩子应该尊重父母；通过对医生角色的扮演，体会到病人应该尊重医生，医生应该关心、爱护病人等。在游戏中，幼儿可以潜移默化地懂得什么该做，什么不该做，从而掌握一定的社会行为规范，形成良好的品德。

2. 游戏有助于幼儿增强自制能力，克服自我中心倾向。幼儿在角色游戏中，会按照各种角色的身份及其情感体验来行动，从以自己为中心转变到从他人的角度来看待问题并理解别人，从而克服自我中心倾向。为了更好地玩游戏，幼儿必须学会使自己的意见和别人的看法协调起来，相互理解和帮助，学会与同伴协商、合作以及适当让步等。幼儿在游戏中学会了自我控制和延迟满足，其自制能力得到增强。

游戏对幼儿的社会性发展发挥着独特和重要的作用。教师应重视游戏在幼儿社会性发展中的重要作用，使游戏真正成为幼儿社会教育的重要途径。教师可以针对幼儿出现的社会性问题，有意识地设计游戏活动，给幼儿创造在游戏中自己解决问题的机会。教师应尊重幼儿、相信幼儿，让幼儿自己解决游戏中的问题。教师可以在时间、空间和操作材料上为幼儿的游戏活动提供便利。

图 4-1　娃娃医院

图 4-2　娃娃超市

（图 4-1、图 4-2 由武汉市小红帽幼儿园提供）

(三)区域活动

区域活动是教师以幼儿感兴趣的活动材料和活动类型为依据,将活动室的空间相对划分为不同区域,让幼儿自主选择活动区域,并通过与材料、环境和同伴的充分互动使幼儿获得学习与发展的教育形式。

区域活动是幼儿园社会教育的主要途径之一。区域活动的最大特点在于为幼儿提供了自主互动的机会。在区域活动中,幼儿可以自主选择和自发地开展活动,可以自由交往和自由表现,增进幼儿对彼此的了解。幼儿园所创设的活动区主要有:角色游戏区、表演区、音乐区、益智区、建构区、美工区、科学区、语言区、阅读区,以及种植区、饲养区等。

通过区域活动对幼儿进行社会教育,主要是通过活动区域环境的创设和活动材料的投放,来满足幼儿的需求,实现社会教育的功能和目标。因此,创设有利于幼儿社会性发展的区域活动环境,特别是投放适宜的活动材料就显得尤为重要。教师在投放活动材料时应考虑以下两个问题。

1.活动材料的数量应该是充足的,能够满足幼儿的需要。研究表明,在活动面积较大、活动材料数量充足的情况下,幼儿在活动中出现的竞争性行为、破坏性行为和攻击性行为,从程度和数量上都远低于活动空间狭小、活动材料缺乏的情况。

2.活动材料的种类应根据幼儿的年龄特点和发展需要来提供。如在建构区,大型的实心积木有利于幼儿之间的协商、分工、合作,能使幼儿在活动中学习处理人际关系、解决矛盾和问题。但需要注意,这种大型积木适合大班幼儿,但不适合小班幼儿。

图 4-3　建构区(山东科技大学幼儿园提供)

图 4-4　美工区(岳麓教育集团第六幼儿园提供)

(四)利用社区环境进行教育

社区是幼儿生活中所接触到的另一重要环境。社区环境本身就是一部教材,蕴含着丰富的教育资源。社区中的博物馆、图书室、活动中心、医院、超市、名人故居、名胜古迹、各种公共设施等等都是幼儿社会教育的资源。《纲要》指出,幼儿园要"充分利用社会资源,以引导幼儿实际感受祖国文化的丰富和优秀,感受家乡的变化和发展,激发幼儿爱家乡、爱祖国的情感"。

教师要有意识地发掘、利用社区教育资源,通过让幼儿参观、访问以及参与社区活动等方式,引导幼儿认识社会及其发展,激发幼儿参与社会生活的愿望和兴趣。例如,幼儿园可组织幼儿到邮局参观,了解工作人员的工作程序和信件的传递过程;到商场进行购物实践,了解售货人员的工作特点等。这些活动可以让幼儿体会到这些机构给大家提供的便利和服务,懂得尊重工作人员的劳动,珍惜劳动成果,都能起到相应的社会教育作用。

作为社区的成员,利用社区资源对幼儿进行社会教育,还意味着要积极引导幼儿参与某些适合幼儿参加的社区服务活动。在服务社区的同时,还可以使幼儿喜欢并适应群体生活,提高幼儿的社会适应能力,让幼儿对所在社区形成基本的认同感和归属感。如带领幼儿参与一些社区庆祝活动,带领幼儿到敬老院给社区老人进行歌舞表演等。

二、环境教育

幼儿社会性发展和教育是一个长期的过程,受到多种因素的影响和制约。在幼儿社会教育活动中,环境是一种重要的教育资源。幼儿社会教育具有潜移默化的特点,因此我们说环境是无言的教师。环境是一种隐形课程,可以起到暗示的作用,能够引发幼儿积极社会行为的产生,其效果甚至超过了教师的言传身教。从某种意义上讲,幼儿社会领域的教育就是一种环境教育。教师应创设和利用好环境,从而有效地促进幼儿社会性的发展。幼儿园环境一般包括物质环境和精神环境。

(一)幼儿园物质环境

幼儿园园舍整体设计要力求功能设计合理,建筑外观要活泼、协调、富于变化;色彩要清新、亮丽、雅致,在吸引幼儿喜爱上幼儿园的同时,也要有利于陶冶幼儿的性情。幼儿园整体空间要安排适当,既不拥挤,也不感到空旷,让人感到温馨、舒适,有利于幼儿开展活动。

幼儿园的活动室布置要注意物品种类丰富而不繁杂,物品摆放有条不紊,并尽可能摆放一些幼儿自己的美工作品。室内环境整体上要简洁,不需太过精致、讲究,环境整洁、色调明亮即可,同时摆上花草散发出温馨的气息,使幼儿乐于置身其中,与环境产生积极的交流互动,从而促进幼儿之间的相互交往,保持幼儿愉快的情绪。在室内空间安排上,要注意空间密度适度,既不可过分拥挤造成幼儿攻击性行为的增加,也不可空间过于空旷导致幼儿的消极社会性行为。为了配合主题活动的开展,可以对环境进行特殊设置。如借助国庆节的节日气氛组织"爱祖国"的主题活动,可以让幼儿收集祖国各地名胜古迹的图片贴在活动室墙上或展板上进行展览。幼儿在收集图片、布置展览的过程中,对祖国产生了新的认识,激发了对国家的认同感和归属感。

动员幼儿参与环境创设也是对幼儿进行社会教育的一种手段。陈鹤琴认为:"用幼儿的双手和思想布置的环境,会使他们更加深刻地理解环境中的事物,也会使他们更加爱护环境。"让幼儿按照自己的意愿和想法来参与幼儿园环境创设,幼儿的主体意识、责任感、幼儿之间的信任感、合作精神都可以得到发展。幼儿在环境创设过程中对自己的能力产生新的认知,体验到成功的快乐,自尊心和自信心得以产生和发展。在这一过程中,环境与幼儿、教师与幼儿、幼儿之间充分互动,使幼儿认识到相互协商、分工合作和相互帮助的重要。因此,幼儿参与环境创设的过程本身就是一个社会教育的过程,潜移默化地促进了幼儿社会性的发展。

图 4-5　楼梯装饰(北京市丰台区第一幼儿园提供)

(二)幼儿园精神环境

幼儿园的精神环境主要指幼儿园的人际关系及由此产生的心理气氛等。具体体现在教师与幼儿、幼儿与幼儿、教师与教师之间的交往互动、相互关系等。《指南》指出:"幼儿的社会性主要是在日常生活和游戏中通过观察和模仿潜移默化地发展起来的。"对于幼儿的社会性发展而言,精神环境虽然是无形的,但却直接影响幼儿的社会性发展,相比物质环境,精神环境甚至更为重要。

幼儿园精神环境创设主要是指建立融洽、和谐、健康、有效的人际关系,具体包括教师与幼儿之间的关系,幼儿同伴间的关系以及教师与教师之间的关系等。

1.教师与幼儿的交往

《纲要》在社会领域的指导要点中指出:"要创设一个能使幼儿感受到接纳、关爱和支持的良好环境"。教师应当用积极的态度、接纳和宽容的心理去面对孩子。教师在和幼儿互动时应对幼儿表现出支持、尊重、接纳的情感态度和行为。教师要善于理解幼儿的各种情感需要,不能对自己不喜欢的幼儿有偏见,相信幼儿有自我判断和做出正确选择的能力,善于对幼儿做出积极的行为反馈。教师还应当以民主的态度来对待幼儿,允许幼儿自由表达自己的想法和建议,而不凭借教师的权威去命令和压制幼儿。这种自由而不放纵、指导而不支配的民主教育态度和方式,能使幼儿感受到尊重和鼓舞,激发其学习动机并保持良好的情绪状态。教师在与幼儿交往中,可以尽量采用多种肢体语言动作,如微笑、注视、点头、摇头、肯定性或否定性手势、轻拍肩膀、亲吻、拥抱等。以"此时无声胜有声"的方式,表达教师对幼儿的关心、接纳、鼓励或者不满意、希望停止当前行为等。幼儿能从教师的态度中感受到一个积极的"他人眼中的自我",感受到教师的爱,从而产生亲近、喜爱、相信教师的情感,使教育行为收到良好效果。

2. 幼儿与幼儿的交往

第一，教师应为幼儿创设更多积极交往的机会，引导幼儿学会相互交流思想和感情。如，对于刚入园的幼儿，教师可以让他们相互介绍自己，使他们消除彼此间的陌生感和胆怯心理。教师通过营造积极的气氛，引导幼儿向同伴表达自己的思想和感情，并了解别人的需要和情绪状态等，使幼儿产生移情，进而产生帮助、合作等行为。教师在日常活动中应鼓励幼儿相互说说对某件事情的感受，让幼儿学会观察他人喜怒哀乐的表情，了解他人的心理状态等。

第二，教师应创设相互关心、友爱的气氛，引导幼儿互相关心、互相帮助。让幼儿学会关心他人的正确方式，在全班营造相互关心、友爱的气氛是良好精神环境创设的一个重要内容。这样的教导应体现在日常生活中的每一个细节中。例如，一个幼儿摔倒了，教师可以让其他小朋友把他扶起来；在游戏时要玩具共享，不能抢夺；相互间应习惯说"请"、"谢谢"、"对不起"等礼貌用语。教师要鼓励缺乏交往技能或过分害羞的幼儿积极参与到班级活动中来，并提示其他幼儿与其交往，使其获得更多交往成功的愉快感，增强其自信心和积极的情感。教师还可以通过生日庆祝会等活动，促进幼儿间的相互了解，增进幼儿之间的友谊。

对于幼儿自由交往中出现的问题，如果不影响其他幼儿和教师的话，教师可以采取积极忽略的态度，关注但不干涉幼儿之间自己解决问题。当发生严重的问题或较大的冲突时，教师再介入进行恰当地指导。

3. 教师与教师的交往

教师之间的人际交往对幼儿的社会性发展具有重要的影响。教师是幼儿的榜样，教师间的交往为幼儿同伴间的交往提供了模仿和学习的机会。教师教育幼儿要互相关心、帮助、合作、分享等，如果教师自己坚持这样做，那么幼儿在耳闻目染中，很容易模仿和产生类似的行为。教师间的相互关心和帮助，还会给班级内带来一种温情的气氛，容易激发出幼儿积极的社会性行为。在工作上，教师之间还要注重相互帮助，相互维护，不诋毁别人，不互相拆台，不当着幼儿的面说别的教师的坏话等。

三、随机教育

幼儿的社会性发展和教育是一个长期的过程。在这个过程中，除了教师有目的、有计划组织的社会教育活动外，幼儿的日常生活、自由活动、意外突发事件以及其他领域的教育活动也蕴含着很多社会教育机会。因此，在专门的社会教育活动之外，教师还应重视各种情况下随机出现的社会教育机会，并能抓住机会对幼儿进行社会教育。

（一）日常生活中的随机教育

在幼儿的日常生活中蕴含了大量的社会教育机会，可以大致分为两类。第一类是主动的随机教育，这类随机教育在一定程度上是可计划、可控制的。例如，在幼儿入（离）园的时候，可以渗透礼貌教育；进餐时，可以渗透节约粮食、进餐礼仪和饮食文化等方面的教育；饮水时可以渗透节约水资源、轮流排队的教育……总之，在幼儿一日生活的各个环节都可以渗透随机教育。第二类是针对生活中的偶发事件进行的随机教育。例如,某个幼儿过生日,教师可以引导其他幼儿向他表示祝贺,并通过分蛋糕和他一起分享过生日的快乐;某个幼儿生病了,教师可以引导幼儿给他打电话进行问候,激发幼儿间的友爱之情;幼儿在游戏时因争夺玩具发生了冲突,教师可以对他们进行分享、谦让和团结友爱的教育等。

教师应提高随机教育的意识和自己处理问题的能力,抓住一切机会对幼儿进行随机的社会教育,促进幼儿社会性的发展。

拓展阅读

让感谢成为习惯①

我在幼儿园担任体育教师,一个偶然的机会,我被临时安排到大班带生活活动。自主游戏后便是喝奶时间,我请孩子们排队来我这里打牛奶。我有个习惯,就是要等孩子说"谢谢老师"后,我才把牛奶递给他,这是几年前当保育员时形成的习惯。这倒不是我想满足被孩子尊重的虚荣心,而是想让孩子学会感谢别人。

第一个来打牛奶的小男孩什么也没说,只是用力拉我手中的杯子,表情疑惑,似乎对我的举动很是不解。我也没说什么,只是对着他笑,杯子在空中僵持了一阵,我小心地松开手,叮嘱他回座位的时候要小心。接着第二个孩子将杯子递过来,第三个、第四个⋯⋯直到最后,也没有一个孩子想到说"谢谢",我有些失落。等孩子们喝完牛奶后,我忍不住举起紧握在手中的杯子,对孩子们说:"刚才可能不少小朋友已经注意到,老师在给你们打牛奶的时候,没有把牛奶马上递给你们,是吗?"

孩子们都注视着我,表情疑惑。

我用平静的目光从他们天真无邪的脸上一一滑过,说道"老师给你们出一道思考题:你怎么才能让老师将打好的牛奶马上递给你?"话音刚落,孩子们七嘴八舌地说开了。

"趁老师不注意,一下夺过来。"一个铜铃般的声音从耳边滑过。

"那如果牛奶泼出来烫伤人怎么办?"我否定了她的回答。

"挠老师的痒痒,这样老师的手就松开了。"坐最后一排的小男孩大声说道。

"这个小朋友动了脑筋,但要思考怎样才能让老师心甘情愿地把牛奶递给你?"我示意他坐下再思考。

这时,坐在角落里的一个扎羊角辫的高个儿女孩引起了我的注意,她的手犹豫地举到半空又怯怯地缩了回去,反复了几次。

我慢慢走过去,一边微笑着用眼神鼓励她,一边示意她回答。

"⋯⋯亲亲老师的脸⋯⋯"她站起来怯怯地说。孩子们一听,顿时哄堂大笑,乱成一团。

---

①　代卫国. 让感谢成为习惯[J]. 幼儿教育,2007(10).

这个回答还真出乎我的意料,我示意孩子们安静。"这倒是一个很不错的方法,那你为什么要亲老师的脸呢?"

"因为……因为老师帮我打了牛奶。"小女孩一边说,一边挠着耳朵。我连忙接过她的话:"因为老师帮你打了牛奶,你心里很……"

"感激!"孩子们抢着帮她回答了。我满意地笑了笑,示意她坐下。接着,孩子们你一言我一语地抢答,什么帮老师捶背,帮老师捏胳膊,话音此起彼伏。

等孩子们的声音逐渐减弱时,我说:"刚才你们所说的方法都是想表达对老师的感激之情。其实有一种方法更简单也更有效。那就是对老师说一声——"我故意拉长了声音。

"谢谢——"孩子们积极应答。

我笑着说道:"记住,以后老师给你们打牛奶或盛饭的时候,在你们有困难得到别人帮助的时候,千万别忘记说声'谢谢'。"

这事已过去一段时间了,但孩子们接过牛奶时那理所当然的眼神时常在我脑中闪现。我并不责怪他们,因为他们毕竟还小。而作为教育工作者不去教孩子们这些为人处世的道理,则是失职。有一句话是这样说的:"播种思想,收获行动;播种行动,收获习惯;播种习惯,收获性格;播种性格,收获命运。"这不正指向教师肩负的责任吗?感恩之心是沉睡在孩子心灵深处最美的天使,愿天下所有教师能用一颗感恩的心去叩开孩子的心扉,去唤醒这个"天使",让感谢成为习惯。到那时,我们的世界就会弥漫着爱的芳香。

(二)其他领域中的社会教育机会

幼儿园五大领域教育的内容是相互渗透和交叉的,在其他领域的教育活动中也蕴含着丰富的社会教育内容和契机。教师要有敏感的社会教育意识,要善于挖掘其他领域活动中所潜在的社会教育内容,自然地将社会教育融入到其他领域活动中。例如在语言领域活动中,很多文学作品和活动形式都带有社会教育的意味。像故事表演《狼来了》可以教育幼儿要诚实、不撒谎;《小羊过桥》可以教育幼儿要相互谦让;《小猫钓鱼》可以教育幼儿做事要专心致志,不能三心二意。在艺术领域活动中,可以利用各种艺术作品和艺术活动(音乐欣赏、绘画、唱歌、舞蹈、表演等)让幼儿体验、表达社会情感,并与同伴交流沟通,养成良好的社会品质。如通过演唱《李小多分果果》,培养幼儿慷慨大方、先人后己的品质;通过美术活动"画妈妈"、"画我的幼儿园"、"画家乡"等,引导幼儿在绘画过程中体验和表达对妈妈、幼儿园和家乡的情感;通过舞蹈《摘果子》教育幼儿要热爱劳动。在健康领域活动中,教师可以利用多种活动形式培养幼儿坚强、乐观、勇敢的精神和互相配合的能力。例如,在各类竞赛性的游戏中,可以教育幼儿要团结一致;在跳绳、丢沙包、拍皮球等游戏活动中,教育幼儿要相互协助、相互体谅,要胜不骄、败不馁等。在科学领域活动中,也可以渗透社会领域教育的内容。例如,数学活动"果子丰收"、"分月饼"等,可以让幼儿在学数学的同时,感受到丰收的喜悦,并加深对民族风俗习惯的认知。

幼儿园每个领域的活动都在从不同角度、用不同的手段和方式促进幼儿的社会性发展。教师在实施不同领域的教育活动时,不仅要关注某一领域教育目标的实现,同时也要抓住对幼儿进行社会教育的机会。为此,教师应提高自身的社会教育意识,要善于发掘各领域活动中的社会教育因素,把握教育契机,对幼儿进行全面的教育。

此外,在节日活动中渗透社会教育也是一直非常有效的途径。例如,在"三八"节庆祝活动中,对幼儿进行爱妈妈的教育,植树节进行环境保护教育,"五一"节进行爱劳动教育,国庆节进行爱国主义教育等。

图 4-6 元旦包饺子

图 4-7 三八节,孩子给家长洗脚

(图 4-6、图 4-7 由安阳市幸福泉幼儿园提供)

四、幼儿园与家庭的合作

影响幼儿社会性发展的因素是广泛的,单靠幼儿园的力量无法完成幼儿社会教育的目标。幼儿园必须与家庭、社会充分合作,共同促进幼儿社会性的发展。幼儿社会性的发展是三方共同教育的结果。

(一)家园合作的重要意义

幼儿园有良好的教育条件和丰富的教育资源,有受过专门训练的保教人员,是对幼儿实施社会教育的专门机构。相比幼儿园而言,家庭是幼儿生活、学习的主要场所,家庭对幼儿社会性发展的影响是潜移默化的,具有连续性和相对稳定性的特点。家长比教师更能系统、细致地了解自己孩子的脾气、性格以及优缺点,也有时间和精力与孩子进行面对面地沟通和交流,进行一对一的教育指导。家庭教育如果得当的话,其教育效果会更加显著。家庭对幼儿社会性发展的影响是机构教育不可替代的。幼儿园必须与家庭合作,共同担负对幼儿进行社会教育的任务。

良好的家园合作能够起到事半功倍的效果。家园合作有利于家庭教育和幼儿园教育保持一致。作为幼儿社会教育的两个重要场所,幼儿园与家庭只有密切合作、协调一致,才能更加高效地实现幼儿社会教育的目标。家园合作有利于统一双方的教育观念,发挥双方的优势。家园一致的教育行为可以减少幼儿的困惑和不安,增强幼儿对家长和教师的信任感。如果家园缺乏合作,可能导致幼儿在家一个样、在幼儿园一个样的现象,会削弱和抵消幼儿园教育的效果。

家园合作有利于幼儿园向家长传播先进的社会教育理念,传授科学的教育方法和技巧,增强家长的教育信心和能力。因此幼儿园应积极带动家庭进行社会教育,全方位促进幼儿的社会性发展。

(二)家园合作中应注意的问题

家园合作在幼儿社会教育中发挥着重要的作用。幼儿园与家庭合作需要注意以下四个问题。

第一,要获得家长的信任。获得家长的信任是有效实施家园合作的前提和基础。教师要想获得家长的信任,就必须像家长一样真诚地关爱孩子,就必须以平等、真诚的态度对待家长,就要设身处地为家长着想,帮助家长解决教养过程中的实际问题与困难。幼儿园只有将"一切为了孩子"作为教育的出发点和归宿,才能获得家长的信任。只有获得家长的信任,幼儿园采取的合作措施才能被家长接受和认可,家园合作才有可能取得实效。

第二,要做好和家长的沟通工作。幼儿园与家长联系沟通的渠道、方式很多,可以通过面谈、电话交谈、写信、家长会、家园联系园地、家园联系手册、家长委员会等传统方式,也可以通过电子邮件、QQ群、飞信、微博、MSN等现代交流方式。做好与家长的沟通工作首先要及时。利用QQ、飞信、微博、MSN等能够实现和家长及时沟通,及时向家长传递幼儿信息。教师可以利用QQ,建立班级QQ群,实现教师与家长、家长与家长间的在线沟通与交流,在分享幼儿社会性培养经验的同时,也有利于家长之间组织幼儿共同活动,给幼儿提供更多的交往机会,促进其社会性的发展。另外,给家长写信或发电子邮件也是一种很好的沟通方式,虽然耗费时间和精力,但会有意想不到的效果。与家长的沟通工作其次是要做到有效。与家长沟通的目的是为了幼儿的成长,如果不能实现这一目的,仅仅是为了取悦家长,沟通就失去了意义和必要,也背离了家园合作的本意。

第三,要获得家长对幼儿园教育理念和教育方式的认可,并能主动与幼儿园保持一致。幼儿园与家庭在教育理念上的不一致,可能导致教育力量的冲突和教育效果的相互抵消,严重影响幼儿社会性发展,导致幼儿行为反复和两面性。幼儿园应通过各种途径和方式向家长宣讲现代幼儿教育理念,影响并促使家长形成科学的幼儿观。家长在幼儿园的影响下,能够在家庭中为幼儿树立良好的榜样,创造民主、和谐的家庭氛围,采取科学的教养方式,促进幼儿社会性的发展。

第四,要充分挖掘和利用家长资源。每个家长都有不同的职业、社会背景和广泛的社会关系,蕴含着丰富的教育资源。这些资源对幼儿园来讲是一笔等待发现和利用的巨大财富。例如,幼儿园某班将木偶教育作为该班的特色项目,是因为该班有一名幼儿家长是当地木偶剧团的演员;在"我会打电话"的主题活动中,可以请当警察的家长来给幼儿讲解在哪些情况下拨打"110"报警电话;在"认识我自己"的主题活动中,可以请当牙医的家长来给幼儿讲解牙齿的构造、换牙知识和牙齿保护的方法等。每次请家长来参与活动时,幼儿都具有很高的兴趣和积极性,听得认真仔细,学得开心投入,活动效果非常好。家长虽然不是学前教育专家,但家长所具有的专业知识背景是幼儿园教师不具备的,能很好地补充幼儿园教育资源。此外,有些家长具有丰富的家庭教育经验,对学前教育有独到的见解,在组织家教经验交流时,这些家长的经验对其他家长和幼儿园都是宝贵的财富。

第二课　幼儿社会教育的常用方法

教育方法是教师为完成教育任务,实现教育目标所采取的措施和手段,在教育活动中起着非常重要的作用。在幼儿社会教育中,只有选择适宜的教育方法才能实现社会教育活动的目标,才能提高幼儿社会教育的质量和效果。幼儿社会教育的内容丰富多彩,影响社会教育过程的因素多种多样,因此教育方法也有许多选择。下面介绍几种常用的教育方法。

一、幼儿社会教育的一般方法

所谓一般方法是指不仅适用于社会教育领域,在其他各领域也都适用的教育方法。幼儿社会教育常用的一般方法主要有以下七种。

(一)讲解法

讲解法就是教师以幼儿能够理解的口头语言对社会教育内容进行通俗易懂、深入浅出地解释和说明,使幼儿能够正确理解社会教育的内容和意义,学会正确的行为方式。

讲解法的优点有:(1)信息量大,可使幼儿在较短的时间内获得较多的知识信息;(2)主题明确,有利于幼儿直接接受;(3)反馈及时直接,教师可从幼儿的状态和幼儿的回答得到反馈,有利于及时调整讲解的内容和方式。

讲解法的局限性有:(1)讲解单调,幼儿的注意力不易保持;(2)讲解的内容、方法统一,难以照顾到幼儿的个体差异;(3)幼儿以听教师讲为主,不能对学习内容及时作出反应,学习的积极性和主动性不易充分发挥。

讲解法简单易用,其他许多方法都需要和它配合使用。教师在使用讲解法时应注意以下三点。

第一,讲解要有针对性。不是所有的内容都适用讲解法,只有那些幼儿无法实践和体验的、难以理解的内容才适合教师专门讲解,而对一些非常简单的,幼儿容易理解的内容,教师就无须讲解。

第二,讲解要具体、直观、形象。受幼儿语言理解能力的制约,幼儿对一些观念性的、概括性的内容很难理解。教师在进行社会教育内容讲解时应尽量做到具体、直观、形象。对一些观念性、概括性的内容,必须以幼儿能听懂的语言,简单明了地讲给幼儿,化抽象为具体,变深奥为浅显,以利于幼儿理解和接受。

第三,讲解方式要多样化。幼儿听讲的注意力保持时间很短,难以专心倾听单调的讲解。因此教师讲解时除了要吐字清晰,语言简练外,可在语气、语速、语调、角色身份上加以变化,以保持对幼儿的吸引力。例如,采用游戏的方式讲解穿衣方法。教师扮演猫妈妈,要带小猫出去玩。教师以猫妈妈的口吻说:"小猫们,我们开火车到很远的地方去玩,现在就出发。"然后边唱儿歌边教幼儿穿衣服:"火车呜呜响(衣服套头),咔嚓咔嚓上山岗;钻山洞,过大桥(穿进袖筒),运客运货忙又忙(拉拉链或系扣子)……"这样幼儿便会按要求去做。

(二)谈话法

谈话法是指教师与幼儿通过对话的方式,相互提问、对答交流的一种教育方法。教师向幼儿提出问题,也解答幼儿的问题,不受限制,在课内、课外,面对幼儿个体、集体都可以采用。谈话可以激发幼儿的思维活动,有助于培养幼儿的独立思考能力和口头语言表达能力。在谈话过程中,教师可以直接了解幼儿对教学内容的掌握情况,有利于教师根据幼儿对社会教育内容的理解程度进行有针对性的引导。

谈话法可以一对一地个别进行,也可以面向小组和全体幼儿,但无论以哪种形式使用谈话法,都应注意以下几点。

第一,谈话的内容一定是幼儿熟悉的。只有幼儿熟悉的内容,才能使幼儿积极地参与到谈话中来,成为交谈的一方,在谈话中获得新的社会认知,并与教师在情感上产生共鸣。谈话的主题要贴近幼儿的生活,只有幼儿熟悉的谈话内容,才能使幼儿感兴趣,才能实现教育的目的。

第二,谈话是一种双向交流,教师要避免单方面的讲述。对于幼儿提出的问题和表达的看法,教师都要耐心倾听,要给予积极的鼓励和关注。

第三,教师要精心设计语言,引导幼儿谈话兴趣,步步深入。教师在与幼儿的谈话时,提出的问题要具体、明确、难易适度,使大多数幼儿都能对问题进行思考。

第四,谈话结束后要有总结。总结的方式要避免单一化,可以由教师进行总结,也可以由幼儿自己总结。

拓展阅读

ICPS——我能解决问题[①]

"我能解决问题"(I Can Problem Solve,简称 ICPS)是由默娜·B. 舒尔博士研发设计的一种通过谈话来帮助孩子思考他自己及其他人的感受、他行为的后果,以及其他的做法,引导幼儿自己解决问题的谈话技巧。这种方法最大的特点在于不是教孩子思考什么,而是教孩子如何思考,从而让他们能自己决定该做什么、不该做什么,以及为什么要那样做,提高孩子们的人际交往能力和社会适应能力。下面是一个运用

---

① 默娜·B. 舒尔,特里萨·弗伊·迪吉若尼莫.如何培养孩子的社会能力[M].张雪兰,译.北京:京华出版社,2009.

该技巧解决问题的典型案例。

有一天,在幼儿园里,亚历克斯把他的吸铁石给同学乔纳森玩儿,但后来他想要拿回来,乔纳森很快地踢了亚历克斯一脚,于是两人就开始打架。亚历克斯气得满脸通红,开始尖叫,踢得也更厉害了。乔纳森被吓住了,亚历克斯拿回了他的吸铁石。

当亚历克斯想要拿回吸铁石的愿望遭到乔纳森的拒绝时,他想不出别的解决办法来,从而产生了强烈的紧张感和愤怒情绪。对亚历克斯而言,打一架是不可避免的了,因为他想不出(或者根本没有想)还有其他做法。他可能更在意"现在"怎么做管用,而不管这么做以后可能会发生什么。

"我能解决问题"的重点不总是要立刻"正确地"解决问题,而是强调帮助孩子练习思考怎样解决问题。如果你不断告诉孩子做什么,他们就没有机会自己思考、探究其他选择了。下面是亚历克斯妈妈在开始使用"我能解决问题"法之前,是如何就打架的问题与亚历克斯交流的。

妈妈:亚历克斯,老师告诉我你又和小朋友抢玩具了。你为什么要那么做?

亚历克斯:因为轮到我玩了。

妈妈:你们应该要么一起玩,要么轮流玩。抢可不好。

亚历克斯:可吸铁石是我的!

妈妈:你要学会和其他小朋友分享自己的玩具。如果你不想分享,那就不要把玩具带到幼儿园去。乔纳森很生气,不想再和你做朋友了。

亚历克斯:但是妈妈,他不愿意把吸铁石还我。

妈妈:你不能随便抢东西。如果他对你这么做,你会愿意吗?

亚历克斯:不愿意。

妈妈:明天你跟他说对不起。

在这段对话中,妈妈没有给亚历克斯任何选择"正确的"解决办法的机会。下面是亚历克斯的妈妈在学过"我能解决问题"的方法后,为帮助儿子思考抢玩具问题而展开的对话。

妈妈:亚历克斯,老师告诉我你又抢玩具了。告诉我是怎么回事?(帮助孩子认识问题。)

亚历克斯:乔纳森拿了我的吸铁石,不肯还给我。

妈妈:你当时为什么一定要拿回来?(妈妈要了解更多的信息。)

亚历克斯:因为他已经玩了很长时间了。

妈妈了解到了一些情况,如果她只是要求儿子分享,是了解不到这些的。她儿子已经分享了自己的玩具,问题的性质似乎变了。对话继续。

妈妈:你那样抢玩具,你觉得乔纳森会有什么感觉?(帮助孩子考虑其他孩子的感受。)

亚历克斯:很生气,但我不在乎,因为吸铁石是我的。

妈妈:那你有什么感觉?(帮助孩子思考自己的感受。)

亚历克斯：生气。

妈妈：你生气，你的朋友也生气，并且他打了你。你能想一个你们俩都不生气，而乔纳森也不会打你的方法拿回玩具吗？

亚历克斯：我可以请他给我。

妈妈：那样的话可能会发生什么呢？（指导孩子思考正面的解决办法会产生的后果。）

亚历克斯：他会说不。

妈妈：他可能会说不。你还能想到什么别的办法拿回玩具吗？（把重点继续放在孩子的问题上，鼓励他想出更多的解决办法。）

亚历克斯：我可以让他玩我的玩具汽车。

妈妈：好主意。你想到了两种不同的办法。

亚历克斯的妈妈帮助儿子思考了他自己及其他人的感受、他的行为的后果以及其他的做法。她在教孩子如何思考，而不是思考什么。她在用解决问题的方式与儿子谈话，这就是"我能解决问题"谈话法。

（三）讨论法

讨论法是指在幼儿社会教育中，教师指导幼儿就某些社会性问题、现象，相互启发，交流看法以获取新的社会认知的一种教育方法。讨论法可以让幼儿自由地表达自己的感受和意见，甚至不用顾虑自己意见的对错。在与教师、同伴的讨论过程中，每个幼儿都会站在不同的角度思考问题，因而会引发幼儿的社会认知冲突。也正是因为这种冲突，幼儿的社会认知得到深化，情感也能自然地流露出来。在讨论过程中，幼儿的思想处于活跃状态，认知兴趣被激发，有利于幼儿独立思考，分析问题和解决问题的能力也得以提高。此外，讨论法能在一定的时间内增加幼儿口头表达的机会，提高幼儿口头表达能力。

讨论的具体方式有成对交换意见、分小组讨论、全班讨论三种。运用讨论法应该注意以下几点。

第一，选好讨论的主题。讨论的主题要贴近幼儿的生活，是幼儿熟悉且感兴趣的，这样幼儿才能愿意参与讨论。讨论的主题要有讨论的价值，即要有助于增进幼儿的社会认知，培养幼儿的社会情感。

第二，创设平等、宽松的讨论环境。讨论时，要让幼儿畅所欲言，自由地发表自己的看法，教师要引导幼儿进行讨论，但不要随意打断或评价。

第三，要考虑幼儿的年龄问题。年龄太小的孩子不适合参与讨论，只有当幼儿具备一定的口语表达能力和知识经验储备时，讨论才能顺利进行下去，讨论才有价值。

第四，讨论要有始有终。讨论开始时，教师心中要有明确的目标，并要把握好讨论的方向。讨论结束时，教师可以结合讲解法对讨论进行总结，既要强化讨论的主题，纠正幼儿的一些错误认识，又要鼓励幼儿参与讨论的热情，以利于以后的讨论。

案例评析

中班社会活动:拾到东西还给别人

活动目标

1. 幼儿懂得拾到东西应该还给失主。

2. 了解并初步学会怎样寻找失主。

3. 体验丢东西和拾到东西后的心情,以及找到东西和把东西还给别人的心情。

活动准备

小猫和小兔的动物头饰。

活动过程

1. 活动导入

教师讲小猫丢东西的故事,吸引幼儿的兴趣。

2. 情境表演

让一个小朋友扮演小猫,丢东西后在急切地寻找。另一个小朋友扮演小兔,拾到东西后在寻找失主。两个小朋友进行小猫与小兔相遇后的情境表演。

评析:进行情境表演可以进一步引起幼儿的兴趣,同时也是对幼儿的一种暗示和教育,为随后的讨论做铺垫。

3. 幼儿分组讨论,体验不同情境的心情。

(1)你有没有丢过东西? 当时的心情怎样?

(2)别人把你丢的东西还给你,当时的心情怎样?

(3)你有没有拾到过别人的东西? 你是怎么做的? 当时的心情怎样?

(4)找不到失主该怎么办呢?

4. 幼儿发言

找4个小朋友分别就以上4个问题谈一下自己的感受。

5. 教师总结

我们拾到别人的东西后,应该把东西还给别人,失主很高兴,我们也很高兴。以后我们拾到东西后都应该想办法还给失主,我们也要保管好自己的东西。

评析:

拾金不昧是中华民族的传统美德。幼儿刚刚开始步入社会,开展此类活动,对帮助幼儿成长十分必要。活动以讲故事开始,虽然是常规方法,但效果很好,马上吸引了幼儿的注意力。中间进行的情境表演其目的不仅在于进一步吸引幼儿,情境表演本身也是对幼儿的一种教育。讨论活动进行得也很充分,但教师还应关注那些没有丢、拾物品相关经验的孩子,考虑怎样让他们也受到教育。

(四)观察、演示法

观察、演示法是指在幼儿社会教育中,向幼儿呈现图片、录像、直观教具、实物等可以被幼儿感知的材料,使他们通过观察获得相应的社会认知、社会情感及社会行为的一种教育方法。观察、演示法具有直观性、形象性和真实性的特点,可以激发幼儿的学习兴趣,有利于对所学知识的理解和记忆。

观察、演示法具有较好的效果,大多与讲解法、谈话法结合起来使用。教师在具体运用时应注意以下三点。

第一,演示的目的要明确。要根据社会教育的实际需要,有针对性地运用观察演示法。演示设计要有利于突出活动内容的重点和突破活动内容的难点,不能为演示而演示,也不能单纯为了引起幼儿的兴趣、活跃课堂气氛而演示。

第二,演示前,教师要做好充分的准备;演示过程中,要尽可能地使每个幼儿都能观察到演示对象与过程。教师在演示时要与讲解法等其他教育方法结合起来使用,使幼儿将间接经验与观察结合起来,而不只停留在直观感知上。

第三,教具的演示要适时恰当,避免分散幼儿的注意力。如果活动时预备演示动物标本等实物,教师不能过早地把这些教具展示出来,要在需要时进行展示,并在幼儿都看清楚后及时把它们收起来。如果标本一直放在幼儿眼前,便会持续吸引幼儿的注意,影响后面的讨论和总结。

(五)参观法

参观法是教师依据一定的教育目标,组织幼儿观察某个公共设施或社会机构,使幼儿在对设施或机构的观察和思考中获得相应的社会知识和社会规范的教育方法。教师对参观活动的组织和指导是幼儿观察了解社会现实、获得社会认知的重要保证。

教师在运用参观法时,应注意以下四点。

第一,参观对象要安全。教师在组织幼儿参观前,应亲自去参观场所进行实地考察,以便了解参观场所是否安全(包括卫生安全),是否存在安全隐患等,并要与现场接待人员商量好具体的参观安排。参观场所的安全性是参观活动能否进行的前提条件。

第二,参观前要充分做好准备工作。教师在组织幼儿参观前应制订出详细而周密的参观计划。该计划应包括参观的具体目标、时间、路线;通过参观幼儿应获得的社会认知;参观过程中教师引导幼儿进行观察和学习的措施;参观过程中幼儿所需要的物资(水、卫生纸等);参观活动的安全预案等等。此外,参观前教师还应帮助幼儿做好心理和经验准备。教师可以让幼儿观看相关内容的图片,激起幼儿参加活动的兴趣,通过简单的谈话让幼儿获得必要的相关知识等。

第三,参观中要对幼儿进行必要的指导并注意安全。参观过程中,教师或参观现场工作人员应根据幼儿及参观对象的实际情况进行必要的讲解,引导幼儿注意观察参观对象的主要方面。教师还可以围绕参观对象引导幼儿提出问题,启发幼儿进行思考,并适时给予解答。参观过程中,教师要时刻做好幼儿的组织工作,维持好参观活动各环节的秩序,以保障幼儿的安全。

第四,参观后要做好总结和巩固工作。参观之后的总结是非常有必要的,通过教师的总结,可以使幼儿的社会知识更充实、更有条理。教师还可以开展讲故事、绘画、游戏等延伸活动,让幼儿把参观活动的成果巩固下来。例如,参观图书馆后,让幼儿把书架的样子和自己最喜欢图书的封面画出来;参观完超市后,让幼儿玩超市购物的游戏。

案例评析

中班社会活动:参观图书馆①

活动目标

1. 知道图书馆是收藏书籍的地方,人们可以在图书馆看书和借书。
2. 知道在图书馆看书要安静,学会怎样借阅图书。
3. 知道要爱护书籍,对文字产生兴趣和求知的欲望。

活动准备

1. 联系好参观的地点,并确定参观的路线。
2. 教师和解说员备好课。

活动过程

1. 参观前向幼儿介绍参观的地点,并提出参观的要求。告诉幼儿图书馆是个安静的地方,进入图书馆后要保持安静,认真听解说员的介绍。

2. 带领幼儿参观图书馆。

(1)到图书馆门口,引导幼儿注意大门口上"图书馆"三个字,提醒幼儿轻轻走进图书馆,有礼貌地与工作人员打招呼。

(2)在解说员的带领下,让幼儿边观察、边听介绍。

①带幼儿参观阅览室,引导幼儿观察人们是怎样认真、专注地看书的,感受阅览室安静的气氛。

②带幼儿参观书库,观察书库里一排排整齐的书架,向幼儿介绍一些书名,让幼儿知道书是为了帮助人们学习知识用的。

③请解说员介绍电子借书、缩微卡片等先进技术。

3. 参观结束,告别图书馆的工作人员,组织幼儿返园。

4. 参观后和幼儿讨论图书馆的用处,使幼儿知道人们看书是为了获得知识,增长智慧,从而激发幼儿的求知欲。

活动延伸

1. 组织幼儿开展"我们如何办小图书馆"的讨论活动。讨论:图书馆有哪些室?人们在图书馆干什么? 在图书馆看书要注意什么?

2. 和幼儿一起布置本班图书角。如果图书不够多,也可让幼儿从家中带一些,教师指导幼儿对这些图书进行分类、编排,安排阅览室、借书处、书库等地方,教师与幼儿共同制定规则,进行活动。

---

① 虞永平.幼儿园课程指导丛书·社会(中班)[M].南京:南京师范大学出版社,1997.

3. 请小朋友轮流担任图书馆管理员，负责借书和整理图书。

评析：

参观活动是幼儿通过亲自观察和感受获得社会认知的重要途径。该活动在组织上准备充分，参观过程合理有序，能够有效实现活动目标。活动延伸环节可以使幼儿获得的经验马上应用于实践，效果非常好。美中不足的是，作为一个参观活动方案应对参观过程中的安全问题重点考虑，并在活动设计方案中有所体现。

(六)行为练习法

行为练习法是指教师在幼儿社会教育的过程中，让幼儿按照正确的社会行为规范要求自己，并在各种活动和交往中进行实践，以形成幼儿良好社会行为习惯的方法。行为练习法是形成和巩固幼儿社会行为最有效的方法。

行为主义心理学认为幼儿的良好行为是在不断的试错与练习过程中建立起来的。因此，幼儿良好的行为习惯、生活习惯，以及人际交往能力的养成，不是简单靠几次活动和说教就能实现的，必须经过反复认识和练习，才能形成自觉行动，以使幼儿不须懂得很多道理就能自觉地做出正确的行为，在实践中不断适应社会。

行为练习法有多种方式：其一是在各种自然生活环境中练习，如每天来园和离园的礼貌行为练习，用餐前后的个人卫生行为练习等等。其二是在教师组织的多种实践活动中练习，如在擦桌子的过程中练习擦桌子的技能，在角色游戏中练习交往技能等等。其三是在教师特意创设的情境中练习，如教师创设打电话的情境，让幼儿练习打电话的礼仪等。

教师在运用行为练习法时，应注意以下三点。

第一，行为练习要有明确的目的和要求。教师要有目的、有计划地对幼儿进行行为练习指导，即教师首先要示范正确的行为，以便幼儿进行学习与模仿。

第二，行为练习的方式要多样化。幼儿是各种行为练习的主体，要达到练习的目的和效果，就要发挥幼儿的主动性和积极性，吸引幼儿对行为练习的兴趣和愿望。为此，教师要以多样化的方式开展行为练习，避免练习过程的简单枯燥，让幼儿在练习中体验到快乐。行为练习不是一个机械模仿的过程，教师要在适宜的情境中对幼儿进行灵活的引导。

第三，行为练习要反复进行，持之以恒。幼儿社会学习具有反复性的特点，要实现行为练习的目的就必须反复进行，不断坚持，这样幼儿的行为才能得到巩固。

(七)行为评价法

行为评价法是指教师对幼儿的社会行为表现给予肯定或否定的评价，以增强和巩固其良好的社会行为，削弱、消除其不良的社会行为的方法。正确地对幼儿的社会行为进行评价，可以激发幼儿的上进心，促进他们良好社会行为的形成和发展，同时也能抑制其不良行为的产生和发展。行为评价法是幼儿社会教育中常用的一种方法。

行为评价法可分为积极的行为评价和消极的行为评价两种。积极的行为评价是一种强化,是对幼儿的良好行为表现给予表扬和奖励,能够提高幼儿的积极性,激发幼儿更多亲社会行为的产生。积极的行为评价主要有言语表扬、微笑、点头、竖起大拇指、轻拍肩膀、轻轻摸一下头、精神奖励(发给小红花、五角星,获得某种优先权)等方法。消极的行为评价是一种惩罚,是对幼儿不良行为给予警告、规劝、批评、惩戒等否定性评价,能够纠正幼儿的不良行为。消极的行为评价主要有批评、摇头、皱眉、凝视眼睛等。

教师在运用行为评价法时,应注意以下四点。

第一,要以表扬、鼓励为主。教师要对幼儿的行为进行正向引导,激励他们严格要求自己,发扬优点、克服缺点、积极上进,以取得更大进步。使用批评时要以尊重和肯定为前提,避免伤害幼儿的自尊心和自信心。

第二,行为评价要及时、一致。当幼儿出现积极社会行为或消极社会行为时,教师应及时予以评价反馈,使幼儿的积极社会行为得以保持,消极社会行为得以消退。如果时间过长,评价所起的作用就会减少或消失。对同一种行为,教师的评价要保持一致,不能今天一个态度明天又一个态度,这会使幼儿无所适从,不利于行为习惯的养成。

第三,行为评价要恰如其分。教师在评价时要把握好量和度的关系。过于频繁的外部评价可能剥夺幼儿练习做出决定或对行为选择做出自我评价的机会,影响幼儿自主做决定的经验和信心。如,过多、过度的表扬和奖励非但不能使幼儿感到光荣,反而容易使幼儿对表扬和奖励产生满不在乎的心态。这样的强化对幼儿的行为养成就是一种干扰。批评和惩戒是一种消极的方法,容易使幼儿产生消极情绪,教师在运用时要非常慎重,一般情况下,不要轻易使用。

第四,严禁对幼儿体罚、恐吓、辱骂和变相体罚。我国的教育法规和教师职业道德规范严格禁止对儿童进行体罚和变相体罚。教师不能以劳动、恐吓和辱骂作为批评、惩戒的手段。

二、幼儿社会教育的特殊方法

幼儿社会领域教育与其他领域教育有着密切的联系。它们有许多共通的地方,又有各自的特点。幼儿社会教育作为一个独立的课程领域,具有一些不同于其他领域的特殊教育方法。这些方法体现了幼儿社会教育的特点,具有较强的针对性。

(一)榜样示范法

榜样示范法是指教师以他人的英雄事迹或者优秀思想和行为作为榜样去影响和教育幼儿,使幼儿形成良好社会行为和品质的方法。幼儿具有很强的模仿性,具体、直观、生动的典型人物和事例易于感染幼儿,能够激发他们模仿榜样的热情。榜样客观上为幼儿的模仿行为起到了示范作用,教师应为幼儿树立榜样并鼓励幼儿模仿学习。此外幼儿在有意无意间也会进行模仿,这样就可以有效地促进幼儿良好社会行为和品质的形成和发展。教师在运用榜样示范法对幼儿进行社会教育时,要选择对幼儿教育影响大,而且又符合幼儿的社会性发展水平和实际需要的典型人物和事例。对幼儿影响较大的榜样有三种:第一,同伴,同伴之间年龄相近,同伴对幼儿没有距离感,是幼儿榜样的主要来源;第二,教师本人,教师在幼儿心中具有崇高的地位,是幼儿模仿学习的天然榜样;第三,英雄模范人物,英雄模范人物的生平事迹具有较高的教育价值,能自然地激发幼儿的敬佩之情。

在运用榜样示范法时,应注意以下四点。

第一,选用榜样事例时应考虑幼儿的社会性发展水平和实际需要,要让幼儿能够理解和接受,要避免脱离幼儿现实生活的空洞说教。

第二,发挥榜样示范的正面作用。幼儿具有很强的模仿能力,但辨别是非能力比较差。因此,教师要用正面事例对幼儿进行教育,避免幼儿模仿错误的行为。

第三,教师要严格要求自己,用美的语言、美的行为、美的心灵来影响幼儿。教师在日常生活中要注意自己的言行举止,避免给幼儿以错误的示范。

第四,教师要善于发现幼儿身上的闪光点,从幼儿同伴中选择榜样人物。以同伴为榜样更接近幼儿的生活,感染力更强,对其他幼儿的教育效果更好。

(二)移情训练法

移情又叫感情移入,指个体在特定情境下对他人情感体验的理解和分享。移情是一种替代性的情感反应,当一个人感知到别人的某种情绪时,他自己也能体验到相应的情绪,即由于对别人情绪的觉察而导致自己情绪的唤起。例如,幼儿看到别人快乐,自己也快乐;看到别人痛苦,自己也感到痛苦,这都是移情。在现实生活中,移情往往不是自然而然产生的,需要在教育中、生活中进行训练才能够出现。

所谓移情训练法是指教师通过幼儿的现实生活事件或通过讲故事、情境表演等方式,引导幼儿设身处地地从别人的角度考虑问题,使幼儿体验和理解他人的情绪情感,并与之产生情感共鸣的教育方法。采用这种教育方法,能够使幼儿去自我中心,产生利他思想,并可能表现出帮助、同情、分享等亲社会行为。移情训练法是幼儿社会教育的一种很重要的教育方法。

移情训练的形式很多,主要有讲故事、续编故事、情境表演、生活情境体验、主题游戏等。教师无论采用哪种形式,在运用移情训练法时应注意以下七点。

第一,教师创设的情境应是幼儿熟悉的社会生活,或是幼儿具有一定生活经验、能够看懂和理解的内容,只有这样,幼儿才能有情感体验并产生移情。

第二,教师在进行移情训练的过程中要通过换位,让幼儿理解他人的情绪情感。以自身的情绪情感体验去感受、理解他人的情感需要,以唤起幼儿的情感共鸣。

第三,移情训练的目的不仅是为了让幼儿在训练活动中产生移情,而且是为了幼儿能够在以后的社会生活中对他人的情感产生理解和共鸣,便于幼儿建立良好人际关系。

第四,移情训练不能只关注幼儿的情绪情感,还应对幼儿进行良好的行为教育,以养成幼儿良好的行为习惯。移情训练应不仅让幼儿产生移情,更能够以良好的行为习惯去关心、帮助他人。

第五，移情训练中应变换移情对象的身份、性别，以利于训练幼儿对各种不同人物的移情，扩大移情对象，便于幼儿在日常生活中对此种情感进行迁移。

第六，在移情训练中，教师要与幼儿一起真正投入情感，不能作为旁观者。教师的情绪对幼儿具有很强的感染力，教师加入移情训练并同幼儿一起移情，会极大地感染幼儿。如果教师在训练幼儿时自己不能产生移情，幼儿将会产生疑惑和矛盾，从而不利于移情的发生。

第七，移情训练法应与行为练习法等其他方法结合起来运用，以便取得更好的效果。

(三)角色扮演法

角色扮演是指一个人扮演另一个在实际生活情境中并不属于自身的角色的行为过程，通过角色扮演可以获得该角色的社会生活经验和行为习惯。在幼儿社会教育活动中，角色扮演法就是教师创设现实生活中的某些情境，让幼儿在其中扮演一定的社会角色，并表现出与该角色一致且符合该角色规范的社会行为的教育方法。幼儿在扮演角色的过程中，亲身体验他人的角色，进而能够更好地理解他人的感受和处境，体验他人的内心情感，促进幼儿掌握自己承担的社会角色所应遵循的社会行为规范和道德要求。

在现实生活中，每个人都处于一种或几种角色定位，每种角色都有自己特殊的行为规范和行为要求。角色扮演活动，有利于丰富幼儿的社会认知、强化社会情感，培养幼儿良好的行为习惯。可以说，角色扮演的过程就是幼儿社会学习的过程。

在现实生活中，教师要创设情境，引导幼儿扮演一定的角色并模拟社会生活，使幼儿在扮演中感知、体验社会角色及其行为规则，从而使幼儿学习一种新的行为模式。在幼儿园中，角色扮演活动深受幼儿的喜爱和欢迎。

教师在运用角色扮演法时应注意以下六点。

第一，教师创设的情境是幼儿熟悉和喜爱的，幼儿所扮演的角色应与他们的身心发展水平相符合，即幼儿所扮演的角色能够被他们认知、理解和表演。

第二，教师应根据教育活动的目标和幼儿的社会性发展水平创设相应的教育活动情境，以使角色扮演具有针对性。

第三，幼儿所扮演的角色应以正面角色为主，如果需要扮演反面角色，教师切忌固定让几个幼儿扮演反面角色，以避免幼儿学会错误的行为方式。

第四，在角色扮演活动中，教师要尊重幼儿自主地选择角色、变换角色、创造角色，以充分发挥幼儿的积极性、主动性和创造性。教师应注意不要经常地分配角色、导演角色。

第五，教师如需在活动中扮演角色，应尽量与幼儿平等地去扮演角色。

第六，活动情节要简单，内容要短小、活泼；动作、对话不要过多，要适合幼儿的表演能力。

图4-8　超市购物（镇江润扬幼儿园提供）

图4-9　给婴儿喂奶（宁波小港中心幼儿园提供）

（四）价值澄清法

价值澄清法是美国心理学家、教育家路易斯·拉斯教授在对传统的价值观教育法进行研究分析的基础上，在其与人合著的《价值与教学》一书中提出的一种新的价值观教育法。该理论的基本内容是：每个人都有自己的价值观，而且每个人都依照自己的价值观行事。尽管价值是相对的，个人的，是不能被他人灌输的，但是有理智的人应该有能力学会运用"评价过程"进行价值澄清，从而使某种观念、态度、兴趣或信念真正变为一个人的价值观。实践证明，这种方法灵活、方便、简单、生动、有趣，是对幼儿进行价值观教育的一种非常独特且有效的方法。

幼儿价值观是指幼儿在日常生活中通过与周围人和事的接触，逐渐形成的较为稳定的待人接物的态度。价值澄清即是幼儿通过内部心理活动进行价值选择、价值确定，然后付诸于外部行动的过程。拉斯教授指出，任何一种观念、态度、兴趣，要真正变为一个人的价值观必须经历以下七个步骤，分别是：①自由的选择；②从各种不同的途径中选择；③对各种途径的后果再做选择；④重视和珍惜所做出的选择；⑤公开表示自己的选择；⑥根据自己的选择采取行为；⑦重复行动。使用价值澄清法，应强调幼儿价值观建立是通过幼儿自身的内部心理活动、内心情感体验，继而进行意志行动这样一个过程，是一个由内到外，思想言行一致的幼儿主动建构价值的过程。此方法强调幼儿价值行为表现要在公众场合与个人独处时保持一致。

价值澄清法在幼儿社会教育中常用的具体方法有四种。

1. 澄清应答法

澄清应答法指教师通过与幼儿的交谈引起幼儿的思考，在相互交流中不知不觉地让幼儿进行内省与价值评价的方法，是价值澄清中最基本、最灵活的方法。例如，一个孩子在美工区随便画着画，边画边和老师交谈。

幼儿：老师，我喜欢画画。

老师：是吗？你为什么喜欢画画？

幼儿：让我想一想，嗯……我也说不清楚，反正我很喜欢画画。

老师：那你有没有想过长大后，要画很多大家喜欢的画呢？

幼儿：没有。

老师:好,你接着画吧,我去那边看看。

交谈时间很短,教师走了,但是留下了幼儿自己回味刚才谈话内容的机会。教师走后幼儿可能会想:"是啊,我怎么没想过长大当个画家呢?""嗯,我得从现在开始使劲儿画画,将来画好多好多的画给人家看。"在教师帮助下,幼儿将进行更深入的思考。而这些思考对他的价值澄清,对他的个人追求,以至于对他将来的生活有着不可估量的作用。

教师在运用这一方法时应注意以下四点。

第一,教师要针对当时的具体情况适时、及时地与幼儿进行澄清问答,引导幼儿进行价值思考。一般情况下,教师可就幼儿待人接物的目的、态度、抱负或对社会现象进行评说时使用此法,以引导幼儿价值观的形成方向。

第二,教师要鼓励幼儿对自己的兴趣、选择、行动进行慎重的思考与评价,目的在于促使幼儿对于自己的选择做进一步地思考,从而促进幼儿思维、情感和行为的发展。

第三,教师要对幼儿的言行表现出一种认同的态度,但这并不意味着对幼儿言行的完全赞同,教师的问答要尽量避免是非评判,以便为进一步交谈营造宽松、平等、自由的氛围。

第四,澄清应答的时间不宜过长,只要触发了幼儿的价值思考就应适可而止,要把思考的机会和答案留给幼儿。

2. 价值表决法

价值表决法是指教师事先拟定一系列幼儿关心的价值问题,让全体幼儿一起来表达自己意见的一种方法。价值表决的目的在于向幼儿提供公开自己价值观的机会。如在培养幼儿独立解决问题的能力时,教师设计了以下6道价值判断题。

(1)我想玩的玩具别的小朋友正在玩,怎么办?

(2)我想看的绘本别的小朋友正在看,怎么办?

(3)我想扮演的角色别的小朋友担任了,怎么办?

(4)我想去积木区,可人数满了怎么办?

(5)玩游戏时我的椅子被别的小朋友搬走了,怎么办?

(6)在玩滑梯时别的小朋友撞了我一下,怎么办?

教师在运用价值表决法时应注意:

第一,价值表决的问题要围绕一个主题。

第二,价值表决的问题数量不能太多,一般要在10个以内。

第三,要面向全体幼儿,让每个幼儿都有表决的机会。

3. 价值排队法

价值排队法是指让幼儿以三四种事物为对象,按自己认为重要的程度为它们排名次并说明理由的一种方法。幼儿在日常生活中经常会遇到面临选择的情况,价值排队法就是要为幼儿提供选择的机会,训练幼儿对价值进行分析、比较、筛选,帮助幼儿进一步了解各种事物的价值,并公开表示自己的选择。下面是一些让幼儿进行价值排队的实例。

(1)哪一种情况你最不喜欢?

A. 没有玩具　　　B. 没有同伴玩　　　C. 生病

(2)路上有一个空饮料瓶,你认为哪种行为最好?

A. 一脚把它踢开　　　B. 就像没看见一样跨过去　　　C. 捡起来扔到垃圾箱

(3)下面三样事物你最喜欢哪一个?

A. 美食　　　B. 玩具　　　C. 同伴

教师在设计题目时要注意:

第一,价值排队的事物不能太多,不能超过 4 个。

第二,价值排队的事物幼儿能够理解,不能太难。

第三,价值排队的事物在内涵上不能交叉或包含。

4. 展示自我法

展示自我法是指教师为幼儿创造和提供自由发言的机会,让幼儿围绕某一话题充分进行表述。以下题目可供幼儿表述:

(1)我是谁?

(2)我觉得自己怎么样?

(3)假如我是老师……

(4)假如我是家长……

(5)长大了我要当……

展示自我的目的在于系统地为幼儿提供审视思索自己的机会,使他们逐步学会分析自我、审视自我、发现自我。教师在运用这一方法时应注意:

第一,要创造平等、宽松的氛围,让幼儿大胆表述。

第二,选择的话题应是幼儿熟悉和感兴趣的。

第三,教师要避免对幼儿表述进行简单的好坏判断。

价值澄清有很多方法,以上几种是比较典型、有效的方法。教师可根据幼儿获得价值观的规律,设计更可行、更高效的方法,并把这些方法结合起来灵活运用,以达到比较理想的价值澄清效果,使幼儿养成良好的价值观。

"教育有法,而无定法",这是教育方法的一个重要特点。教育方法的确定和选择,是依据教育过程本身所具有的规律性,不是任意的,需要老师发挥教学机智,根据条件和需要,对教育方法进行艺术性的再创造、再加工,灵活地、艺术地运用于教育实践。教师要不断学习新的教育理论,探索和掌握新的教育方法,提高社会教育的水平,促进幼儿社会性的发展。

第三课　幼儿社会教育活动的设计与评价

一、幼儿社会教育活动方案设计的一般要求

幼儿社会教育活动方案设计是教师根据一定的社会教育目标,选择合适的教育内容,并在此基础上优化活动形式和活动过程,最终形成教育活动安排的过程。幼儿社会教育活动方案,是教师确保教育活动顺利实施的重要保障。教师在进行社会教育活动方案设计时,应当符合《纲要》的精神,参照《指南》中所指明的幼儿社会性发展目标和教育建议的要求,综合考虑各方面因素,从整体到具体地设计社会教育活动方案。

(一)幼儿社会教育活动方案构成要素

当社会教育活动内容确定后,教师应精心设计社会教育活动的具体方案,以保证社会教育活动的顺利实施。一般情况下,社会教育活动的具体方案包括活动名称、活动目标、活动准备、活动过程等要素,有时还包括设计意图和活动延伸两方面内容。

1. 活动名称

活动名称就是社会教育活动的名字,应能概括地反映出社会教育的主要内容,并表明适宜的年龄班。如"小班社会教育活动:我爱妈妈","中班社会教育活动:快乐的中秋节"等。

2. 设计意图

设计意图就是为什么要开展这样一个社会教育活动,以及开展本活动的意义是什么。在编写具体活动方案时,要把社会教育活动的由来及意义写明白、写清楚。如小班社会教育活动"会说'不'"的设计意图是:"由于小班幼儿年龄较小,对父母的依恋心理较强,自我保护的意识和能力欠佳,缺乏是非判断能力,遇到陌生人会很容易跟他们走,为提高幼儿的安全意识,我设计了这个活动。"

3. 活动目标

活动目标是预期社会教育活动实施后,幼儿应获得的学习结果或达到的水平。一般情况下,社会教育活动目标应尽可能包括社会情感、社会认知、社会行为三个方面。社会情感目标指在教育活动实施后,教师预期幼儿在社会情感方面可能发生的变化。相应的,社会认知目标是指预期幼儿在社会认知方面可能发生的变化,社会行为目标是预期幼儿在动作行为能力方面可能发生的变化。例如:

社会情感目标:"在和小朋友共同玩玩具中,体验分享的快乐。"

社会认知目标:"了解十二生肖一年一种属相,12年一个轮回的规律。"

社会行为目标:"能够在日常活动中关心、帮助随班就读的智障儿童。"

教育活动包含了"教师的教"和"幼儿的学"两方面的互动。在表述活动目标时,

既可以从教师的角度进行表述,也可以从幼儿的角度进行表述,但要从统一的角度进行表述。随着幼儿教育观念的发展和进步,现在更多地从幼儿的角度来表述社会教育活动目标。活动目标应是幼儿在参与社会教育活动之后,他们在社会情感、社会认知、社会行为等方面发生的变化。如果社会教育活动目标从教师的角度来表述,如"教育幼儿外出时不离开父母,不跟陌生人走"。教师在活动中教育过幼儿了,他的教育目标达到了,但幼儿的社会认知和社会行为是否发生了变化,则难以检验。从幼儿的角度来表述活动目标,体现了幼儿教育观念的转变,即由关注教师的教,转向关心幼儿的学习与发展,这有利于提高社会教育活动的实际效果,避免教师在教育活动中对教学手段和形式的过度追求。

4. 活动准备

活动准备是指活动前教师和幼儿应做好的准备,包括物质方面的准备和知识经验方面的准备。物质方面的准备主要有完成活动所需要的玩教具、图片、音像资料、需要特别选择的时机和场所、需要家长配合的事项等。知识经验方面的准备是幼儿必须事先掌握的知识技能和有关经验。如果幼儿缺乏相关的知识经验,或活动内容与幼儿已有的经验相差很大,将导致幼儿放弃活动或被动接受成人强加给他的内容,于是直接影响活动的最终效果。教师应明确写出活动需要做哪些准备,如"小班社会活动:玩具分享日"的活动准备。

物质准备:

(1)幼儿选择一两件自己最喜欢的玩具带到幼儿园来。

(2)教师撰写一封"给家长的信",让家长知道并配合这个活动。

知识经验准备:幼儿熟悉自己的玩具,能进行简单的介绍。

5. 活动过程

活动过程是教育活动方案的主体部分,包括教育活动的全部活动步骤和主要内容。一般来讲,活动过程大致可分为开始部分、展开部分、结束部分三个环节。

(1)开始部分

开始部分又称为活动的导入,其主要作用是吸引幼儿的注意力,激发幼儿参与活动的兴趣,为随后的活动营造一个积极良好的氛围。导入部分要短而精,主要采取以下形式。

教师向幼儿直接提出疑问,或以谜语、儿歌的形式间接提出。

教师引导幼儿观看彩图、实物标本等。

教师让幼儿听一段短小的故事。

教师创设一定的情境并利用情境进行表演。

教师和幼儿玩一个小游戏。

(2)展开部分

展开部分是整个教育活动的主体环节。本部分的设计涵盖了教师的教法和幼儿的学法,是教师的教育思想、教育观念和具体教育行为的体现。在设计本部分内容时,教师应着重考虑在活动中如何引导幼儿积极主动地参与活动,如何具体落实活动目标,如何有效地发展幼儿的社会情感和社会行为技能等。

（3）结束部分

在活动的结束部分,教师应引导幼儿总结、归纳活动中所获得的经验、技能,分享获得的情感体验,强化积极的社会行为,提升社会认知水平。

在设计整个活动过程时,教师要重点思考以下几个问题。

①社会教育活动各环节设计的目的是什么？为什么要这样设计？

②社会教育活动各环节的设计是否体现了活动目标？你想怎样实现活动目标？

③社会教育活动各环节应使用什么方法和策略来突出重点,引导幼儿学习？

④社会教育活动各环节所取得的成果能否被其他环节所使用？

⑤幼儿在活动中怎样得到发展？师幼、幼幼之间如何有效互动？

⑥幼儿在每个活动环节中可能会出现什么问题？你准备怎样解决？

教师要全面考虑这些问题,对这些问题要有清醒的思路和解决方案,只有这样才能设计出更高效的活动过程。

6. 活动延伸

社会教育活动结束后,教师可根据活动内容本身及其特点、幼儿在活动中的兴趣和效果等,生成与此活动内容相关的其他活动,从而利用其他教育活动的教育资源和教育机会拓展幼儿的经验。如,"小班社会活动:玩具分享日"的活动延伸设计:"在'玩具分享日'里进一步引导幼儿尝试与同伴合作玩玩具,体验一起玩的快乐。"

案 例 评 析

小班社会活动:玩具分享日①

活动目标

1. 愿意与同伴交往,体验与同伴交往的快乐。

2. 初步学会用征询的语言与同伴交换玩具。

3. 懂得与同伴礼貌交往能给别人带来快乐的道理。

活动准备

物质准备:

1. 幼儿选择一件或两件自己最喜欢的玩具带到幼儿园。

2. 教师撰写一封"给家长的信",让家长知道并配合这个活动。

知识经验准备:幼儿熟悉自己的玩具,能进行简单的介绍。

---

① 教育部教育管理信息中心组编. 全国优秀幼儿社会教育活动课例评析[M]. 重庆:西南师范大学出版社,2010:48.

活动过程

1. 体验交往

(1)幼儿自由地玩自己带来的玩具,并与同桌小朋友自由交换自己的玩具。

(2)教师不做任何提示,让小朋友随意交换玩具。

看到小伙伴有这么多好玩的玩具,你们想玩一玩吗?现在你们去找小伙伴交换玩具吧!如果成功地交换到别人的玩具,就取一个"笑脸"小贴纸贴在自己的身上。

2. 说说想想(玩具放在凳子下)

(1)让幼儿说说自己交换到的玩具,说说是如何交换的,并向小伙伴演示。

你换了几件玩具?(数数身上的小贴纸)你是怎样换到这么多玩具的呢?

分析:在这个过程中,有些小朋友身上小贴纸的数量较多。通过交流和演示发现,在这些小朋友中有的是通过语言交流来达到交换目的的,而有的是用肢体语言来达到交换目的的,如用玩具去碰碰小朋友,或直接向同伴展示玩具等。在演示的过程中,教师应指导幼儿努力用语言来表达自己的想法。

你身上的小贴纸很少,遇到了什么困难吗?你是怎样做的呢?谁能帮助他?(请能力强的小朋友与他合作演示。)

分析:小贴纸数量少的幼儿,大多是性格比较内向或胆子比较小的孩子。在此环节教师要把握住孩子的心理特点,以语言评价的方式多鼓励和帮助孩子,保护孩子与同伴交往的积极性。

(2)师生讨论:想与别人分享玩具时,应该怎么做?

小结:与别人分享玩具时,先要有礼貌地向他借,征得对方同意后才能拿,并要有礼貌地说"谢谢。"

师生共同归纳出以下几句征询语:

我玩你的玩具,好吗?

我和你换着玩,可以吗?

我想玩你的玩具,你同意吗?

你的玩具是怎么玩的,你教我好吗?

我们一起玩,好不好?

你想不想玩我的玩具,我们换着玩吧?

3. 分享时光

(1)幼儿练习用新经验去获得分享玩具的机会。教师告诉幼儿,如果别人使用的礼貌用语让你觉得快乐,你就奖励他一个小贴纸(另一张颜色的贴纸,与前一种有区别)。

(2)教师也参与到分享游戏中,在游戏中对个别幼儿给予隐性的指导和鼓励性评价。

(3)集体交流。让幼儿说说分享游戏给自己带来的感受,以后还想玩这样的游戏吗?(共同商定"玩具分享日"的时间。)

讨论中,老师参考了小朋友提出的不同建议,确定了"玩具分享日"的时间:周一、周三的早餐后,周五的晚餐后,周五可带回家,更换玩具后再带来。

4. 爱护玩具

教师:带来的玩具能否整天放在自己身上?为什么?

教师引导幼儿看 4 张照片,说说图片中的小朋友是怎样放置玩具的?(分类放置,轻拿轻放。)

请小朋友按照片的标志(毛绒玩具、小车玩具、其他玩具),将自己带来的玩具分类放到不同的篓子中。

活动延伸

在"玩具分享日"里进一步引导幼儿尝试与同伴合作玩玩具,体验一起玩的快乐。

评析:

幼儿的社会学习是一个漫长的过程。幼儿的交往、合作、争议、妥协和分享等社会行为技能需要在具体情境中自己建构,而不是被动接受。在这个活动中,教师充分践行了这一教学理念,创设了一个深受幼儿喜爱的交往体验空间,通过师幼之间、幼幼之间的相互学习、相互评价让孩子们获得了与他人交往的经验和技能。

本活动设计充分体现了"心中有目标,眼里有孩子"的教育观点,符合幼儿的年龄特点和社会性发展需要,目标明确、层次清晰。在活动设计上,小贴纸的运用非常巧妙,整个活动过程流畅自然,体现了"教者有心,学者无意"的教育境界。

案例评析

中班社会活动:妈妈我爱您①

设计意图

现在的孩子基本上都是独生子女,家长非常娇惯,孩子本身也有优越感,认为父母对自己好是应该的,出现了对妈妈说话没有礼貌、依赖妈妈、比较任性等现象。中班幼儿常常很依赖妈妈,很少体会妈妈的辛苦,也很少会想到为妈妈做事。设计本活动意在使幼儿体会到母爱的无私与伟大,激发幼儿爱妈妈的情感。

活动目标

1. 帮助幼儿了解妈妈的工作和妈妈的喜好,喜欢妈妈。
2. 让幼儿通过表演节目和动手制作,表达对妈妈的情感。
3. 让幼儿知道帮妈妈做事情,自己的事情自己做。

活动准备

1. 歌曲如《我的好妈妈》、《小乌鸦爱妈妈》、《世上只有妈妈好》等。
2. 妈妈在家里辛苦做事以及在单位辛苦工作的视频。
3. 搭建舞台的材料,如积木、桌布、花盆、彩色纸等。

---

① 教育部教育管理信息中心组编.全国优秀幼儿社会教育活动课例评析[M].重庆:西南师范大学出版社,2010:98.

活动过程

1. 庆祝活动

在歌颂妈妈的乐曲中,妈妈们入座。

分析:安排座位时,可让妈妈们坐在舞台前,幼儿坐在周围。

2. 活动进行

(1)主持人引导幼儿说说庆祝会的意义。

(2)幼儿按节目单表演节目。

分析:主持人的语言应根据节目内容有所设计,使幼儿在表现自己时,感受到快乐情绪的鼓舞,同时也使妈妈们为孩子的表现感到高兴。

(3)播放妈妈在家辛苦做事和在单位工作的视频。

分析:直观真切地展示妈妈平时生活的视频,能对幼儿产生较大的感染力。视频可以是教师设计录制的,也可以是某一幼儿家长提供的。

(4)妈妈说心声。

分析:通过妈妈代表说心声,让幼儿体会妈妈爱我们的情感,同时也激发幼儿爱妈妈的情感。

(5)集体表演"我的好妈妈"。

分析:幼儿在体会爱妈妈的情感中,表达对妈妈的爱。这是感情的高潮,也是庆祝会的高潮,教师的引导和激发尤为重要。教师可作为主持人充满激情地组织表演,如当幼儿说完悄悄话时,教师可以说:"悄悄话是我们的心声,妈妈,谢谢你们!妈妈,祝你们身体好!"幼儿齐声说:"祝妈妈身体好!"

3. 制作礼品

(1)选择妈妈喜欢的彩纸,做一朵花,贴在妈妈的手上。

(2)祝贺,送礼物。

分析:幼儿在送礼物的过程中,体会和表达爱妈妈的情感。教师可以和幼儿一起说一些祝贺的话,如祝妈妈永远漂亮。

活动延伸

1. 幼儿回家后与妈妈共同制作"我帮妈妈"的记事本,记录幼儿主动帮妈妈做的事情。

2. 让幼儿在生活中体会妈妈的辛苦,进一步养成自己的事情自己做的习惯。

评析:

该活动针对目前独生子女身上普遍存在的习惯接受爱、不会表达爱的问题,教师进行家园对接,利用一系列活动对幼儿进行爱妈妈的教育,培养幼儿爱妈妈的情感。在活动中,幼儿体验了爱妈妈的情感,家长也感受到了孩子们那份真诚和纯真的爱。通过活动,孩子和家长之间加深了沟通,幼儿更了解妈妈、理解妈妈、愿意帮妈妈做事,这有助于让幼儿养成自己的事情自己做的习惯。这种活动方式不仅孩子乐于接受,也将使家长与幼儿园的配合更加密切。

图 4-10/4-11　给妈妈做生日手链
(常州市中央花园机关幼儿园提供)

(二)幼儿社会教育活动方案设计应注意的问题

幼儿社会教育活动方案是教师为组织和指导社会教育活动精心设计的施教蓝图,包含了将要达到的目标、需要完成的任务、将要采取的各种教育活动措施等诸多内容。教师在进行活动方案设计时应注意以下几个问题。

1. 方案要具有很强的可操作性

教师要对社会教育活动具体教学内容的选择、教育活动方法的运用、教育活动时间的分配以及活动中细节的处理等诸多问题考虑清楚,都要在方案中做出明确、具体、详细的规划和安排。方案越详细具体,越具有可操作性,这样才能成为教师组织社会教育活动的有力依据。

2. 方案要切实可行

教师在设计社会教育活动方案时既要考虑本幼儿园及本班所具备的教育活动资源条件,还要考虑教师本人的职业素养以及本班幼儿社会性发展的实际情况。只有全面考虑这些问题并对相应问题做好准备,社会教育活动方案才具有可行性。

3. 方案要具有经济性

教师要充分考虑社会教育活动方案的效率,使活动方案具有较强的经济性。社会教育活动在设计时,要力求以付出最少的人力、财力、物力获得最佳的教育效果。

4. 方案要给幼儿更多参与活动的机会

幼儿是教育活动的主体,教师应让幼儿在活动中更多地主动参与,以帮助幼儿获得更丰富的感知体验。幼儿在活动中经过自己的思考、实践练习,将社会规则、技能内化,从而达到社会教育活动的目的。教师在活动设计时,要为幼儿提供更多动手操作的机会,让幼儿主动参与到活动中来。

5. 要精心设计教师语言

教师语言对教育活动顺利进行起着关键作用。教师语言要具体明确,避免成人化语言和专业术语,确保与幼儿的有效沟通。此外,教师还要对各活动环节的指导语心中有数,以便教育活动能紧凑、顺利地进行下去。

在编写社会教育活动方案时,教师要对教育活动实施过程中的每个环节、每个步骤在自己头脑中进行一遍或多遍预演。这样做,能使教师有身临其境之感,有利于教师对教育活动细节进行周密考虑,有利于发现和解决可能出现的问题,最终保障社会教育活动的顺利进行。

(三)幼儿园社会教育活动方案的编写形式

当前,幼儿园为了便于管理,一般要求教师采用表格式教案的编写形式。表格式教案能够使教育活动方案内容一目了然,便于教师自我反思和幼儿园管理(参见表 4-1)。

表 4-1　幼儿园教育活动方案表

教师:_____　班级:_____　活动时间:_____

活动名称	
设计意图	
活动目标	
活动准备	
活动过程	
活动延伸	
活动反思	

(注:本表中"活动反思"一栏是在活动实施后填写的。)

二、幼儿社会教育活动的评价

幼儿社会教育活动是幼儿园对幼儿进行社会教育的重要途径。幼儿社会教育活动的质量,关系着幼儿社会性发展的目标能否实现。因此,依据一定的标准对幼儿社会教育活动进行评价是十分必要的。幼儿社会教育活动评价就是对幼儿社会教育活动的过程和效果进行价值判定的过程。评价对于幼儿社会教育活动的有序开展具有指引方向和反馈调节的作用。评价结果有助于教师对社会教育活动进行反思,有助于教师提高自己的社会教育能力,有助于促进教师的专业发展。

(一)幼儿社会教育活动评价的主要内容

对社会教育活动进行评价,可以从社会教育活动的组成要素入手开展评价。评价的主要内容包括:活动名称评价、活动目标评价、活动准备评价、活动过程评价、活动延伸评价等。

1. 活动名称评价

社会教育活动名称应包含年龄班、活动名称等要素。活动名称可以多种多样,应能体现出活动的主要内容或活动的意图等。

2. 活动目标评价

社会教育活动目标应该包括社会认知、社会情感、社会行为能力三个维度的目标。活动目标应根据情况尽可能涵盖三个维度的目标,并要做到重点突出。活动目标的数量要合适,难度要适中,具有可行性。活动目标在表述上应该清晰、准确,各目标的行为主体应该一致,具有较强可操作性。活动结束时可以逐条对照,看目标是否全部实现。

3. 活动准备评价

活动准备包括物质准备、环境创设的准备和知识经验及心理的准备等内容。活动准备的材料种类要丰富,各种操作材料在活动中要充分利用,各种教具准备要充分合理。配合活动的环境创设准备要到位,幼儿的知识经验和心理准备要合理和必要。在活动过程中,可观察环境创设、材料的利用率等各种准备的情况并进行评价。

4. 活动过程评价

社会教育活动过程大体包括活动导入、引导幼儿参与活动、引导幼儿思考、引导幼儿进行总结等环节。对活动过程的评价可以从以上四个环节入手。首先,要看该活动是否完整具备以上四个环节,然后再对每个环节分别进行评价。在这四个环节中最先出现的是活动导入环节,可着重评价导入的形式及效果;在引导幼儿参与活动和引导幼儿思考环节,主要评价幼儿参与活动和思考的积极性以及幼儿参与活动和教师引导幼儿思考的反馈情况,可着重考察幼儿是否有机会观察、体验、表达和操作,幼儿是否有成功感,活动中的师幼互动是否和谐、自然等。在前三个环节中,可能存在重合的情况,评价时要注意活动开展的层次性和条理性,此外还要考察教师是否能面向全体幼儿以及尊重幼儿的个别差异,是否灵活多样地使用了教育方法。在第四环节的评价中,要看教师是否进行了活动总结,以及教师是否引导幼儿进行总结,引导总结水平如何等。

5. 活动延伸评价

活动结束后,一般情况下会安排活动延伸。在评价活动延伸时,首先要评价是否需要活动延伸;其次评价教师采用的活动延伸的方法和内容,是否具有可行性和可操作性;最后评价活动延伸是否能有益于活动效果,是否能对幼儿的发展产生积极的促进作用和意义。

(二)幼儿园社会教育活动方案评价标准

了解幼儿园社会教育活动方案评价标准,有利于教师设计出更加规范的社会教育活动方案(见表4-2)。

表4-2 幼儿园社会教育活动方案评价表①

项 目	评 价 要 点	权 重	分 数
活动方案基本要素齐全	活动方案应包括:活动名称、活动设计意图、活动目标、活动准备、活动过程和活动延伸等。	10	
活动设计意图	对本活动的由来及活动的意图做出清晰的说明。	5	
教育活动目标设计	1. 教育活动目标全面,包括社会认知、社会情感和社会行为习惯三方面目标。	5	
	2. 教育活动目标具体明确,具有可操作性、可测评性。	5	
	3. 教育活动目标相互协调,表述层次清晰。	5	
	4. 教育活动目标符合本班幼儿的实际情况。	5	
	5. 教育活动重点、难点准确。	5	
教育活动准备设计	教育活动准备以教育活动目标为中心,服务于教育活动目标的达成,各项准备充分、合理、必要、到位。	10	
教育活动过程设计	1. 教育活动过程设计符合幼儿教育学、幼儿心理学。	5	
	2. 教育活动过程设计具有可行性、可操作性。	10	
	3. 教育活动过程设计思路清晰,组织教学步骤完整,结构合理,时间分配科学。	10	
	4. 重点突出,过程有利于难点的突破,有利于目标的实现。	10	
教育活动延伸	1. 活动延伸能使幼儿的知识经验得到巩固和强化。	5	
	2. 体现出"渗透"的教育思想,且渗透得自然合理。	5	
教育活动特色	设计新颖、有特色、有创意。	5	
总体评价		总分	

实践训练

1. 幼儿挑食是一个比较普遍的问题,影响幼儿的健康成长。如果你是幼儿老师,会怎样帮助幼儿改掉挑食的毛病呢?请结合幼儿社会教育的途径与方法谈一谈。

2. 晶晶过五岁生日的时候,她姑姑买了一双系鞋带的漂亮小皮鞋作为生日礼物送给她。鞋子很漂亮,但当晶晶看到需要系鞋带时,马上把鞋扔到了地上,嘟起了嘴,

① 莫源秋,韦凌云. 幼儿教师实用教育教学技能[M]. 北京:中国轻工业出版社,2013:45.

满脸的不高兴。她姑姑很疑惑,马上问她:"怎么了,晶晶,你不喜欢吗?"晶晶嘟着嘴说:"我不穿系鞋带的鞋。"原来是因为晶晶系不好鞋带,所以她就不喜欢系鞋带的鞋,这下姑姑明白了。

系鞋带是一种基本生活能力,可是有很多的孩子因系不好鞋带而不穿系鞋带的鞋,一直到十多岁仍是这样。请设计一个幼儿社会教育活动,帮助幼儿学会系鞋带。

3. 下面是一个社会活动的导入环节,请分析存在的问题。

活动开始时,教师在其身后放置一个手偶,提问:"小朋友们猜猜,老师把谁请到了我们的教室?"

幼儿:"小狗。"

教师:"不对,再猜!"

……

教师一直让幼儿不断猜测,最后从身后出示一个小女孩的手偶,引来幼儿一声声叹息。

第五单元

幼儿自我意识与教育活动设计

什么是教育？教育就是帮助学生学会自己思考，作出独立的判断，并作为一个负责的公民参加工作。

——赫钦斯

学习目标

- 理解自我意识的内涵，了解自我意识的结构。
- 弄清幼儿自我意识产生和发展的过程。
- 领会幼儿自我意识教育的作用。
- 掌握幼儿自我意识教育的途径。
- 学会设计适合不同年龄阶段儿童的自我意识教育活动。

第一课　幼儿的自我意识

一、自我意识的概述

（一）自我意识的含义

自我意识是意识的一种形式，也称自我，是人格心理学中的一个基本概念，也是幼儿社会化的重要组成部分。对于自我意识的含义，在中西方心理学中，不同的学者有不同的理解,有的认为自我意识是指个体对自身的认识和态度;也有的认为自我意识是对自己存在的觉察,即个体认识自己的一切,包括认识自己的生理特征(如性别、身高、体重、容貌等)、心理特征(如兴趣、爱好、能力、性格、气质等)以及自己与他人的关系(如自己与周围人们相处的关系、自己在群体中的位置与作用等)。简言之,自我意识就是个体对所有关于自己身心状况的认识,是一个人对自己以及自己与周围世界关系的认识,尤其是人我关系的认识。自我意识是一个联结个体、社会影响和社会行为的概念。

从这些表述来看,自我意识可以说是个体对于自己所有身心活动的觉知,既包括内部心理状态,也包括外部体貌和言行表现,同时还包括个体对与外界的人、事、物相互作用关系的认识。自我意识是个体社会化的结果,是个体的社会实践和人际交往的产物。

人的自我意识是物种心理演化进程中的一个飞跃,虽然心理学研究发现灵长类动物也有类似自我意识的表现,但人的自我意识已构成一个多维度、多层次的复杂心理系统,在个体的成长中不可缺少。借助自我意识,人能够将自身与环境区分开,并将主体身心状况也纳入自己的认识范围。可以说,自我意识使个体深入理解了自身与客观世界的关系,也为主体积极适应环境,完善自我和改造世界提供了有力的支持。

(二)自我意识的结构

由于自我意识是一个多因素、多层次的整体结构,它既包含生物的、生理的因素,又包含社会的、心理的因素,因此,自我意识的形式和内容也必然是多种多样的。

1.从形式上看,自我意识表现为认知、情感和意志三种形式,分别称为自我认识、自我体验和自我调节。

(1)自我认识属于自我意识的认知成分,是个体对自己的认识,回答的是“我是谁?”“我怎么是这样的人?”等问题。它包括自我感觉、自我观察、自我分析、自我概念、自我评价等。其中自我概念和自我评价是自我认识中最主要的方面,集中反映着个体自我认识乃至整个自我意识的发展水平。自我概念指个体对自己的印象,包括对自己存在的认识及对个人身体能力、性格、态度、思想等方面的认识。自我评价是在对自己身心特征了解的基础上对自我作为的判断。个体的自我评价是在社会生活中通过实践和交往逐渐形成起来的。

(2)自我体验属于自我意识的情感成分,是伴随着自我认识产生的内在感受,反映为对自己的满意状况。主要涉及“我是否喜欢自己”、“我是否满意自己”等,主要是一种自我的感受。包括自尊感、自卑感、自豪感、自信、内疚、羞耻等,其中自尊感是自我体验中最主要的方面。

(3)自我调节属于自我意识的意志成分,是个体对自身的心理与行为的主动支配和掌握,即指一个人不受外界因素的干扰,对自己的情感、欲望和行为的调控。它主要涉及“我如何成为自己理想的那种人”,“我怎么样才能成为一个更有自信的人”。

包括自主、自立、自我监督、自我控制、自我完善等。个体通过自我调节，使自己的行为适合于周围的情境，从而逐步适应社会环境。它的一个突出表现是：自我控制，自我控制包括坚持性和自制力。

自我认识是自我体验和自我调节的基础，自我体验能强化自我调节，自我调节的结果又会强化、校正、丰富自我认识。以上三者互相联系、有机组合、完整统一，成为一个人个性的核心内容。

2. 从内容上看，自我意识主要包括四个方面：生理自我、社会自我、心理自我和道德自我。

（1）生理自我是自我意识最原始的形态，是个人对自己身体形态（身高、体重、容貌、身材、性别等）的认识及由此产生的占有感、支配感和爱护感，如个人对自己体形的胖瘦、容貌的美丑等的认识和态度。例如有的人觉得自己的眼睛不够美，所以总用头发遮着或者去做整形手术。

（2）社会自我是个体对自己在社会关系、人际关系中的角色的意识。即自己在集体中的地位及自己与他人相互关系的评价和体验，是对自己在社会生活中所处的经济状况、声誉、威信等方面的自我评价和自我体验。如是否受人尊重和信任，在集体生活中对他人而言是举足轻重还是无足轻重等。

（3）心理自我是个体对自己的心理活动的意识，即对自己心理品质的自我认识和评价。主要是对自己个性心理特征的意识，包括对自己性格、智力、态度、爱好等的认识和体验。如对自己的理解力、记忆力是强还是弱，思维敏捷还是迟钝，做事果断不果断等的认识。

（4）道德自我是指对自己遵守道德行为规范、遵守法纪、思想政治品质、生活和思想作风等方面的自我认识和自我评价。

二、幼儿自我意识的产生和发展

（一）幼儿自我意识的产生

自我意识的产生和发展是人和动物在心理上的最后分界线。动物不具有自我意识。猴子用木块换糖的实验就证明了这点。猴子用木块换糖，换到最后，木块用完了，猴子就用自己的尾巴来换，这说明猴子不能把主体与客体分开。而人则不同，人有高度发达的大脑，人有言语能力，所以人能够认识自己以及自己同周围世界的关系。但必须指出，人的先天素质只是自我意识发展的前提，而起决定作用的是人的社会交往和社会活动。

人并不是生来就有自我意识的，儿童的心理只有发展到一定的阶段才能形成自我意识。那么，幼儿的自我意识是怎样产生的呢？苏联的心理学家安南耶夫指出，在婴儿生活中，其心理上的主观的最初现象，是同有目标的运动相联系着的。起初出现简单的有结果的动作，然后出现有一定目的的动作。婴儿会说话以前，这种初步的实地动作乃是他的意识形成的最初源泉。运动器官只有在实地活动中才能成为活动的手段。因此，最初自我体验的感觉泉源，不是任何的随意运动（如把手伸向东西），而是具有一定对象性的运动。当婴儿的自身运动在对象中反映出来时,他就开始紧张地体验着,并与情绪发生联系。婴儿从实地动作的构造中主观地区分出自己的动作,这最初是与"大人对小孩"的情境的评判关系相联系的。婴儿在评判这种共同动作的情况中,学会区别自己的动作与这一动作的对象。他还指出,据谢切诺夫的意见,婴儿意识到他自己本身与意识到外在世界,遵循着同样的道路,都是从感觉过渡到表象,又从表象过渡到思维。

儿童自我意识产生的标志,安南耶夫认为包括一系列准备阶段。他把自我意识的出现同儿童从动作对象中分出自己动作的能力联系起来,认为这发生在生命的第一年末。这种能力是在由成人组织和指导的初级游戏活动过程中形成的。成人指导儿童游戏时创造了评价情境,这是培养儿童从动作对象中分出自己动作能力的重要条件。相对于此,更重要的是在所希望的物体出现时抑制、阻止动作。在这种条件下,儿童初步意识到自己的动作、动作动机和目的,也就发生了初级的自我意识。

另外一个较为复杂的阶段,是儿童把自己同自己的动作分开,也就是他意识到他所作的动作是"他的动作",这些动作的原因是他自己,他是活动的主体。

儿童语言的发生、发展加快了其自我意识发生的进程。儿童在谈到自己时开始叫自己的名字。安南耶夫说:"从发生学的观点看,使用自己的名字是儿童意识发展中的巨大飞跃,是过渡到把自己当作固定的整体从变化着的动作的连续进程中分出来的标志。儿童主动口述自己的名字不同于他对成人喊他的名字的感觉反应。"安南耶夫把儿童叫自己的名字的技能看成是自我意识形成的最重要因素,并把这个因素与以自己的愿望和动作表象为形式概括"自我感觉"的能力的出现联系起来。

儿童从叫自己的名字过渡到谈自己时使用代名词"我的"、"我有",特别是有意识地使用第一人称代名词"我",这说明儿童已经从自己的表象向思维过渡。至此,儿童自我意识已明显地产生了。[①]

拓展阅读

婴儿期的自我分化[②]

尽管对于自我的起源有着不同的看法,不过人们近乎一致地认为,这种能力在出生后2～3个月已经初露锋芒。让我们回忆一下皮亚杰(和其他人)对婴儿早期认知发展的描述。2个月大时,宝宝会重复那些能使自己获得快感的动作(如吮指和挥舞手臂),这是在练习他们的反射图式。换言之,这表明他们开始熟悉自己的身体能力。在研究中我们了解到,如果将活动的物体或视听器械系在2～3个月大的婴儿身上,他们的小手小脚会不停乱动,以此获得有趣的视觉和听觉刺激。对此,8周大的婴儿也能保持2～3天的记忆,当把绳索解下,她会增大动作幅度,当发现动作无效后,又

①　杨丽珠. 试谈儿童自我意识的发展[J]. 辽宁师范大学学报(社科版),1985(2):18—22.
②　David R. Shaffer & Katherine Kipp. 发展心理学[M]. 邹泓,等译. 北京:中国轻工业出版社,2009.

会变得相当沮丧。似乎2个月的婴儿已经有了一定的个体动因感（对个体自身成为事件原因的认识），或者说知道有的事情是由他们引发的，这也使得他们兴奋不已。

总之，对于新生儿是否真的能将自己同周围环境区分，仍有争议。然而，即使还无法做到这一点，他们在1～2个月大时也很可能发现了自己身体的局限，此后不久便可由其控制的外物中分化出身体自我。所以，要是2～6个月大的婴儿可以说话，对于"我是什么样的人"这个问题，他们会说："我能看见，我能吃东西，我能伸手，我能抓住东西，只要我做出什么动作总会发生点事情。"

（二）幼儿自我意识的发展

1. 幼儿自我意识发展的一般趋势

随着儿童年龄的增长，儿童的自我意识会不断地发展变化，主要呈现出以下一些发展趋势。

第一，儿童自我认知的内容从反映外部的、可以直接观察的、具体的、有明确参照系统的向与其相反的方向发展。如儿童最初产生的是生理自我，之后逐渐形成行为自我和社会自我，到青春期时心理自我才获得充分的发展。

第二，儿童自我的结构从简单的结构发展到分化的、多重的结构，最后逐渐出现层次性，形成复杂的、整合的自我结构系统。

第三，儿童的自我评价从以他人评价为主发展到独立的自我评价，与此同时儿童不断脱离自我中心，自我评价的客观度也随之提高。

第四，儿童自我功能上表现出社会适应性逐渐提高的特点。儿童区分外部自我和内部自我的能力不断增强，逐渐能够比较实际地判断社会交往情境，并据此做出判断，从而表现出复杂的社会自我。同时，自我的结构日趋稳定，儿童能够根据自己的内部价值标准、信念体系以及外部情境的需要来调整自己的行为。

2. 幼儿自我意识发展的内容

如前所述，自我意识包括三个方面：自我认识、自我体验和自我调节。

（1）幼儿自我认识的发展

自我认识主要包括自我概念和自我评价。自我概念的对象包括自己的身体、自己的动作和行动以及自己的内心活动。

①对自己身体的认识

初生的婴儿是没有自我意识的，他不能意识到自己同外界事物的区别。婴儿经常吮吸自己的手指，那是因为他把自己的手指当成了妈妈的乳头。

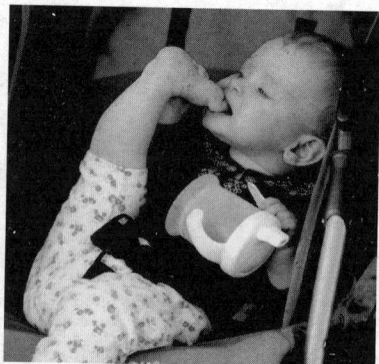

图 5-1 味道好极了

当妈妈不在身边时，婴儿特别喜欢吮吸自己的手指，并能从这样的行为中得到心理上的安慰。

精神分析学家玛格利特·玛勒把新生儿比作"蛋壳中的小鸡",他们不能把自己同外界环境区分开来,还不具备本体性,所以经常会把自己的小手或小脚当玩具来玩耍。

拓展阅读

婴儿最初的自我认识,主要来自成人照料他时的各种行为。比如他是如何被喂养的,如何被拥抱的,成人是如何与他逗玩嬉戏的……婴儿会对成人的各种行为产生呼应,并产生基于直觉的行为、言语。更重要的是,婴儿从成人的脸上看到自己,如妈妈温柔地、充满爱意地看着他,婴儿会体验到自己是受欢迎的、快乐的。这样,他对自己就会有较大的认同感。这种认同感能使孩子在成长的过程中体验到更多的自信和积极情绪。

随着认识能力的发展和受教育时间的延长,在1岁左右,婴儿开始认识自己身体的各个部分。但是,此时他还不能明确区分自己身体的器官和别人身体的器官。例如,当妈妈抱着孩子问他的耳朵在哪里时,孩子用手摸摸自己的耳朵,又立即去摸妈妈的耳朵。另外,婴儿对自己的面貌和整个形象的认识,也要经过一个较长的过程。最初婴儿在镜子里发现自己时,总是把镜中形象当作别的孩子来认识。儿童对自己影子的认识则更晚一些。有报告指出,2.5～3岁的儿童还难以理解自己的影子,常常指着自己的影子叫"宝宝",追着影子试图用脚去踩。

图 5-2　他是谁

对自己身体的认识,既是儿童认识自我存在的开始,也是儿童认识物我关系(即物体和自己的关系)的开始。儿童意识到自己对物的"所有权",似乎是从这里开始的。

儿童对于自己身体内部状态的意识,是到2岁左右才开始的,会说"宝宝饿"往往是最初的表现。婴儿很长时间不能把自己的名字和自己的身体相联系。八九个月时,当成人用他的名字问:"××在哪呢?",孩子能用微笑或动作做出正确的回答。但直到3岁左右,儿童还倾向于用名字称呼自己,不用代名词"我",似乎是把自己和自己以外的人或物同等对待。

②对自己行动的意识

动作的发展是儿童产生对自己行动的意识的前提条件。1岁左右,婴儿通过偶然性的动作逐渐能够把自己的动作和动作的对象区分开来,并且体会到自己的动作和物体的关系。

培养儿童对自己动作和行动的意识,是发展其自我调节和监控能力的基础。

③对自己心理活动的意识

对自己内心活动的意识,比对自己的身体和动作的意识更为困难。因为自己的身体是看得见、摸得着的,自己的行动也是具体可见的,而内心活动则是看不见的。对内心活动的认识要求更高的思维发展水平。

儿童从3岁左右开始,出现对自己内心活动的意识。比如,儿童开始意识到"愿意"和"应该"的区别,开始懂得什么是"应该的","愿意"要服从"应该"。

4岁以后,儿童开始比较清楚地意识到自己的认识活动、语言、情感和行为。他们开始知道怎样去注意、观察、记忆和思维。

但是,幼儿往往只停留在意识心理活动的结果,而意识不到心理活动的过程。如他能做出判断,却不知道判断是如何做出的。

儿童会使用第一人称"我"是自我意识形成的主要标志。幼儿从知道自己的名字发展到知道"我",意味着他已经从行动中实际地成为主体,他已经意识到了自己是各种行为和心理活动的主体。

拓展阅读

婴儿的自我再认[①]

一旦婴儿意识到自己的存在(指他们独立于其他实体而存在),他们就会考虑自己是谁,是什么样的人,这正是自我概念的基础。那么,婴儿何时才能认识到自己的生理特征,并同其他婴儿区分开来呢?

解答这个问题的方法之一,是将婴儿置于自己的视觉表象之前(录像或镜像),观察他们的反应。这类研究发现,5个月的婴儿对自己的镜像的反应就好像在面对熟悉的社会性刺激。例如,莱杰斯蒂和其助手让5个月大的婴儿观察自己和同龄人的动作,发现他们能区分自己和同伴,表现出对同龄个体的视觉偏好(对他们来说是新颖有趣的)而非自己(也许比较熟悉,就不那么有趣了)。那么,这么小的婴儿是如何将自己和他人的面孔加以区别的呢?一种解释是宝宝们(至少在西方如此)在同看护者一起玩耍时,常能在镜子中看见自己的形象。这让婴儿有大量的机会将自己活动产生的本体知觉信息和镜子里的动作形象相匹配,从而将自己和长辈们区分开来,因

---

① David R. Shaffer & Katherine Kipp. 发展心理学[M]. 邹泓,等译. 北京:中国轻工业出版社,2009:429—431.

为他们的动作往往和自己不那么一致。

这些证据也许只能反映他们视觉能力的表现，并不能说明他们已经意识到镜子或录像中的形象就是"我"。那要如何才能判定婴儿真的有了稳定的自我形象呢？

刘易斯和布鲁克斯·顾恩让母亲悄悄在婴儿鼻子上抹上一点胭脂（借口为之擦脸），然后置之于镜子前，以此研究婴儿的自我再认（通过镜子或照片再认自己的能力）。如果婴儿具有自我面孔的图式能认出镜像中的自我，他就会注意到新出现的红点而去擦鼻子。研究者选择 9～24 个月的婴儿进行点红测验，其中比较小的婴儿无法自我再认，他们对自己镜像的反应如同是在对待其他小孩；一些 15～17 个月大的婴儿已经表现出了自我再认；但要等到 18～24 个月，大部分婴儿才会明显意识到自己脸上的异样，而去摸自己的鼻子，这时的他们才知道镜子里的小孩是谁了。

有趣的是，那些游牧部落的婴儿，虽然平时没有机会接触镜子，但在点红测验中表现出自我再认的年龄，却和城里的婴儿一致。许多 18～24 个月大的婴儿甚至还能认出自己的近照，并用代词（我）或自己名字指代他们的照片。但在这个年龄段，婴儿还无法完全意识到自我是恒定的实体。

还有研究发现，让婴儿在延迟 2～3 分钟的录像或照片中第一次看到自己头顶上被放置了一根颜色鲜艳的小棍，他们要到 3 岁半后才会去取下来。那些有了一定自我再认能力却不会寻找小棍的 2～3 岁大的婴儿，显然是由于他们的自我概念还局限在现在自我之内，他们不知道以前发生的事情和当前的自己是有联系的。在短暂延时条件下，4～5 岁的儿童会去寻找小棍，但是如果录像时间早于一周，他们就不会这样做。年长的幼儿已经获得扩展自我——他们意识到在时间上自己是恒定的，知道：(1)近期发生的事情和当前状态有联系；(2)一周前录像中在他们头上的小棍现在不会还在，因为时间过去太久了。

拓展阅读

影响自我再认的因素[①]

为什么 18～24 个月的婴儿能够再认自己的镜像？应当注意这个年龄的婴儿正将自己的感觉运动图式内化为心理表象——对其面部特征的表象化至少是其中之一。甚至那些罹患唐氏综合征的儿童，心理年龄到了 18～20 个月都能自我再认。在研究中我们还知道，3.5～4 岁的婴儿开始将重要的事件在自传体记忆中进行编码，他们这时才清楚地意识到自我是恒定的实体，他们所能记起的事情是真真切切发生在自己身上的。

虽然一定的认知发展对自我再认来说是必需的，但社会经验同样重要。盖洛普发现，除非在完全孤立的社会条件下抚养长大，青春期的黑猩猩也能轻易地认出镜子里的自我（点红测验）。和正常的黑猩猩不同的是，那些被社会孤立的黑猩猩对自己

---

① David R. Shaffer & Katherine Kipp. 发展心理学[M]. 邹泓,等译. 北京:中国轻工业出版社,2009:429-431.

镜像的反应仿佛是在面对另一种动物。

影响人类自我意识的一个社会经验是对主要抚养者的安全依恋。佩普和助手对2~3岁的婴儿进行了一套复杂的测试，以考察婴儿对自己名字性别的知觉和自我再认。有研究表明，在2岁时，安全型依恋的儿童成绩优于非安全型依恋的儿童；在3岁时，两者在自我认知上的差异更大。

父母也会对儿童的自我概念有所影响，他们往往会给孩子一些描述信息（"你都是个大姑娘了。""你真是个聪明的孩子。"），或者对儿童的行为做出评价（"比利你那样做不对，大哥哥不应该跟小妹妹抢玩具。"）。父母还和孩子一起聊一些有意思的事，比如说去动物园或者迪斯尼乐园。在这种交流中，父母一般会问诸如"上周我们去了哪儿？""这次游玩中你最喜欢什么？"这些交流让儿童能够将自己的经历按叙述故事的方式组织起来，在回忆这项事件时便因为是发生在"我"身上的，而具有了个人意义。这些最初在成人帮助下获得的自传体记忆，帮助孩子认识到自我的跨时间稳定性，从而帮助他们发展出了扩展自我。

在抚养方式上的文化差异也可能影响儿童自我再认的获得。凯乐和其同事比较了3种不同文化下的抚养方式与儿童自我再认之间的关系。他们观察了婴儿在3个月大时母亲的抚养方式，并关注不同文化下母亲对自主性要求的差异。自主性主要通过母亲与婴儿目光接触频率进行测量，而依赖性主要通过与婴儿身体接触进行评定。他们预期在集体主义的喀麦隆文化、个体主义的希腊文化和介于两者之间的哥斯达黎加文化中，父母抚养方式是有差异的。凯乐和其同事发现在3种文化下的母亲对3个月大的婴儿的抚养方式的确存在差异。喀麦隆的母亲更强调依赖，希腊的母亲更强调自主，哥斯达黎加的母亲则介于两者之间。接下来，研究者考察了这些孩子在18~20个月大时自我再认的能力（通过点红测验），母亲强调依赖的孩子在点红测验中自我再认的成功率较低，而母亲强调自主的孩子则更容易自我再认。总之，社会经验，包括相关的文化差异和抚养方式都会影响孩子获得自我再认的时间。

自我评价是自我认识发展的另一个重要方面，其主要包括：掌握别人对自己的评价，进行社会性比较（即从与别人比较中对自己作出评价），以及自我检验。

幼儿的自我评价大约在2~3岁出现，4岁时左右开始迅速发展，到5岁时已经能进行较为客观的自我评价。幼儿自我评价的发展与其认知和情感的发展密切相关，其发展趋势如下。

①从主要轻信、依赖成人的评价到自己独立的自我评价

幼儿还没有独立的自我评价，他们的自我评价常常依赖于成人对他的评价，特别是在儿童早期。低龄幼儿往往不加考虑地轻信成人对自己的评价，自我评价只是成人评价的简单重复。

在儿童晚期，儿童开始出现独立的评价。儿童对成人对他的评价开始持有批判的态度。如果成人对他的评价不符合他的实际情况，儿童会提出疑问或申辩，甚至表

示反感。

②从带有主观情绪性的自我评价到比较客观的自我评价

幼儿往往不从具体事实出发,而从情绪出发进行自我评价。在一个实验里,研究者让幼儿对自己的绘画和泥工作品同别人的作品做比较性评价。当幼儿知道比较的对方是老师的作品时,尽管这些作品比自己的质量差(这是实验者故意设计的),幼儿总是评价自己的作品不如对方;而当幼儿对自己的作品和小朋友的作品相比较时,则总是评价自己的作品比别人的好。这一试验结果充分说明了幼儿自我评价的主观性。

幼儿一般都会过高评价自己。随着年龄的增长,幼儿的自我评价逐渐趋于客观。

③从笼统的、局部的、表面的自我评价到具体细致的、整体的、内在的自我评价

幼儿的自我评价受整体思维、认知发展水平的影响很大,这突出表现在以下几方面。

A.幼儿的自我评价一般比较笼统,多数时候只从某个方面或局部对自己进行评价;随着幼儿年龄的增长,逐渐向比较具体、细致的方向发展,幼儿开始能够作出比较全面的评价。

B.最初往往局限于对外部行动的评价,逐渐出现对内心品质的评价。

C.从没有论据的评价,发展到有论据的评价。

(2)幼儿自我体验的发展

自我体验是伴随自我认识产生的内心体验,是自我意识在情感上的表现。其主要具有以下发展特点。

①由低级向高级发展,即由生理性体验向社会性体验发展

自我体验最初与生理需要相关,如婴儿因为喂养需求被满足而表现出愉快的情绪;随着自我认识的不断发展,自我体验逐渐复杂和丰富,并向着社会性体验转变,如出现委屈、自尊、成就感、羞愧感等情感体验。自尊感是最值得重视的社会性情感体验,大约于3岁开始萌发。研究表明,一个人的自尊需要如果得到满足,就会感到自信,体验到自我价值,从而获得自我肯定,对生活感到满意和幸福;相反的,低自尊感则与压抑、焦虑、集体生活不适应相联系。

②自我体验发展水平不断深化

随着年龄的增长,幼儿自我体验的发展水平不断深化。例如3~6岁幼儿对愤怒感的体验会不断加深,从"哭"、"不高兴"、"会生气"到"很生气"、"恨"等。

③易受暗示

因幼儿的情感具有情境性和敏感性,自我评价又多依赖他评,所以他们的情绪体验易受暗示,特别容易受到主要照顾者、教师和同伴的影响。

(3)幼儿自我调节的发展

自我意识的发展必须体现在自我调节或监控上。因为个性发展的核心问题是自

觉掌握自己的心理活动和行为。

　　幼儿自我调节能力是逐渐产生和发展的,表现为幼儿开始完全不能自觉调控自己的心理与行为,心理活动在很大程度上受外界刺激与情境特点的直接制约;以后随着生理的不断发育与成熟,在成人的指导教育下,幼儿逐渐能够按照成人的指示、要求调节自己的行为;最后,随着认知能力的发展及大脑皮质抑制机能的逐渐完善,幼儿能够自觉地调整自己的心理和行为(一般在幼儿晚期)。

　　总的来说,幼儿自我意识的发展,表现在能够意识到自己的外部行为和内心活动,幼儿能够恰当地评价和支配自己的认识活动、情感态度和动作行为,并且由此逐渐形成自我满足、自尊心、自信心等性格特征。

第二课　自我意识与幼儿的教育

一、自我意识对幼儿发展的作用

　　自我意识的产生和发展是自我教育的前提,是实现教育内化的关键。幼儿教育的最终目标是幼儿自我教育能力的形成。自我意识在个体身上的最明显表现是自我选择和自我调控能力的形成。如果一个人能够对自己生活中的事情做出合理的选择,同时又具有调节自身行为来实现自己目标的能力,那么这个儿童就会比较顺利地成长,即使遇到挫折也能够坚持下去。选择和坚持是人生中非常重要的两个能力,而只有自我意识得到健康发展的人才能具备这两方面素质。因为自我意识是人的思想行为的监督机制,它对幼儿的心理活动和行为能起调节作用。自我意识对幼儿发展的积极作用具体表现在以下几方面。

(一)自我意识是个体认识客观世界的前提,有利于幼儿与外界互动能力的提高

　　自我意识能帮助个体通过认识别人、评价别人来认识自己、评价自己。幼儿的自我意识是在和周围人们的相互作用下,特别是在成人的教育影响下产生和发展的。在日常生活中,当儿童做出良好行为时,成人就会有愉快的表情,并用"好""乖"等词加以正面的强化;当儿童做出不良行为时,成人就表现出不愉快的表情,并用"不好""不乖"等词予以纠正。经过一段时间的实际训练之后,幼儿就能逐渐对自己和别人的社会行为做出判断和评价。例如,小班的幼儿看到别的小朋友有新奇玩具的时候,想起老师关于"别人不同意,强拿别人的东西不乖"的教诲,就不去抢别人的玩具了;自己有了好玩的玩具、好吃的东西,能与别人分享,还说:"老师说的,有好东西能与人分享才是好孩子。"

(二)自我意识是个体主观改造的基础,有利于幼儿良好行为习惯的养成

自我意识能对幼儿的心理活动和行为起调节作用,帮助其形成各种道德行为。人们以往的行为和活动以及从事这些活动的心理活动,都能以记忆的形式保留在大脑中,并能在必要时重新回忆起来,与现时活动相比较,这就是人的自我意识的调节作用。在成人的不断教导下,2岁以后的幼儿能懂得谦让和表现出同情心。例如,让别人先滑滑梯;把大的、多的食物让给弟弟、妹妹;别的小朋友生病了,会问"哪儿不舒服? 疼吗?"还会学着成人的样子,用手去摸生病小朋友的额头,把自己最喜欢的玩具给他玩,表示安慰。

(三)自我意识是个体自觉性的前提,对自我教育有推动作用,有利于幼儿生存能力的提高

由于社会性体验不断加强,幼儿的自尊心和羞愧感都慢慢地发展起来,知道什么是"好'我'",什么是"坏'我'"。他们会有意识地对自己的行为进行约束和控制。一般来说,5~6岁的幼儿就开始具有一定自控能力,这种自控能力有利于幼儿坚持性和独立性的发展。

独立性是自我意识的一种表现,二三岁的儿童什么事情都想参与,而且越来越强烈地渴望独立进行各种活动。家长和教师千万不要忽视幼儿这种初步的独立性,正确的做法是积极为孩子创造有利于独立性发展的条件,使其不断增强信心,学会依靠自己的力量去生活、学习和劳动。坚持性也是自我意识的表现之一,当幼儿独立做事时,一开始肯定会遇到各种困难与挫折,成人的态度与教育方式是决定其坚持性能否得到发展的关键要素,因此,成人既要给予孩子充分练习的机会,又要适时地给予一定的帮助。

正是由于自我意识对儿童发展的积极作用如此之大,所以在幼儿教育过程中,要加强对幼儿自我意识的培养,帮助他们形成正确的自我意识。

拓展阅读

自我调控能力是区分正常儿童与有缺陷儿童的一个重要标志①

莱文教授有一部记录一项有趣心理学实验的电影,这部电影的目的是通过观察儿童对同样一些物体的反应,来区分有缺陷的儿童和正常的儿童。这些儿童都来自我们的一所学校。他们年龄相仿,生活背景基本相同。实验道具是一张大桌子,上面放满了许多不同的东西,包括我们设计出来供儿童使用的一些玩具。

在电影中,我们可以看见一组儿童正走进教室。他们对面前的各种东西都很感

---

① 玛利亚·蒙台梭利. 童年的秘密——揭开儿童成长奥秘的革命性观念[M]. 金晶,孔伟,译. 北京:中国发展出版社,2003:115—116.

兴趣,并被吸引住了。他们显得很快乐,他们的微笑表明,拥有这么多的东西使他们非常高兴。每个儿童都拿起一样的东西开始工作,过一会儿就把它放在一边,又拿起别的东西玩了起来,这样反反复复,干完这个又做那个。

电影的上半部放完之后,我们看到第二组儿童正走进教室。他们慢慢地走,停下来并环顾四周。他们很少拿这些东西,只是聚在它们周围,似乎并不踊跃。从电影的下半部开始,这种情况一直持续到结束。

这两组儿童,哪一组是有缺陷的儿童,哪一组是正常的呢?有缺陷的儿童是高兴的、活泼的,他们到处走动,玩每一件东西。可是对看这部电影的人来说,这些儿童给人们的印象更聪明,因为通常成人习惯于把做了一件又一件事后感到活泼又快乐的儿童看作是更聪明的。

但实际上,正常的儿童是在以一种平和与安静的方式到处走动。在电影中,我们看到他们长时间地站着不动,沉思着注意一件东西。他们以惊人的方式表明:安静和有分寸的活动,并伴随着认真的思考,是正常儿童的标志。

莱文教授的实验与普遍接受的观念是相冲突的,因为在通常的环境中,聪明的儿童会像电影中有缺陷的儿童那样活动。

在我们学校里可以发现,一个正常儿童的行为则有所不同。他缓慢并且沉思,但他的行动却受自我控制,并由理性指导。这样的儿童会被他所看到的物体吸引,并且会尽力弄清楚这个东西以便能充分利用它,自我控制和有节制才是有价值的。重要的是,儿童应该掌握自己的运动器官,而不仅仅是毫无目的地到处乱闯。

在理性的指导下四处活动的能力,不仅仅会对感官刺激做出反应,而且能使人精力集中。这种能把精力集中在一个物体上的能力是非常重要的。

对一个人来说,有能力用一种审慎和沉思的方式活动,实际上是正常的。这是内心自律、外在有序的体现。当缺乏这种自律时,他就无法控制自己的活动,而受别人意志的支配,或者就像漂泊的船一样,成为外界影响的牺牲品。

二、幼儿自我意识的培养途径与方法

众所周知,人的先天素质作为一种物质性、基础性条件,它只是自我意识产生并获得发展的前提,而真正起决定作用的是人的社会交往和各式各样的社会活动。因此,我们要重视各种社会活动对儿童自我意识发展的作用,同时还要注意创设各种良好的社会交往环境,以便更好地促进幼儿自我意识的发展。

(一)以日常生活为契机,寓教于乐,激励上进,发掘促进幼儿自我意识发展的主观因素

幼儿园的日常生活包括盥洗、进餐、喝水、午睡等环节,这些看起来很琐碎的事情,在幼儿的生活中占有相当多的时间,所以我们要抓住日常生活中的每一个教育契机,促进幼儿自我意识的发展。

1.培养幼儿自我服务能力和简单的劳动技能,增强其自信心

现在的独生子女在家中往往备受呵护和关爱,有的家长一味包办代替,无形中剥夺了孩子与世界互动的机会,这在一定程度上造成了孩子自理能力差、依赖心理强等后果。由于缺乏锻炼和培养,孩子们在集体生活中会遇到很多难题,他们常常有恐惧感,怕自己做不好某些事,总畏首畏尾。针对这些情况,幼儿园可在日常生活中经常开展一些竞赛活动,或采用游戏的形式,锻炼幼儿的生活能力。如:开展看谁穿衣服穿得快,扣子扣得齐,叠被子叠得好、叠得快等比赛游戏,让幼儿在轻松愉快的气氛中提高自理能力。另外,也可针对幼儿爱劳动的特点,建立值日生制度。教师可先教幼儿一些简单的劳动技能,如扫地、拖地、擦桌椅、摆桌椅、整理床铺等,让幼儿在值日工作中展现自己的才能,以增强其自信心。当然,教师要尽可能多地安排那些缺乏自信心的孩子做值日生,且每当这些孩子有了点滴进步,教师都要及时给予肯定,并引导其他幼儿看到这些孩子的长处,从而使这些缺乏自信的幼儿知道自己也很能干。在获得多次成功体验后,这些幼儿就会逐步正确地认识自我,增强自信心。

2. 充分利用环境资源,帮助幼儿认识自己,了解自己

幼儿教育应注重环境的创设。需在平等、尊重、信任的环境中生活和成长,教师要给儿童营造一个轻松、和谐的氛围。对于那些自信心差、胆小畏缩、缺乏上进心的孩子,教师要给予他们多一些爱护和关心,用亲切的微笑,和蔼的语言来打动他们,让他们从教师的每一个眼神、每一个动作和每一句话中都能感受到教师对他们的关爱。如幼儿早晨来园时,教师微笑着向孩子问好,离园时帮他们整理衣装,交谈时摸摸他们的头,这些都可以让幼儿感受到教师对他们的喜欢。

教师还要利用各种活动后的谈话,引导幼儿认识自己,评价自己,并学习评价他人。如:在区域活动、绘画活动和做完操以后,教师可以问问幼儿:"你在哪个活动区活动,玩得怎么样?""你觉得你的画画得好吗? 好在哪里? 还有谁画得好,为什么?""你做操表现怎样? 你觉得谁的操做得好,好在哪里?"另外,教师在一日生活中注意时时用鼓励的、积极的语言来评价幼儿,让他们对自己有更新的认识。

(二)利用主题活动,促进幼儿自我的发展

幼儿园要有计划地设计一些专题或主题活动去引导幼儿正确认识自我,评价自我,学习自我控制,继而学习正确地评价他人。同时,在设计活动时,应因材施教,依据不同情况,针对不同个体,使每个幼儿的自我意识都能得到有效的发展。那些胆小、怕困难、做事畏首畏尾、缺乏自信心的幼儿通过参与活动正确认识自我、评价自我、评价他人,增强了自信心,加强了自我意识;而那些过分自信、目中无人,觉得自己什么都好、别人都比不上自己的幼儿,将在活动中看到别人的优点,正确地认识自己,相对客观地评价他人。

1. 帮助幼儿认识自我、了解自我,学会自我评价

例如,在组织活动"小小的我"时,可以让幼儿观看有关婴儿出生及成长的录像,了解生命的诞生与成长,还可以让幼儿把自己从小到大的照片带到幼儿园来,和小朋友、老师一起分享,同时讲一讲自己小时候的趣事,告诉大家"我"喜欢什么,不喜欢什么……教师还可设计认识自我的系列活动,如"自画像"、"特殊的我"、"我的进步"、

"我很棒"、"我的志愿"、"我的优点"、"我的不足"等,让幼儿认识到"我"与他人既有相同之处,又有与众不同的地方,使幼儿在认识"我"的同时,也修正了对"我"的认识的偏差,并学着尝试设想自己的将来。

2. 在评价自我的基础上,学习正确评价他人

一般来说,班上那些做事不积极主动,总是跟在别人后面的孩子往往容易被老师和小朋友所忽视。为了让别人了解他们的闪光点,教师可设计"他的专长"等活动,让孩子们互相说一说每个人有什么优点和专长;设计"他画像"活动,让小朋友们在宽松、和谐的气氛中学习尊重别人,同时也感受别人对自己的尊重;设计"看看谁能干"的活动,可让孩子们带来自己做家务的照片、录像等,互相观看、讲解、讨论,评一评谁能干,大家要向哪些小朋友学习等;设计"我的好朋友"活动,促使孩子之间更加亲密、融洽,那些平时默默无闻、经常独来独往的孩子也可以此为桥梁,融入到集体中来。通过组织这些活动,可使缺乏自信幼儿自信心大大增强,让他们感到自己在同伴中是很有地位的,小朋友们愿意和他做朋友;同时也让过分自信的幼儿学会正确评价自我和他人,发现别人的优点并虚心向他人学习,逐渐摆脱以自我为中心。

3. 让幼儿尝试自我体验

可采用谈、听、画、讲的方式,开展各种活动,如"我很高兴"、"宝宝很难过"等,让幼儿在活动中畅所欲言,表达自己的心情及思考造成这种心情的原因,并用纸笔将这种心情画出来,讲给老师、家长听。在游戏中,幼儿与大自然浑然一体,可以自由舒展自己的肢体和放飞心灵,使幼儿得到充分的快乐体验,获得自我的发展。

图 5-3　户外活动

4. 让幼儿学会合作,懂得分享

幼儿获得别人的帮助和关心时,会体会到乐趣。教师可设计"分享"活动,让全班的孩子一起来协商怎样分蛋糕、水果等,并让小朋友自己来分。通过引导,幼儿会懂得要先分给长辈、父母和老师,再分给小朋友,最后才分给自己,理解分享的重要性。慢慢地,幼儿之间形成彼此关心、互相友爱的关系,并使幼儿懂得如何调整自己去适应他人、适应集体。

拓展阅读

在绘本阅读教学中实现幼儿自我意识教育的路径[①]
——以绘本《糟糕,身上长条纹了》的阅读教学为例

一、生成积极的自我评价和自我体验

1. 积极自我评价的生成。自我评价是自我意识的心理成分中自我认知的一方

① 王梅,朱德全. 在绘本阅读教学中实现幼儿自我意识教育的路径[J]. 现代教育科学,2012(4):41—42.

面。幼儿的自我评价具有如下的特点：从轻信成人的评价到自己独立的评价；从对外部行为的评价到内心品质的评价；从比较笼统的评价到比较细致的评价；从带有很大主观情绪性的评价到比较客观的评价。幼儿在经历这些认知特点过渡期时，往往会遭遇困惑或障碍，正如绘本《糟糕，身上长条纹了》中故事主人翁卡米拉在自我意识上所呈现的问题，这类问题的解决亟须积极自我评价的生成。

具体在该绘本阅读教学中，可立足于绘本的故事情节展开讨论，引导幼儿感知和内化积极的自我意识。可设问："卡米拉身上为什么会长条纹？"在幼儿回答"因为卡米拉喜欢吃青豆而不敢吃"后，进一步设问："卡米拉喜欢吃青豆，为什么不敢吃呢？"从绘本内容"卡米拉所有的朋友都不喜欢吃青豆，她想和朋友一样"，启发幼儿得到答案："卡米拉觉得自己喜欢吃青豆是不好的事情！"由此不难发现，卡米拉的故事反映了儿童自我评价易被他人言行举止和评价所干扰，进而误解并抑制自己的言行，这亦是幼儿自我评价易存在的问题之一。

据此，可引导幼儿讨论"卡米拉和朋友不一样，她喜欢吃青豆究竟是不是一件坏事？"另外，可针对幼儿日常生活中的自我评价状况，启发幼儿思考"你们有没有喜欢做的事是其他小朋友不喜欢的？""当自己喜欢做的事和其他小朋友不一样时，你会怎么看自己？会怎么做？这些不一样有没有好处？"通过这一系列问题的探讨，教师结合平日对幼儿的了解，可以帮助幼儿意识到自己与其他小朋友不一样的特点及自己所具有的优点，教师对其特点、优点予以肯定和表扬后，引导幼儿学会对自己的特质说："我喜欢/能/可以/会……我真棒！"

2. 积极自我体验的生成。自我体验是自我意识的心理成分之一。它是伴随着自我认知而产生的内心体验，核心内容是自尊和自信。幼儿的自尊和自信的特点在于：由于幼儿对自己的力量和可能达到的成就倾向于浅表认知和低估，因此其自信不足、自尊发展迟缓。而积极的自我体验可促使认知内化为自我需求，引发和维持行动，或制止自己的行为。因此，作为幼儿教师，有必要帮助幼儿生成积极的自我体验。

在《糟糕，身上长条纹了》阅读教学中，在上述积极自我评价生成的环节里，当幼儿自我肯定自己的特质时，幼儿便获得了一些积极的自我体验。此外，教师还可趁热打铁，以幼儿感受故事主人翁卡米拉的自我体验为起点，引导幼儿关注和强化自己的自我体验。设问"在没有遇到像草莓一样的老婆婆之前，如果卡米拉吃了青豆，被她的朋友知道了，她觉得她的朋友会怎样……卡米拉的朋友嘲笑她，她会有怎样的心情？她能开心面对其他朋友吗？"

在幼儿寻找到答案后，教师再进一步引申提问："小朋友有没有这样的时候？因为自己做了别的小朋友不喜欢做的事，而不好意思面对自己的朋友？"从而引导幼儿明晰：即使有时自己喜欢/能/会/可以做的事情，不为他人接受，也要相信自己，并为此感到满意和愉悦，从而让幼儿学会对自己说："我相信自己喜欢/能/可以/会……我很开心！"

二、真诚面对自己的秘密

秘密是自我意识的一种潜隐形态。它在个体成长和发展中的功能好似一把双刃剑,利弊同在。而对于自我意识发展尚未成熟的幼儿,更需要引导他们以真诚的心态面对秘密,以便发挥秘密的有利功效。

1. 学会尊重自己的秘密。在幼儿阶段,个体拥有秘密,从某种角度而言意味着心理独立和自我再认知。秘密的体验有助于幼儿的自我认知和自我角色发展:幼儿可以通过秘密来体验别的世界,探索未知的意义,获得深层的自我意识和自我认知;可以通过与他人分享秘密建立亲密、和谐的人际关系。故而秘密对幼儿的成长具有非同寻常的意义,教师需要引导幼儿正确认知自己的秘密。

结合绘本《糟糕,身上长条纹了》的阅读教学,教师可设问:"卡米拉喜欢吃青豆,在没有遇到那个草莓一样的婆婆前,她的爸爸妈妈和同学知道吗?"幼儿回答"没有人知道"后,教师可接着问:"喜欢吃青豆,是不是卡米拉的秘密呢?"得到幼儿肯定的答复后,老师继续设问:"卡米拉有秘密,老师也有哟,小朋友有没有属于自己的秘密?""小朋友有自己的秘密后,心情是怎样的?"通过幼儿彼此分享拥有秘密的感受,引导幼儿知晓拥有秘密很正常,不要因此困惑或自责,进而引导幼儿学会尊重自己和他人的秘密。

2. 适度分享自己的秘密。对于幼儿而言,有秘密不仅意味着心理独立和自我再认知,还反映出幼儿要体验分离的痛苦。因为自己拥有了亲密的或依恋的家人、朋友不得而知的想法,所以需要意志努力去承受这种秘密带给自己的异样的情绪体验,并体味着保守秘密的艰难。另外,幼儿有的秘密与某种欲求相关,若被压抑,幼儿可能会忍受着超负荷的心理压力。针对此,教师需要帮助幼儿学会适度分享自己的秘密。

在此,以《糟糕,身上长条纹了》绘本阅读教学为契机,教师可设问:"当卡米拉的爸爸问她有什么需要帮助的?卡米拉很想吃青豆却没能说出来,她会有怎样的心情?""另外,像草莓一样的老婆婆对卡米拉说'我知道你想吃青豆的,对吧?'卡米拉说'没有人喜欢吃青豆,尤其是我!'这时,她的心情又是怎样的?"当幼儿回答她很难过后,教师可接着问:"后来,卡米拉说出了'说实话,我真的很喜欢吃青豆',并吃了很多青豆后,她的心情怎样?"通过对这些细节的提问,让幼儿感知到卡米拉保守秘密和分享秘密后的不同心情。而后,教师继续设问"小朋友们有没有秘密让自己很难过的?""有没有在说出秘密很开心的时候?"由此,引导幼儿意识到,当秘密成为自己的难以解决的痛苦时,要学会向家人、教师或朋友寻求帮助,以此避免秘密给幼儿造成的消极影响。

三、尊重自我意识的独特性

1. 学会做真实的"我"。个体的自我意识本身具有社会性,幼儿也不例外。随着年龄的增长,他们在与周围的人交往或互动时,会观察周围人的态度,关注他人对自己的评价和判断,并会把这些内化、整合为自己的心理模式,此后就以此为评价和改善自己行为的标准。在自我意识社会化的过程中,幼儿难免会遇到自己心理模式和他人评价标准存在矛盾的时候,是坚持自我,还是放弃原有心理模式,甚至是抑制自我需求,这将成为幼儿的内心冲突。解决此困境的方法,即是让幼儿学会倾听内心的声音,遵从自己的意愿和需求,做真实的自我。

在开展《糟糕,身上长条纹了》的阅读教学时,可从绘本中提炼出许多这样的元素,通过设问引发幼儿思考。"卡米拉在没有遇到草莓一样的老婆婆时,她没有吃青豆,她真的不想吃吗?""当卡米拉在学校时,同学喊'秀一些紫色圆点'、'棋盘方格'等,卡米拉身上的条纹就跟随着变化,卡米拉想这样吗?"以及后面"专家来给卡米拉看病,专家说'可能是由病毒引起的''也可能是一种真菌',结果卡米拉身上真的长满了病毒球和真菌斑块,卡米拉想这样吗……"当得到幼儿肯定地回应"不想"后,引导幼儿认识到卡米拉身上条纹状况越来越严重,是因为她越来越在意别人的评价,总是不自觉地改变自己去迎合他人的言论。

接着引导幼儿探讨"小朋友有没有做过自己不想做,但是爸爸妈妈或其他小朋友让自己做的事?"请幼儿分享自己的故事,然后大家一起讨论"哪些事是应该做的? 哪些事通过自己的努力是可以做到的?"接着由教师总结陈词,将那些应该改变和不需更改的事分类,并让幼儿懂得,当面对不需更改的事时,要学会听自己的声音:"爸爸妈妈和小朋友让自己做的事,我做了会开心吗?"并对自己不断地重复"如果不开心一定要做我自己!"

2. 学会悦纳自己。在促成幼儿自我意识发展方面,人本主义心理学家罗杰斯认为儿童先是需要他人的积极关注,继而需要自己的积极关注,他需要自己对自己行为持肯定的态度。然而,处于幼儿期的个体,其自我意识处于懵懂期,对自我的认知往往依从于他人,他人对自己的不良态度容易使幼儿自我怀疑或自我否定,而这对于幼儿的人格成长容易产生消极影响。为避免这一状况,教师需要在教育中注重引导幼儿学会悦纳自己。因为能够悦纳自己的幼儿不会轻易否定自己,当遭遇他人非议时,他们既相信自己的能力,会积极地去证实自己的价值,又会用一个理想中的形象替代那个令人沮丧的自我,在自我建构中去接纳自己。

将其教育理念渗透于《糟糕,身上长条纹了》的阅读教学中,可针对故事结尾提问:"卡米拉最后吃青豆了,尽管她的朋友会觉得她很怪,但她还是吃青豆,为什么她不像以往那样担心朋友嘲笑她了?"进而引导幼儿做换位思考,"如果你们是卡米拉,你们会担心朋友嘲笑自己吗? 自己该怎样做才好?"而后进一步联系幼儿已有经验:"你们可遇到过事情做得不太好,被其他小朋友笑话的时候?""这时候你们会怎么样?"当幼儿分享自己的经历后,老师从中优选好的方法,如若没有好方法,教师提供自己的经验,让幼儿渐渐学会悦纳自己,学会对自己说:"我虽然不会/不能/不喜欢……但是我会/能/喜欢……这样很好,我喜欢这样的我"以及"其他小朋友不喜欢……但我喜欢……这没有什么不好,我喜欢这样的我。"

(三)家、园、社区三方联动共育,帮助幼儿形成良好的自我意识

家庭教育是幼儿教育的重要组成部分。成人的评价直接影响幼儿对自己的认识

和评价。一个经常得到父母积极评价的幼儿,往往会对自己产生一种积极的看法,能比较有信心地去面对各种问题,敢于面对失败。家长的支持与配合对幼儿自我意识的培养具有十分重要的作用。

1. 大力推进家长学校的建设

通过开讲座、书面交流、QQ 聊天等方式,让家长更多地了解幼儿心理发展的特征,认识幼儿自我意识培养的重要性,促使其形成正确的儿童教育观。

2. 帮助家长全面了解自己的孩子

孩子在家和在幼儿园的表现不一定完全一致,因此教师要经常和家长进行交流,通过面谈、请家长观摩活动、家长咨询活动、家园联系卡、家访等形式使家长了解孩子在幼儿园的表现,并向家长了解孩子在家的表现,家园共同配合进行教育。

3. 指导家长正确地评价孩子

幼儿常常模仿成人的语气去评价自我和他人,许多孩子说不出自己有什么优点和缺点,只是简单地重复成人对自己的评价的话。因此家长不要将孩子同别的孩子做横向比较,以免挫伤孩子的自尊心。家长要注意发现孩子的优点,多给予支持和鼓励,帮助孩子正确地认识和评价自己。

第三课　幼儿自我意识教育活动的设计

一、幼儿自我意识教育活动的类型

按照自我意识的不同形式(自我认识、自我体验和自我调节),幼儿自我意识教育活动可以分为:发展自我概念和自我评价的活动、提高自信心的活动及增强自我调节的活动三种类型。

(一)发展幼儿自我概念和自我评价的活动

自我概念是指对自己身心特征的认识,其作为个体行为方式、理想及信念的重要参照,对人一生的发展起着至关重要的作用。幼儿主要是在人际交往中获得自我概念的,因而社会交往的广度和深度对幼儿自我的建构具有深远影响。自我评价是指个体对自己生理、心理及外部行为的一种判定。恰当的自我评价是个体行为的积极调节因素,有利于幼儿自我意识的发展。曾子曰:"吾日三省吾身。"省:即自我评价、自我反省,就是让幼儿从小懂得反省自身,看看自己的长处和短处。美国哈佛大学心理学教授加德纳指出,人类具有八种基本智能,其中一种就是个人自我认识智能,可见自我评价在幼儿成长过程中的重要性。

幼儿期是人一生中的关键期,他们已开始与成人、同伴交往,通过简单的实践活动,了解自己,认识他人,学习把自己的行为能力与别人的行为能力做比较,学习简单地评价自己和同伴的行为。受认知发展水平的限制,幼儿自我意识发展的总体水平是比较低的,他们对自我的认识与评价,在很大程度上依赖于家长和教师的指引与评价。这就要求幼儿园必须通过各种形式的活动,如"我的名字"、"了不起的我"、"特别的我"、"我能做……"、"小手真能干"等,来促进幼儿自我概念的形成和自我评价能力的提高。

(二)提高幼儿自信心的活动

自我体验是个体对自己的一种情绪情感体验。自信心是自我体验的核心要素,它对儿童个性的形成及未来的生活均有重要影响。因此,自信心的培养是幼儿社会教育中最为重要的一个部分。

在自信心的内涵中,最为典型和重要的是自我接受和自我价值感。自我接受是自信心的主要内涵,指一个人对自己能否有一种基本的承认、认可以及自己对自己的接受态度。认识自己的特殊性,认识自己的自我本性,并且接受自己作为一种独立而特殊的个体的存在,便是自我接受的含义。唯有接受自己,我们才能相信自己、尊重自己。自我价值感是我们对自己的感觉、态度、认识和评价,比如我们因为经过刻苦的努力、辛勤的劳动而获得的劳动成果感到满足。自我价值感与自我接受是密切相关的,珍惜自己的独特品质,不随便放弃或改变自己而模仿别人,这些都是自信的基本内涵。教师要根据本班幼儿自我意识发展的现状,有针对性地设计活动来提高幼儿的自信心。在进行这类活动时,需要注意自信心的形成一般会遵循以下规律:参与—成功体验—期盼—自信。

图5-4 我要飞

图5-5 就这样吧

(三)增强自我调节的活动

自我调节常与自我控制交替使用,是指自己对自身言语和行动的控制和制约。自我控制是一种意志力的表现,具有发动和支配自己的言语和行动的发动作用,及根据当时的情境抑制自己的言语和行动的制止作用。这两种作用的发挥都有赖于幼儿独立性的发展,因为只有一个具有独立性的人才会相信自己、依靠自己,并自觉地选择目标,而一个缺乏独立性的人不但总会寻求他人的照顾、心甘情愿接受他人的支配,而且遇事缺乏坚持性,易受环境与他人的左右,是不可能形成较强的自我调节能力的。

幼儿的自我控制能力出现较晚,水平较低,虽然2岁左右已经开始萌生,但到3～4岁依然发展缓慢,到4～5岁才有较明显的发展。因此,幼儿园应在尊重幼儿自主性、独立性的基础上,有意识地设计一系列活动来增强幼儿的自我调节能力。比如,在小班可设计主题活动"一个宝宝两个样",在中班可设计主题活动"我选择……"、"做个好赢家",在大班可设计主题活动"我的情绪我做主"等,使幼儿在活动中发展自己的独立性,增强自我调节的能力。

拓展阅读

美国式教育实例:培养孩子的独立性①

培养孩子的独立性,首先要培养孩子的独立思考。美国人就特别推崇孩子的独立思考。

在美国,我最喜欢看的电视节目之一,是黑人笑星比尔·考斯彼主持的《孩子说的出人意料的东西》。这个节目在让你捧腹的同时,也让你深思。

有一次,比尔问一个七八岁的女孩:"你长大以后想当什么?"女孩很自信地答道:"总统。"全场观众哗然。比尔做了一个滑稽的吃惊状,然后问:"那你说说看,为什么美国至今没有女总统?"女孩想都不用想就回答:"因为男人不投她的票。"全场一片笑声。比尔:"你肯定是因为男人不投她的票吗?"女孩不屑地说:"当然肯定。"比尔意味深长地笑笑,对全场观众说:"请投她票的男人举手。"伴随着笑声,有不少人举手。比尔得意地说:"你看,有不少男人投你的票呀。"女孩不为所动,淡淡地说:"还不到三分之一。"比尔做出不相信又不高兴的样子,对观众说道:"请在场的所有男人把手举起来。"言下之意,不举手的就不是男人,哪个男人"敢"不举手。在哄堂大笑中,男人们的手一片林立。比尔故作严肃地说:"请投她的票的男人仍然举手,不投的放下手。"比尔这一招厉害:在众目睽睽之下,要大男人们把已经举起的手,再放下来,确实不太容易。这样一来,虽然仍有人放手下来,但"投"她的票的男人多了许多。比尔得意洋洋地说道:"怎么样?'总统女士',这回可是有三分之二的男人投你的票啦。"沸腾的场面突然静了下来,人们要看这个女孩还能说什么。女孩露出了一丝与童稚不太相称的轻蔑的笑意:"他们不诚实,他们心里并不愿投我的票。"许多人目瞪口呆。然后是一片掌声,一片惊叹……

这是典型的美式独立思考。

没有独立思考的孩子,就没有独立性。要培养孩子的独立思考,就要提供一些机会给孩子自己去思考,去感觉:什么是对,什么是错,什么应该做,什么不应该做……

二、幼儿自我意识教育活动的设计

幼儿自我意识教育活动设计的总出发点应是:以幼儿为本,因材施教。教师需依据不同年龄段幼儿的特征,以自我意识的发展规律为线索,紧密联系幼儿生活的实际,来全面设计教育活动。除此外,教师还需要结合幼儿成长发展中的典型现象和问

---

① 资料来源:http://www.06abc.com/topic/20090413/27763.html

题来提炼活动的主题,以便使活动更有针对性和效果更明显,从而促进幼儿健康成长。设计活动时,在理念上需要遵循以下要点。

(一)在总体上,应考虑到幼儿自我发展的大致顺序和自我发展的大致趋势,遵循教育规律,采用科学的方式方法。

(二)在组织形式上,应充分发挥社会互动的教育价值,因为儿童的自我永远是在交往中形成并得到发展的。

(三)在内容上,注意与其他方面或领域进行整合或渗透,让幼儿在操作、游戏、体验、表现、创造等不同的活动中加深对活动的把握,丰富其成长的经验。

(四)教师应有创新意识,要充分发挥主导作用。同一班级可以采取多种主题活动来完成同一目标;同一主题活动也可以通过内容上的调整,从而适应于不同年龄班级的幼儿。

案例 5-1

小班自理能力培养活动:能干的小手

设计意图

小班幼儿正处于自我意识形成初期,他们主要通过亲身经历、重要他人、环境等获得自我意识。帮助小班幼儿形成积极的自我意识对其自我人格的建构、社会性的发展具有积极的意义。

小班幼儿刚刚离开家庭进入集体中,且因为现在的独生子女是在衣来伸手、饭来张口的环境中长大的,家长包办代替和过度宠爱使孩子失去很多自我服务的机会,因此,小班幼儿的生活自理能力一般都比较弱。"能干的小手"活动将使幼儿认识到自己的小手很能干,激发幼儿自己的事情自己做的愿望,培养幼儿的自理能力,从而进一步推动幼儿自信心和独立性的发展。

活动目标

1. 让幼儿通过手印画,初步感受小手的神奇,知道手能做许多事情。

2. 激发幼儿自己的事情自己做的愿望。

活动准备

装有浸着各种颜料小毛巾的水盆若干个。

活动过程

1. 欣赏手印画,导入主题

(1)带领幼儿打开幼儿用书,欣赏手印画《美丽的花》。

(2)教师提问:画面上有什么? 你知道这些花朵是用什么画出来的?

2. 教师示范印画

(1)两位老师当场示范印画。

(2)教师请一位幼儿做好朋友,教幼儿印画的步骤:伸出一只小手按在浸有颜料的小毛巾上,使手掌心和手指都蘸有颜料,用力按在白纸上,不移动,放开小手,手印画就做好了。

(3)两个幼儿一组,一个印好后另一个再印,两只小手印叠在一起,就像两个好朋友握握手。提醒幼儿保持衣服桌面干净,印画后即去洗手。

3. 展示作品,感受小手的神奇

(1)把幼儿的手印画粘到展示板上,请幼儿说说自己是怎么印出这些画的。

(2)请幼儿自由讨论自己的小手在生活中还能干哪些事。

(3)老师总结:小朋友们的小手很能干,吃饭、穿衣、折纸、画画……样样事情都能干,以后我们不但要自己的事情自己干,还要做老师和爸爸妈妈的小帮手。

活动延伸

(略)

案例 5-2

中班自信心培养活动:我长大了

设计意图

自信是一个人对自己的积极感受,它源于对自身的认识和评价以及自我接受程度。《纲要》指出:要"鼓励幼儿大胆、清楚地表达自己的想法和感受,尝试说明、描述简单的事物或过程,发展语言表达能力和思维能力","为每个幼儿提供表现自己长处和获得成功的机会,增强其自尊心和自信心"。而幼儿阶段,尤其是中班这个年龄段,更是形成自信心的重要时期。因此,为了培养中班幼儿的自信心,我设计了活动"我长大了",通过幼儿说说自己的优缺点,使他们更充分地了解自己,从而增强幼儿的自信心。

活动目标

1. 结合幼儿的经历,通过展览、讲述,引导幼儿了解自己在不断地成长,引发幼儿对自身发展变化的兴趣。

2. 鼓励幼儿找出自己的优点,培养幼儿的自信心。

3. 帮助幼儿初步认识自己的不足,增强幼儿自我意识的客观性。

活动准备

1. 幼儿已了解自己小时候和现在在身体的生长发育上所发生的主要变化。

2. 幼儿每人一张婴儿时候的照片及表现自己主要优点的录像或图片,并将它们布置成展览。

3. 教师观察和了解幼儿主要的能力发展情况。

活动过程

1. 通过照片展览、对比讲述,使幼儿了解自己小时候和现在的变化

(1)带领幼儿参观照片展览,边看边问:照片上都是谁?是什么时候的照片?

(2)请幼儿谈一谈:"我们小时候是什么样子的,现在又是什么样子的?"

可以启发幼儿对外部的变化进行对比,如身高、体重等方面;也可以从自己学会的本领方面考虑,如:念儿歌、画画等。

小结:小朋友现在长高了、变重了……更重要的是你们学会了各种各样的本领,学会了画画、顺倒数数等,那么,你觉得你自己哪些本领学得最好?

2. 鼓励幼儿找找自己的优点,并且愿意在集体面前展示出来

(1)教师和幼儿共同找找教师的优点,并且将与优点相对应的图片贴在照片旁边,引发幼儿兴趣,激发他们说一说自己的优点。

(2)请幼儿说说自己的优点,并且勇敢地在集体面前展示。

①给幼儿读一篇寓言故事《狐狸与仙鹤》。

②请幼儿上前拼图(拼图时间会很长,因此要安排在前面,这样可以减少等待时间)。

③展览幼儿的绘画作品(教师平常应有意识地收集幼儿的绘画作品,再用绳子串起来展示在教室里)。

④童话剧表演,将平日排练的童话剧,请幼儿节选片段现场表演。(此环节排在绘画展览等几个比较安静的活动之后,动静交替,使活动进入一个小高潮,激发每个幼儿上前表演的欲望)。

⑤将平时幼儿关心集体的行为录下来,再放出来给幼儿看,引起幼儿对同伴行为的赞扬。

⑥进行叠被子、系鞋带比赛,通过竞赛形式看到别人的优点。

小结:每个小朋友都说了自己的优点,有的可以……有的可以……有的……并且能够勇敢地将自己的优点在集体面前展示出来。

3. 找找自己的不足,鼓励幼儿今后努力

(1)请幼儿谈谈自己在关心集体、参加体育活动、画画等方面还要向哪些小朋友学习?

(2)鼓励幼儿今后继续努力,争取不断进步。

活动延伸

教师还可以给幼儿多创造些表现自己的机会,发扬长处,鼓励幼儿大胆表现自我。

活动体会

自信心的培养是一项复杂而长期的工作,要真正实现这种教育的价值,就必须从幼儿生活的具体问题出发,让幼儿在具体的生活中体验自己的感受和变化,因此,作为幼儿教育工作者,我们要坚信这样一个道理:自信心的培养要渗透到幼儿生活的各个方面,要发挥幼儿的主观能动性,这是一项系统工程。

案例 5-3

大班社会活动：了解自己的情绪①

设计意图

大班下学期幼儿的幼儿园生活即将结束，他们将进入小学接受正规的学校教育，这要求幼儿在行为习惯、情绪调控等方面都要做好充分的准备。有研究表明，让幼儿学会调节自己的情绪，有助于其更快地适应小学的生活和学习。考虑到情绪是抽象、不易于理解的，因此从幼儿具体形象思维出发，以"辨认面部表情，然后学习判断情绪"为切入点，设计了"了解自己的情绪"这一活动，目的是让幼儿在参与丰富多样的操作活动的同时，尝试通过辨认面部表情初步学会感知、判断他人的情绪，从而了解良好的情绪有助于人的身心健康，并有意识地在学习和生活中尝试调节自己的不良情绪，为其能尽快适应小学生活奠定良好的心理基础。

活动目标

1. 尝试通过辨认几种常见的面部表情去感知、判断人的情绪，知道良好情绪使人健康、在生活中要学会调节自己的不良情绪。

2. 在观察、感知、辨认、判断的活动中提高观察力、情绪识别能力、记忆力，促进思维力和表达力的发展。

3. 在与他人互动中培养活泼、开朗的性格，体验积极、主动与人交往的乐趣。

活动准备

1. 七个表情面具（大笑、微笑、厌恶、生气、哭泣、愤怒、害怕）。

2. 用大型图纸做一个脸谱转盘，在转盘的圆心放一根可随意旋转的指针。

3. "我的情绪"图表、托盘、水彩笔等若干。

活动过程

1. 录像导入，谈话引题

(1)请幼儿带着问题观看教师事先录制好的小朋友在幼儿园的生活片段。

问题①：录像中小朋友的表情是什么样的？

问题②：小朋友为什么在笑（哭、生气）？

(2)谈话。

①引导幼儿从录像中人物的表情、动作出发，描述自己的观察结果。

②让幼儿调动已有生活经验，初步获得关于情绪的知识。

教师：请你想一想，平时在幼儿园中有什么高兴的事？有什么不高兴的事？遇到高兴的事，你的表情会怎样？遇到不高兴的事呢？

(3)教师小结：通过辨别表情可以判断他人的情绪。

---

① 徐燕芳. 大班社会活动——了解自己的情绪[J]. 教育导刊,2008(3):47—48.

2.游戏 1——"变脸"

(1)教师(出示表情面具)说明游戏规则:让幼儿同时观察面具的各种表情,并尝试判断和描述表情。

(2)引导幼儿将几个表情面具从良好情绪和不良情绪两方面去归类,初步知道表情与情绪有一定关联以及不良情绪对人的影响。

(3)教师小结:情绪可分为"喜"、"怒"、"哀"、"惧"四种类型。"喜"属于良好的情绪,如微笑、大笑等,我们也可以说"心情好";哭泣、生气等属于不良的情绪。我们也可以说"心情不好"。

3.游戏 2——脸谱转盘

(1)介绍玩法。

玩法①:每次请 1 位小朋友上来转动转盘,指针指到哪一处脸谱,这位小朋友就要试着做出这种脸谱的表情,并对情绪归类(良好或不良情绪)。并说说自己对这种情绪的感受(见图 5-6)。

玩法②:请一位小朋友上前转动转盘,其他小朋友根据指针指到的脸谱,做出相应的表情,该小朋友说出是什么表情,并谈谈对这种情绪的感受。

图 5-6 脸谱转盘

(2)教师小结游戏情况,进一步巩固幼儿对情绪的理解和判断。

4.画出自己的脸谱娃娃

(1)出示图表,要求幼儿会用各种脸谱娃娃表现相对应的各种情绪,并用"√"或"×"表示喜欢或不喜欢此种情绪(如图 5-7)。

图 5-7 以脸谱娃娃表现情绪

(2)幼儿操作,教师指导。

(3)幼儿根据图表,分组讨论,初步懂得调节自己不良情绪的意义。

①引导幼儿讨论:情绪对人身心健康的影响。

教师:图中你喜欢哪些情绪,不喜欢哪些情绪,为什么?

知道不良情绪不利于自己的身体健康,愉快的情绪有利于自己的身体健康。

教师:你在什么时候会哭、会愤怒?你想用什么方法使自己情绪变好呢?

②请个别幼儿谈谈自己的感受。

③教师归纳小结:在不高兴或害怕、想哭的时候,我们可以把不高兴的原因讲给别人听,或做一些自己喜欢的事情,比如去跑步、做游戏等,慢慢就会把不高兴的事给忘掉了。要经常对人微笑,主动和同伴玩,快快乐乐地学习和生活。这些好的情绪会有利于我们自己的身体健康。

5.师幼共同跳"快乐舞"(幼儿已学过的舞蹈)

引导幼儿体验好的情绪带来的愉悦感受。活动在舞蹈中自然结束。

活动延伸

1.布置表情日历栏,引导幼儿学习用脸谱娃娃进行每日的表情记录。

2.开展"小小心理咨询师"的活动。

活动点评

本次活动投放的材料操作性强,富有特色。对于知识点的传授,教师避免了空洞说教,努力尝试让幼儿在感知与操作中,真切地感受情绪给人生活所带来的影响,帮助幼儿理解保持良好情绪是身心和谐、健康发展的基础。活动环节设置思路清晰,层次分明,以游戏贯穿始终,让幼儿在对知识学习—巩固—强化的过程中,保持浓厚的探索欲和求知欲。特别是教师在"延伸活动"环节设置的两个小活动有助于幼儿时时了解自己的情绪,提醒幼儿天天保持好心情。教师将认知与实践目标有机结合,使课堂教学内容回归生活。

实践训练

1.校内练习:依据幼儿自我意识发展的特点,按照教案范例的格式,设计一个完整的自我意识教育活动。

2.校外练习:去幼儿园观摩一次自我意识的教学活动,并做听课记录。

第六单元

幼儿社会交往与教育活动设计

集体生活是儿童之自我向社会化道路发展的重要推动力;为儿童心理正常发展的必需。一个不能获得这种正常发展的儿童,可能终其身只是一个悲剧。

——陶行知

学习目标

- 了解幼儿社会交往的内涵及影响因素。
- 理解幼儿社会交往的发展规律。
- 掌握幼儿社会交往教育的途径与方法。
- 设计社会交往教育活动并组织实施。

第一课 幼儿的社会交往

任何一个生活在人类社会的人,都必然要参与交往,交往是人类社会生存与生活的基本需要与重要途径。幼儿仍未正式步入社会,仍需要父母亲人的精心照料,社会交往对于他们的含义与成人有所不同,但对生存与发展的意义却是同样重要,甚至更为重要的。社会交往是幼儿生长发育与个性发育的基本需要,是实现个体社会化发展过程中所必需的,可以说孩子从生下来就开始了交往这种社会性行为。我国《幼儿园教育指导纲要(试行)》在社会领域的教育目标中明确提出了培养幼儿"乐于与人交往,学习互助、合作和分享,有同情心"的人际交往目标,教师要"引导幼儿学习初步的人际交往技能",要尽可能"为幼儿提供人际间相互交往和共同活动的机会和条件,并加以指导";《3—6岁儿童学习与发展指南》指出"人际交往和社会适应是幼儿社会学习的主要内容,也是其社会性发展的基本途径",成人应"创造交往的机会,让幼儿体会交往的乐趣。"可见,教育者应对幼儿的社会交往予以正确的引导,帮助他们树立正确的交往态度,获得交往能力,并与他人建立良好的人际关系,促进幼儿社会交往的发展。

一、幼儿社会交往的发生与发展

(一)幼儿社会交往的含义

交往是人的整个社会生活的重要组成部分,幼儿与他人的交往也构成了他们的基本生活。幼儿的社会交往是指幼儿在与成人的接触、交流或与同伴的游戏、学习、生活过程中,运用语言或者非语言符号系统相互沟通、进行情感交流的活动;是其逐步学会表达自己的愿望,了解别人的情绪和想法,调节自己的行为,促进相互之间的理解协调,并使这种关系得到延续和保持的活动。社会交往行为是人们在交往活动中对他人或某一事件表现出的态度、语言和行为反应,它在交往中产生,并指向交往中的另一方。

从以上概念不难看出,幼儿的社会交往包括两个范畴:一是与成人的交往,主要包括与父母和老师的交往;二是与儿童的交往,主要指同伴之间的交往。这是两种不同性质的交往。幼儿与成人的交往具有互补性,在传统意义上,这种交往中成人控制较多,幼儿服从较多;成人更多提供帮助,幼儿更多寻求帮助。而幼儿的同伴交往则基本是平等的、互惠的。从幼年起,儿童就表现出强烈的寻找伙伴进行交往活动的倾向,随着年龄的增长与活动场所的转移,儿童不断扩大交往的空间与范围,他们与同伴接触的时间逐渐增加。同伴逐渐成为儿童社会化发展与成长过程中的"重要他人",他们与教师、家长等构成儿童成长环境中最重要的组成部分。

社会交往对幼儿具有重要意义,交往经验构成了个体成长和发展的一个重要背景。在这一背景中,幼儿获得了大量的影响一生的情绪情感、态度和技能,这些对于儿童个体发展和社会发展都具有积极影响。

1. 幼儿的社会交往是时代发展和教育改革的重要主题和内容

联合国教科文组织提出了"学会生存"、"学会学习"、"学会关心"的教育主张,这不仅体现了儿童观与教育观的变化,"学会关心"的提出更凸显了对个人与其周围环境的关系和对环境的态度的重视。一方面,"学会关心"更加关注个体自身与他人、环境的关系。"学会关心"的核心是,不仅要学会关心自己,更要学会关心他人,关心周围的生活环境,并与他人和环境建立良好的关系。另一方面,"学会关心"在技能层面之上更加关注个体对他人和环境的态度与情感。"学会关心"强调个体与他人、环境的关系,对他人、环境的态度和情感,均体现在个体现实生活的交往活动中。可见,社会交往既是时代发展对幼儿提出的必然要求,也是教育改革的重要内容。

2. 幼儿的社会交往具有社会成长价值

社会互动理论认为,儿童一出生就进入了人际交往的世界,学习与发展发生在他们与其他人的交往与互动中。其中维果茨基的最近发展区理论认为,儿童与成人或能力强于他的同伴交往是使他进入下一个发展区的最好方法。费厄斯坦的中介作用理论指出,有效学习的关键在于儿童和中介人(父母、教师)之间交往互动的质量。因此,作为社会中的一员,儿童处于一种不断交往的生成状态中,交往成为儿童社会生活的重要组成部分,在交往中,儿童的自我意识、社会认知、情绪情感得以更好发展,并逐渐积累社会适应的经验。

随着年龄的增长,儿童与其他儿童的交往持续增加,日益增多的同伴交往对儿童的社会化具有重要意义。首先,同伴交往为幼儿进行自我评价提供了有效的对照标准,能够促进幼儿自我意识的发展。例如:幼儿能够将自己与同伴进行简单的对比,他们常常会对另一个幼儿说"我比你快"、"我比你小"等。同伴的行为就像一面镜子,为幼儿提供自我评价的参照,使幼儿更好地认识自己。其次,交往促进幼儿社会认知的发展。每个孩子的生活环境都不同,各自的生活经验和认知基础也有差异,因此,在共同活动中,会有不同的表现。即使面对同样的玩具,不同幼儿的玩法也不一样。可见,产生于同伴关系中的合作和感情共鸣可以使幼儿获得关于社会的更广阔的认知视野,同伴交往为幼儿提供了分享知识经验,互相模仿、学习的重要机会。社会交往有助于幼儿丰富知识,发展自己思考、操作和解决问题的能力。同时,幼儿在与同伴交往中发生的冲突将促进其社会观点采择能力的发展和社会交往技能的获得。最后,社会交往能够促进儿童情绪情感的发展。在与同伴交往时,幼儿的心情会更加愉快,能更放松、更自主地投入游戏中。良好的交往关系和良好的亲子关系一样,能使幼儿产生安全感和归属感。那些不能在同伴群体中建立适宜地位的儿童,将会有被人轻视的感觉,从而引起心理上的"不幸福"。另外,家庭以外所形成的同伴关系能在一定程度上削弱、弥补儿童在家庭中所遭受的早期创伤,同伴交往有助于幼儿自我概念和人格的发展,缺乏同伴支持的幼儿往往会产生孤独感。

林崇德曾对同伴关系在儿童生活中的独特作用做出归纳,认为同伴关系有利于儿童社会价值的获得、社会能力的培养以及认知和健康人格的发展。他指出,同伴关系主要从四个方面影响儿童的发展:一是同伴关系可以满足儿童归属和爱的需要以及尊重的需要;二是同伴关系为儿童提供了学习他人反应的机会;三是同伴关系是儿童特殊的信息渠道和参照框架;四是同伴关系是儿童得到情感支持的一个来源。此外,林崇德还发现,不良的同伴关系会使儿童成长受阻并可能出现下列问题:(1)退学(或逃学);(2)孤僻、退缩、冷漠、压抑或出现其他心理障碍;(3)加入不良团伙乃至犯罪。同伴关系不良有可能导致儿童入学适应困难,甚至会对成年以后的社会适应造成消极影响。

互动平台

孩子,你为什么孤独

　　幼儿在其成长的道路上,常常希望自己有真正的朋友和玩伴,而且这种欲望随着年龄的增长会更加强烈。然而,有些幼儿在人际交往方面却出现了交往频率低、交往质量差等问题。造成幼儿同伴交往不良的原因是多方面的,有研究者认为,最主要的原因在于幼儿交往生活的缺失,主要表现在以下几个方面。第一,单元结构居所使幼儿生活的物质空间狭窄。高楼林立,幼儿很难找到可以满足幼儿群体冒险和探求欲的天然的游戏场地,加之成人担心幼儿在户外出现意外,游戏只能回到家里,有限的单元房就是他们生活的空间。第二,"独享型"高科技产品玩具使幼儿同伴间的交流减少。孩子们不仅缺少与

图 6-1　谁来陪我玩

同伴交往的机会,而且极少有机会体验融入大自然的乐趣和享受大自然的恩惠,他们在与同伴交往逐渐减少的同时,与大自然的交往也逐渐变成一种奢望。第三,我国城市家庭中多为独生子女,他们不仅在家庭中缺少可以平等对话的、自由玩耍的伙伴,而且在整个的生存环境中也缺少"游戏共同体"。因此,独生子女的交往问题在幼儿教育中日益凸显出来。第四,许多成人对幼儿交往经验和技能关注不够,在日常生活中,成人关注更多的是一些比较显性的同伴交往问题,如攻击、冲突等。当幼儿无法加入同伴游戏而向成人求助时,成人只是简单、笼统地建议"再去试试",或"那你就自己玩吧"。第五,幼儿长时间坐在电视前,疏远了伙伴,也疏远了家人,他们失去了对他人的亲近感和心灵沟通,他们的"心理空间"在不断缩小。

　　同学,你也从童年走来、经历了幼年时期,你的身边也有很多可爱的孩子,你的童年孤独吗? 在你眼中,现在的孩子孤独吗? 请你举一个自己或身边的案例,来向大家描绘一个或许孤独、或许灿烂的童年画面吧!

(二)幼儿社会交往行为的影响因素

　　幼儿的交往过程可谓千姿百态,有的幼儿顺从,有的幼儿反抗;有的幼儿善于讨喜,有的幼儿长于破坏;有的幼儿是被他人接纳的,有的却是被他人排斥的;有的幼儿是居中心地位的,有的则是处于边缘地带的。这反映了幼儿交往行为的多样性,在交往活动中个体所扮演的角色不同,他们各自获得的体验也不同。之所以出现这些不同之处,是因为幼儿的社会交往行为与地位受到许多因素影响,主要包括四个方面:幼儿自身因素的影响、家长的影响、教师的影响、玩具与物质环境的影响。

1. 幼儿自身因素的影响

(1)气质

首先,气质会对儿童与父母的交往产生影响。在亲子交往中,容易抚育的儿童由于生活有规律、易适应环境、哭闹少、易于教养等,容易给父母带来愉悦的情绪,父母也会给予儿童更多的关爱,因而亲子关系良好,儿童的情绪和行为也更加积极;抚育困难的儿童由于经常哭闹、情绪不稳定、反抗行为较多、不易教养等,给父母带来不愉快的情绪较多,容易使父母给予更多的禁止和警告,甚至会打骂孩子或者放弃管教,因而亲子之间的冲突也较多。可以说,气质影响了儿童的行为表现,进而影响了亲子关系和父母的教养方式,又通过父母的教养方式反作用于儿童自身的社会性发展。其次,气质影响儿童与同伴的交往。在幼儿园中,胆汁质、多血质的幼儿更喜欢参加各种活动,在人际交往上也多采取积极主动的态度,人际交往范围广,但交往对象易变,人际关系维持时间较短。胆汁质幼儿主动交往多,但脾气急躁,容易出现攻击行为和交往冲突。黏液质幼儿沉静、稳重,不善于主动与人交往,但交往中不宜与同伴发生冲突,人际关系较好。抑郁质幼儿性情孤僻、胆小怯懦,人际交往不易主动,而且交往范围小,攻击行为也不易出现。

(2)认知能力

幼儿解决社交问题的策略是幼儿社会认知能力的一种综合反映,而幼儿的社会认知能力又与其社交地位有着密切的关系。一切外界影响,只有在幼儿注意并认识了其意义之后,才有可能转化为自己的观念和行为。幼儿的认知水平对于其了解社会知识、社会现象、遵守社会规则、产生相应的社会行为等有着直接的影响。例如,教师对幼儿"与小朋友友好相处"的要求,只有在幼儿理解了与小朋友友好相处的意义,并且知道了如何与小朋友友好

图 6-2 我们一起玩

相处的基础上,才能够逐渐克服自我中心,做到和小朋友友好相处。否则,幼儿可能因为对这项要求不理解、不清楚而出现言行不一致的情况。守纪律、有责任心等社会品质也都是儿童接受与领会外部的社会要求,并逐渐转变为自己的内部要求的结果。随着幼儿认知的发展,游戏复杂性和规则性的逐步加强,幼儿合作的需求也将不断提高。

(3)行为特征

行为特征是幼儿社会能力的重要体现。幼儿之所以交往结果不同、同伴地位各异,主要是因为不同幼儿具有明显的行为特征差异。受欢迎的幼儿,往往具有外向的、友好的人格特征,他们擅长双向交往和群体交往,而且在活动中没有明显的攻击行为。被拒斥的幼儿在同伴交往中是比较笨拙和不明智的,经常表现出许多攻击性

甚至是反社会行为。虽然他们也尝试着加入到群体活动中去,但总是由于他们身上令人讨厌的特征而被人拒之门外。被忽视的幼儿在同伴交往中是退缩和不主动的,他们往往逃避双向交往,而将更多时间花在更大的群体中。他们常常比较害羞,他们中大多数都是自己玩,很少见到他们表现自己或对他人显示攻击行为。谢弗认为,如果一个儿童被看作是破坏行为和麻烦的制造者,他的同伴就会拒斥他,那么这个儿童便不能形成正常交往的社会技能。为了引起别人的注意或清除自己行动的障碍,这个儿童就会做出更具破坏性、更使人厌烦的行为,制造各种麻烦,如不愿分享与合作、活动过度、话多等,以此作为加入群体活动的方式。最初被看作合作的儿童往往受人喜欢,而被当作好争吵的儿童,即使他们以后改变了这种行为,也往往被拒斥。同样,被忽视的儿童也可能因为他们被忽视的社会地位而变得害羞和孤单。

拓展阅读

庞丽娟将4~6岁儿童同伴社交地位分为受欢迎型、被拒绝型、被忽视型和一般型四种基本类型。

受欢迎型:受欢迎型幼儿喜欢与人交往,在交往中积极主动,又常常表现出友好、积极的交往行为,因而受到大多数同伴的接纳、喜爱,在同伴中享有较高的地位,具有较强的影响力。

被拒绝型:被拒绝型幼儿和受欢迎型幼儿一样,喜欢交往,在交往中活跃、主动,但常常采取不友好的交往方式,如强行加入其他小朋友的活动、抢夺玩具、大声叫喊、推打小朋友等等,攻击性行为较多,友好行为较少,因而常常被多数幼儿排斥、拒绝,在同伴中地位低、关系紧张。

被忽视型:与前两类幼儿不同的是,这类幼儿不喜欢交往,他们常常独处或一人活动,在交往中表现得很退缩,他们既很少对同伴做出友好、合作的行为,也很少表现出不友好、侵犯性行为,因此既没有多少同伴主动喜欢他们,也没有多少同伴主动排斥他们,他们在同伴心目中似乎是不存在的,被大多数同伴所忽视和冷落。

一般型:这类幼儿在同伴交往中行为表现一般,既不是特别主动、友好,也不是特别不主动或不友好;同伴对其有的喜爱、接纳,有的忽视、拒绝,因而在同伴心目中的地位一般。

上述四种同伴交往类型,在幼儿群体中的分布是各不相同的。其中,受欢迎型幼儿约占13.33%,被拒绝型幼儿约占14.31%,被忽视型幼儿约占19.41%,一般型幼儿约占52.94%。[①]

(4)早期亲子交往的经验

亲子关系对今后的社会交往有预告和定型的作用,而更近一些的观点则认为二者是相互影响的。儿童在与父母的交往过程中不但实际练习着社交方式,而且发现

---

① 资料来源:http://www.docin.com/p-677577817.html

自己的行为可以引起父母的反应,由此可以获得一种最初的"自我肯定"的概念。这种概念是儿童将来自信心和自尊感的基础,也是其社会交往积极、健康发展的先决条件之一。不少心理学研究指出,婴儿最初的同伴交往行为,几乎都是来自于更早些时候与父母的交往,比如在婴儿第一次对成人微笑和发声之后的两个月,相同的行为才开始出现在同伴交往中。

(5)参与交往的积极性

环境对于儿童的影响,必须在儿童与环境的相互作用中才能发挥出来。儿童只有与环境相互作用,主动适应环境,参与各种活动,才能接受来自环境的影响。如果不参与或参与较少,对环境回应少或没有回应,旁观行为较多,态度比较被动,则可能会使得环境的影响难以进入儿童的主观世界,难以发挥影响的积极作用。研究表明,积极参与各种活动的儿童在形成概念、解决问题、社会交往能力、个性品质等方面都有良好的发展。在相同的条件下,主动参与的程度是影响个体心理发展出现性质与水平差异的重要原因。

(6)身体吸引力

儿童偏好面部特征的现象出现得很早。1岁大时,婴儿就已经能"以貌取人"了,对于那些有漂亮面孔的人,他们有更多积极的反应,更容易被逗乐,而且更少表示拒绝,而对于相貌平平的人,则反应恰好相反。在童年早期和中期,儿童对于相貌漂亮的同龄人和相貌平平的同龄人会有不同的判断。相貌的吸引力在彼此熟悉的儿童中同样会影响受欢迎程度和相互评价,而且这种影响在女孩子中更为强烈。父母和教师同样也有这种"漂亮的就是最好的"偏见。产生这种现象的原因主要有两方面,一是儿童对自己的满意感会影响他们的行为。研究发现,随着年龄的增长,身体无吸引力的儿童会表现出更多不良的甚至有破坏性的行为,而身体有吸引力的儿童不良行为较少。二是教师和父母也会按儿童相貌上的差异对他们表现出不同的态度和行为。

2. 家长的影响

父母的教养观念和行为对幼儿的发展有很重要的影响。调查表明,在父母对孩子社交价值认识充分的家庭中的儿童大多是"受欢迎者"。根据哈杜普(1985)的研究,父母在儿童的社会交往能力和性质积极的同伴关系的发展中至少起到三个作用。第一,亲子交往是一种环境,在这个环境中许多社会交往所必需的能力得到了发展。第二,亲子关系构建了一个安全网络,使得儿童可以自由地研究社会宇宙,从而提高了社会交往能力。第三,正是在亲子关系中,儿童开始发展与他人主动建立关系的预期和推断。然而,当今很多父母重视儿童智力因素和艺术方面的发展,而忽视其情意方面的发展和社会性的培养。为了不让孩子输在起跑线上,一些家长让孩子参加多个"兴趣班",孩子学习的时间多了,痛痛快快玩耍和游戏的时间少了。同时,受家庭外环境中一些不确定因素的影响,成人担心孩子出现意外而高度控制其生活环境,将他们隔离在家里,或只由长辈陪同玩耍,成人对儿童的关爱无形中剥夺其与同伴交往的机会与权利。这些做法都大大增加了幼儿在社会交往中被拒斥或被忽视的可能性。

3. 教师的影响

教师是幼儿在幼儿园中的"重要他人"，在幼儿的社会性发展中起着关键性的作用。一个儿童在教师心目中的地位如何，会间接地影响到同伴对这个儿童的评价。米勒等人(Miller & Gentry,1980)回顾了几项相关研究发现，教师对一个儿童特征和价值的认可程度会通过一种复杂的方式影响着其他儿童对这个儿童的接纳性。社会心理学家认为，在同伴群体中的评价标准出现之前，教师是影响儿童最有力的人物。不难发现，受到教师喜欢并关注的孩子，在同伴交往中容易处于核心位置，因为教师的关注可以使孩子本身更加自信甚至自豪，其交往行为比较积极，同时，教师的关注使其他孩子"嫉妒"该儿童的同时，也更加愿意与他交往。

4. 玩具与其他物质环境的影响

玩具是儿童游戏活动中不可缺少的媒介材料，在儿童的生活中扮演着重要的角色，儿童与同伴交往的行为会因所提供的玩具不同而发生改变。在当今社会，现代机械、电动玩具和电子游戏机等高科技产品日益增多，这些玩具外观精美，设计精巧，令初玩的幼儿爱不释手。但是这些玩具多数属于"独享型"，幼儿一个人就可以完成整个游戏，因此，这些玩具使幼儿同伴间的交流减少。而沙、石、积木等"朴素"玩具，却能够大大促进孩子之间的交往与合作。同时，幼儿喜欢看电视，无论在哪个国家，这都是一个普遍的现象。虽然电视节目大受欢迎，但观看电视对于幼儿社会交往的影响却是有利有弊的，而且负面影响已经越来越多了。首先，较长时间看电视，

图 6-3　玩具一起玩

使得幼儿的活动范围变小了，与周围客体交互作用的机会减少了，这种单向的灌输形式，一定程度上阻碍了儿童的思维活动，并且容易形成刻板的、模式化的行为方式。其次，青少年的反社会行为与观看暴力电视节目有关。当然，电视的负面影响并不是电视媒体天生就有的，这些负面效应大多是由于社会对媒体的使用不当，或者是家长本身的原因造成的，因此，只要正确使用电视，幼儿依然可以从中获取社会交往的许多有利信息，从而促进社会交往。

除玩具、电视的影响，居住环境的优劣、生活空间的大小等物质环境因素也都会影响幼儿的社会交往行为。

拓展阅读

玩具的分类

儿童玩具的种类是形形色色的,但是归纳起来无非是四大类:一是现成的或机械的固定玩具,如娃娃、动物、汽车、炊具、劳动工具等;二是半成品的玩具,如积木、胶粒、各种拼图等;三是各种游戏材料,如橡胶泥、沙子、纸片、小棒、瓶子等;四是自制玩具,如利用蛤蜊壳,画上图,放入一个"奇妙的口袋"中,孩子们随琴声相互传递,琴声停下来时,袋在哪个孩子手中,他就要从袋中摸出一只蛤蜊壳,按图的要求表演唱歌、跳舞等。这些玩具都是儿童喜爱的,也是对儿童有益的。在这些形形色色的玩具中,对儿童社会化意义最大的玩具是那种活动形式多变的,使儿童能够多方摆弄的玩具,而不是那种只能看一看或呆呆地拿着的现成而固定的玩具。

拓展阅读

如何控制孩子看电视[①]

图 6-4　看电视

图 6-5　妈妈陪我看电视

措　施	内　容
限制对电视的收看	不要将电视当作保姆来用,对孩子收看电视做严格的规定,如每天只允许看1个小时的电视,并规定其节目内容,要求孩子严格遵守规定。
禁止将看电视作为对孩子的奖赏或惩罚	不要用看电视作为对孩子的奖赏或者惩罚,这样只会增加孩子对电视的兴趣。
鼓励孩子收看有意义的节目	鼓励孩子收看一些对儿童发展有益的、知识性的以及亲社会的电视节目。

① L.E.贝克.儿童发展[M].吴颖,等译.南京:江苏教育出版社,2002:869-870.

续表

措 施	内 容
就电视内容对孩子进行解释	尽可能地与孩子一起观看电视,帮助他们理解他们所看到的内容。如果你对电视中的行为表示不赞同,可就电视内容的真实性进行提问,并鼓励孩子就此进行讨论,这样能教育孩子正确地评价电视节目内容,而不是随便地接受。
将节目内容与孩子每天的学习联系起来	以建设性的态度来利用电视,鼓励孩子离开电视屏幕而多参与实际的活动,如在看一个与动物有关的节目后就可以带孩子到动物园参观,或者到图书馆查阅相关的书籍,或者让孩子用新的方法来观察和照料家里的宠物。
以良好的收视习惯为孩子做示范	避免自己过度收看电视,尤其是暴力的节目,父母收看电视的方式往往会影响孩子的收视习惯。
使用权威型的家庭教养方式	关注孩子因成长需要而表现出的一些热烈而合理的要求,这样孩子就会更喜欢亲社会的电视节目而不是暴力的节目。

(三)幼儿社会交往行为的发生与发展规律

1. 0~3岁婴幼儿社会交往行为的发生与发展

(1)婴幼儿与父母之间的交往

婴儿一出生就开始与其他人交往了,他们主要的交往对象是父母或其他养育者。婴儿以啼哭、微笑、皱眉等行为表明他们有与其他人交往的需要;父母在对婴儿做出呼唤、拥抱、抚摸、微笑等行为时,婴儿也报以相应的反应,这表明他们具有与其他人交往的能力,所以说,婴儿最初的人际关系是与父母建立的亲子依恋关系。依恋形成于孩子出生后6~8个月之间,分离焦虑和与之同时出现的认生现象是依恋形成的标志。自从依恋建立起来后,母亲的作用就是为孩子提供安全的基地,母亲是孩子感受安全的地方,只有以此为基础,孩子才能积极地探究周围的环境。

(2)婴幼儿与同伴之间的交往

幼儿与同伴之间的交往,最早可以在6个月的婴儿身上看到,这时的婴儿会与其他婴儿相互触摸和观望,甚至以哭泣来回应其他婴儿的哭泣。12~24个月的婴幼儿开始在一起相互游戏,表现出初步的交往能力。例如,一个1岁多的儿童,冲着另一个儿童微笑,像说话一样发出声音,拿走或者递给对方玩具或轻拍对方,他希望通过这些行为来与对方交流。从出生后的第2年开始,儿童的交往能力开始迅速发展。比如,儿童在一起游戏时,会你追我赶、你藏我找,还能互相模仿某些动作,一起有组织地玩一个简单的游戏,如过家家。另外,3岁以下的同伴关系基本建立在交换游戏物品的基础上,同伴间的关系不稳定。

2. 3~6岁幼儿社会交往行为的发展

到了3岁,大多数幼儿会进入幼儿园接受教育,幼儿的交往范围逐渐扩大,幼儿与教师、同伴交往的重要性逐渐加大。

（1）幼儿与父母之间的交往

发展心理学家通过研究发现，家长的教养行为主要在两个方面表现出差异：一是家长对孩子的情感态度；二是家长对孩子的要求和控制程度。美国心理学家鲍姆林德根据这两个维度，将家长的教养方式分为四种类型——专制型、权威型、放任型、忽视型，在多数情况下，权威型是最有利于儿童成长的教养方式。在这种教养方式下成长的儿童，社会交往能力和认知能力都比较好。在掌握新事物和与同伴交往过程中，表现出很强的自信，具有较好的自控能力，并且心情比较乐观、积极。这种发展上的优势在青春期时仍然可以观察到，这些儿童具有较高的自信，社会成熟度较高，学习上更勤奋，学业成绩也较好。在专制型教养方式中成长的儿童则表现出较多的焦虑、退缩等负面的情绪和行为。到青春期时，他们的适应状况也不如权威型教养方式下成长的儿童。但是，这类儿童在学校中一般也有较好的表现，出现反社会行为的概率也比较少。在放任型教养方式下成长起来的儿童会表现得较不成熟，自我控制能力较差。当要求他们做的事情与其愿望相背时，他们几乎不能控制自己的冲动，会以哭闹等方式寻求即时的满足。他们对父母常表现出很强的依赖和无尽的需求，而在任务面前却缺乏恒心和毅力，这种情况在男孩身上表现得尤为明显。最后，忽视型是一种既缺乏情感反应又缺乏控制的教养方式。由于与父母之间的互动很少，在忽视型环境中成长的孩子，出现适应障碍的可能性很高。在3岁的时候就会表现出较高的攻击性和易于发怒等外在的问题行为，严重者会在儿童后期出现行为失调。他们对学校生活没有什么兴趣，学习成绩和自控能力较差，在长大后表现出更高的犯罪倾向。

拓展阅读

家长的教养方式

美国心理学家鲍姆林德将家长的教养方式分为四种类型：专制型、权威型、放任型、忽视型。

专制型：一种限制性非常强的教养方式，通常成人会提出很多种规则，期望孩子能够严格遵守。他们不向孩子解释这些规则的必要性，而是依靠惩罚和强制性策略迫使孩子顺从。专制型的父母不能敏感觉察到孩子的冲突性观点，而是希望孩子能够将他们所说的话当作法律，并尊重他们的权威。

权威型：一种具有控制性但又比较灵活的教养方式。这种类型的父母会对孩子提出很多合理的要求，并且会谨慎地说明要求孩子遵守的原因，保证孩子能够遵从指导。与专制型的父母相比，权威型父母更多地接纳孩子的观点并做出反应，会征求孩子对家庭事务的意见。因此权威型父母能够认识到并尊重孩子的观点，以合理、民主（而非盛气凌人）的方式来控制孩子。

放任型：一种接纳而放纵的教养方式。这种类型的父母会提出相对较少的要求，允许孩子自由地表达自己的感受和冲动，同时，不能够密切关注孩子的行为，很少对孩子的行为做出坚决的控制。

忽视型：这是最不成功的教养方式。是一种非常放任且具有较低要求的教养方式，这种类型的父母既不会对孩子提出什么要求和行为标准，也不会表现出对孩子的关心。这类父母由于过度关注自己的事情而对孩子投入极少的时间和精力。他们对孩子的成长所做的最多只是提供食品和衣物，或是他们很容易做到的事情，而不会去付出努力为孩子提供更好的成长条件。

（2）幼儿与教师之间的交往

教师对幼儿而言常常是一种权威的象征，在与教师的交往中，幼儿对教师的态度和行为多数是顺从的，因为幼儿已经初步认识到"服从——好结果，不服从——坏结果"，所以必须服从权威。幼儿开始从尊重、服从父母到尊重、服从教师的权威，由此又建立了一种新的人际关系，这是幼儿社会性发展的一大进步。

（3）幼儿同伴之间的交往

在儿童心理发展的历程中，同伴之间的交往相比于儿童与成人的交往具有特殊的意义。幼儿只有在与同伴的互相交往中，才能学会在平等的基础上协调各种关系；只有在与同伴的交往中，才能充分发挥他们之间的相互作用，充分发挥各自的活动积极性，有助于自我意识的形成。这种交往也有助于幼儿重新协调他们与成人的关系，幼儿在活动中对同伴的依从性增强，就会减弱他们对成人的依从性，这样也就促进了幼儿与成人、尤其是与父母之间的相互作用，从而逐步改变幼儿对父母单方面的顺从态度。幼儿之间的社会交往绝大多数是在游戏情境中发生的。幼儿在游戏中的同伴交往主要表现出如下特点。

3岁左右，幼儿在游戏中的交往主要是非社会性的，幼儿以独自游戏或平行游戏为主，彼此之间没有联系，各玩各的。此时，他们还不能很好地共同游戏，出现摩擦的时候多，玩到一起的时候少。成人对此时幼儿间的争吵应该有正确的认识，知道争吵可以促进幼儿的社会性发展。

4岁左右，联合游戏逐渐增多，并逐渐成为主要游戏形式。在游戏中，幼儿彼此之间已经有一定的联系，会说笑、互借玩具，但这种联系是偶然的，没有组织的，彼此间的交往也不密切。这是幼儿游戏中社会性交往发展的初级阶段。这个时候，幼儿能够主动寻找游戏的伙伴了，而且也能形成较好的游戏氛围，但争吵更激烈了。3～4岁的同伴关

图6-6 小厨师

系更多建立在口头上，而再大一点的幼儿则会出现更为复杂和互惠的游戏。

5岁以后，合作游戏开始发展，同伴交往的主动性和协调性逐渐增强。幼儿游戏中社会交往水平最高的就是合作游戏。在游戏中，幼儿分工合作，有共同的目的、计

划;幼儿必须服从一定的指挥,遵守共同的规则,要互相协作、尊重、关心与帮助,大家一起为玩好游戏而努力。适合发展合作游戏的游戏包括角色游戏、规则游戏等。

拓展阅读

幼儿的社会性行为水平①

美国心理学家帕顿根据儿童在自由游戏中的社会交往关系和协同程度,把幼儿的社会性行为分为六种不同的水平。

(1)无所用心的行为。这是一种无目的的活动,如儿童在一旁发呆或乱跑、闲荡,只在房间里走动、张望而不参加游戏等。

(2)旁观的行为。儿童长久地站在"游戏圈"外看别人活动,关注他人的游戏,但自己不参加。虽然偶尔也发表些口头意见,但是总不加入到游戏中去。

(3)独自游戏。儿童不与旁人发生关系,不参加别人的游戏,专心于自己的活动,独自一人玩。

(4)平行游戏。儿童在一起玩,所用玩具和游戏方式大体相同,但相互间不交流,彼此互不联系,不设法影响或改变同伴的活动,各自的游戏内容之间也没有什么联系,形成各种游戏同时并存的状态。有时儿童互相模仿,但无意支配别人的活动。

(5)联合游戏。这是一种没有组织的共同游戏,游戏中儿童间发生交往,互相借用玩具、有说有笑,从事类似的活动,但游戏者之间没有为同一目标而分工合作,各自根据自己的愿望做游戏。

(6)合作游戏。这是一种有组织、有规则,甚至有首领的共同活动。儿童在一个组织起来的小组里游戏,服从首领的指挥,为了共同的目标而分工合作,有共同计划的活动和达到目的的方法。

根据帕顿的研究,2岁儿童一般只是从事独自游戏、平行游戏,或联合游戏;4岁儿童一般从事联合或平行游戏,但与2岁儿童相比,在相互作用和从事合作方面表现得更多一点。

(四)幼儿社会交往中的问题行为

了解幼儿问题行为的主要表现,有利于我们及早采取预防与矫治措施,对症下药,防微杜渐,使幼儿身心健康成长。以下是幼儿常见的一些问题行为。

1. 攻击性行为

几乎每个孩子在发展过程中都会出现不同程度的攻击性行为,主要表现在对别人身体上的伤

图6-7　我生气啦

---

① 周梅林. 学前儿童社会教育活动指导[M]. 上海:复旦大学出版社,2009:71.

害,如打人、推人、踢人,甚至咬人等都属于攻击性行为。例如,当孩子想要出去玩,但遭到阻止时,会抓、挠别人;当自己的食物或玩具被别人拿走时,会表现出愤怒的表情和挑战的姿势,如果对方不理会,孩子可能就会冲过去攻击对方;学龄儿童在听到别人骂他时,会气得和对方打架等等。

2. 破坏性行为

破坏性行为是指经常故意打破物品,并以破坏物品为乐趣的行为。判断破坏性不能仅关注外在表现,而更应关注幼儿的行为动机。有些幼儿行为从表面上看是破坏性的,但其目的却可能是建设性的。例如,孩子把闹钟拆开,想了解它为什么会响;把玩具汽车打开,看它里面是怎么动的,等等。其实,幼儿常常是通过这种貌似破坏的行为,来探究和认识事物的,因此,这类行为是健康的行为。

3. 退缩性行为

有的幼儿不喜欢人多的场合,不喜欢与人交往,躲避生人,对于社会交往缺乏兴趣,喜欢独处,这种情形一般称为"退缩行为"。有这样行为的孩子在团体中很容易被别人忽视。成人应对幼儿的退缩行为加以关注,引导幼儿多接触外界,并积极与他人互动,教给幼儿交往技巧等。

4. 欺骗行为

幼儿的欺骗行为大多表现在偷拿别人的物品和说谎,幼儿的欺骗行为有一部分是有意识的,还有一部分是由儿童心理发展特点造成的,对待两种欺骗行为,要采取不同态度和方式。低年龄的幼儿记忆不精确,在回忆时容易歪曲事实,经常把想象和现实混淆起来,把想象的东西当作现实中已经发生的事进行描述。一般来说,随着孩子年龄的增长,记忆、思维能力的增强,这种"说谎"现象是会逐步消失的,教师应注意不要给幼儿贴上欺骗的标签。另一种是幼儿为了达到个人的某种愿望而有意识地说谎、欺骗成人和隐瞒事实或嫁祸于人,这就是行为问题了。对于幼儿有故意成分的欺骗行为,成人应予以充分的注意,这种行为幼时不教育,长大后养成习惯就难以纠正了。

5. 残忍行为

一般来说,孩子都是富于同情心的,但有时也会见到有些孩子残酷地对待小动物。例如,有的孩子和小鸡做游戏,玩烦了,就用力捏小鸡的身体;有的孩子用手指掐猫、狗的脖子,或抓小动物的毛。幼儿产生类似的残忍行为若不纠正,长大以后就会缺乏同情心,不关心自己的父母、长辈、同事,对社会缺乏责任感,所以这个问题必须引起成人足够的重视。

6. 嫉妒行为

嫉妒行为是幼儿嫉妒心理外显而具体的表现,是对别人在品德、能力方面胜过自己而产生不满和怨恨情绪时表现出的一种消极行为。例如,当母亲去抱别人家的孩子时,孩子就很快地跑过去,拍那个孩子的头或抓抓他的脚,想把那个孩子支开,甚至要骑在他的身上。在幼儿园里,幼儿相互比较的机会较之家庭中相对增加,嫉妒的行为也随之发生变化,如有的幼儿常常偷偷地把老师喜欢的幼儿的东西藏起来或破坏,有的幼儿特别喜欢告状。

互动平台

幼儿园老师请小强把新买的变形金刚玩具带来给大家看看,同时又叮嘱他记得带手帕。可小强回家后却非要妈妈再给他买一个"变形金刚"带到幼儿园,还说是老师说的。3 岁的红红对妈妈说:"我今天在幼儿园吃了 5 碗馄饨。"妈妈大吃一惊。实际上红红只吃了 2 碗,她还未能学会正确地数数。4 岁的小亮在电视上看到小哥哥在大海里游泳很羡慕,第二天就告诉老师说他去大海里玩了。

小强、红红、小亮三个小朋友都出现了"说谎"行为,你怎么看待他们的这些行为? 他们的说谎行为产生的原因分别是什么? 如果你是他们的老师或者家长,你会怎么对待孩子的这些行为?

二、幼儿社会交往教育的实施

社会性是幼儿发展的重要方面,对幼儿进行社会性发展教育,不仅是幼儿个体生存发展的需要,也是社会发展的需要。近年来,成人越来越重视对幼儿社会性的培养,但这还远远不够。在教育实践中,成人必须把握幼儿社会交往教育所特有的基本原则,并恰当选用教育途径与方法,这样才能达到理想的教育效果。

(一)幼儿社会交往教育的原则

1. 榜样性与实践性原则

社会性教育与认知教育不同,它关注幼儿良好行为的养成,关注幼儿意识的形成,因此,空洞的说教和概念灌输是达不到社会交往教育的要求的。在社会交往教育中,教师应重视榜样的作用并为幼儿提供充分的实践机会。首先,通过观察模仿周围人的行为来学习是幼儿社会行为发展的重要途径与方式,幼儿周围的人,尤其是父母、教师在日常生活中待人接物的态度与行为更易成为幼儿模仿的对象,因此教师和家长要特别注意自己在日常生活中的言行,为幼儿树立积极的、正面的学习榜样。另外,同伴也是幼儿观察学习的榜样,教师对幼儿良好行为的积极评价和鼓励,会激发其他幼儿向他们学习的动机。因此,教师在对幼儿进行社会交往教育时,要充分发挥榜样的作用,坚持正面教育。其次,为幼儿创造社会交往机会,让幼儿积极主动地参与社会交往实践,在实践中发现交往的问题、解决问题,在不断的实践练习中掌握交往的技能。

2. 一致性与个性化原则

社会交往教育的一致性主要表现在两个方面,首先,教师和家长应充分重视行为准则与榜样作用的一致性,无论何时何地对于幼儿的行为教育都要保持一致的准则,并且随时随地为幼儿树立积极的、正面的学习榜样;其次,没有家庭教育的学校教育和没有学校教育的家庭教育，都不可能完成培养人这一极其细致而复杂的任务，因此，一致性还应表现在"家园同步"上，即教师与家长要积极沟通，保持教育的一致性，有一致的目标，共同合作和努力，为幼儿营造良好的社会性发展环境。

坚持教育一致性的同时，还要注意幼儿是各不相同的，教师应针对幼儿的个性特点进行社会交往教育。对于性格孤僻、畏缩退避的幼儿，要激励交往意愿，多指导交往方法；对于不怕陌生人、爱交际的幼儿，要培养良好的交往习惯，防止在客人面前过度兴奋，表现自己等；对于爱喧闹的幼儿，要注意培养良好的语言交际行为等；对于在儿童群体中受到排斥的儿童，教师要接近他们、关心他们，使他们消除对他人的疑惧对立心理，并且耐心地教育他们改正不良行为，引导他们和同伴友好往来，同时，也要教育其他幼儿，改变对受排斥幼儿的看法和态度，接受他们。总之，成人应重视和引导不同幼儿的社会交往活动，使每一个孩子都能在友好积极的交往活动中，发展心理，形成个性，健康成长。

3. 系统性与细致性原则

社会交往行为本身是一系列行为，是一个有机的行为系统，因此，对幼儿进行社会交往教育，应注意行为的系统性，遵循系统性原则。即在社会交往教育中，关注幼儿的意识、语言（口语、书面语）、动作等多个方面的发展，引导幼儿全面而系统地掌握社会交往技能，并能在各种生活情境中进行实践。此外，教师还应看到，社会行为的学习、交往能力的培养是一个长时间的连续过程，社会交往教育本身是一项系统工作。教师应注意在教学活动中、游戏中、一日生活中把握时机，引导幼儿掌握正确的社会交往行为准则并不断强化正确交往行为。

社会交往行为中的小细节是社会交往行为系统的重要元素，有时，这些小细节更能反映一个人的交往态度和个人修养，正所谓"礼仪无小事"。因此，社会交往教育在关注行为系统性的同时，还需从"小"处着手，教导幼儿具体的交往方法和行为准则。例如，教育幼儿和其他幼儿共同玩或轮流玩一件玩具，参加集体活动能守纪律、听指挥，懂得如何接待客人，要关心帮助年龄小的幼儿，见到认识的人主动打招呼，别人喊自己的名字时要响亮地应答等。

(二)幼儿社会交往教育的途径与方法

社会交往对幼儿的心理健康发展以及社会化的顺利实现，具有十分重要的作用。早期社会交往能力的发展将影响幼儿今后对人的态度和人际关系，影响其认知及人格的发展。社会交往是人类社会生活的重要部分，渗透于生活的方方面面，因此，培养幼儿社会交往能力的途径与方法是多样而广泛的。通常，幼儿社会交往教育的具体途径有：教育活动、游戏活动、生活活动和社区活动等，具体方法可以通过引导幼儿学习交往语言、学习初步的社会交往技能、利用文学作品进行情境表演等帮助幼儿克服任性、自私、自我为中心等不利于社会化的行为。无论采用哪种途径与方法，教师都应在有准备的环境中进行社会交往教育，并做到家园配合。

1. 通过社会交往教育活动进行集中、系统的教育

通过社会交往教育活动进行集中、系统的教育，即教师采用教学活动的形式，有目的、有计划地利用故事、儿歌、讲述、谈话、表演等手段,向幼儿介绍有关社会交往的知识,教给幼儿交往的方法,指导幼儿进行交往,使幼儿建立社会交往的意识和情感,形成积极的交往态度,习得交往的策略,理解交往的规则,从而为建立良好的人际关系打下基础。如:通过开展"拼脸谱"活动帮助幼儿认识几种基本情绪并培养他们对他人情感的感知和理解能力,重点是理解"快乐"、"悲哀"、"气愤"、"害怕"和"厌恶"几个概念。又如,为培养幼儿团结友爱、合作游戏的好品质,帮助幼儿学习合作的方法,理解"合作"概念,可以进行看图讲述活动"大家一起玩"。

2. 通过生活活动进行随机教育

生活活动中时刻都会出现幼儿的社会交往行为,这些行为真实而又自然。如洗手、喝水是否按顺序进行,当同伴遇到困难时是否主动用动作、语言去帮助他。幼儿在这些生活活动中,表现出各自的交往特点。教师要善于观察,及时运用随机教育和个别教育,对幼儿进行正面的鼓励和引导。如一个小朋友摔倒了,教师可以引导其他小朋友去扶一扶,或者在打扫卫生时,提示小朋友互相擦桌子、椅子等。教师要努力为每个幼儿创造、提供交往的机会。在生活活动中,教师还要重视培养幼儿分享、助人、谦让等友好行为以及讲礼貌、诚实、遵守社会公德等文明行为习惯。例如,教幼儿一些常用的礼貌用语,引导幼儿在获得别人帮助后说"谢谢";早上主动和同伴打招呼,说"早上好";在交往中发生矛盾时,会说抱歉"对不起,是我不对"等。这些随机教育对幼儿社会交往能力的发展都具有重要的促进作用。

3. 通过游戏活动引导幼儿践行和体验正确社会交往行为

游戏能在最大限度上满足幼儿内在的需要,幼儿是在游戏中与同伴频繁交往、感受交往的愉快的,游戏活动也是发展幼儿社会交往能力的重要途径。游戏的种类很多,教师可选择、设计有益于促进幼儿社会交往的游戏,重点把交往能力的五个方面——合作、轮流与等待、解决冲突、理解与遵守规则、交往策略渗透到游戏中去,寓教于乐,使幼儿在游戏中体验交往的成功与快乐,产生进一步交往的内在动机。如在建构游戏和角色游戏中,幼儿必须共同商定、友好合作、互相配合才能使游戏顺利进行下去;在音乐游戏、体育游戏等有规则的游戏中,幼儿也必须学会遵守规则。为扩大幼儿的交往范围,还可以组织一些全园性或平行班的角色游戏,如超市、娃娃餐厅、爱心医院等;在节日开展全园性游艺活动,如贴鼻子、钓鱼、猜谜语等,吸引幼儿克服胆怯和害羞的心理,随意到各个班去玩,以良好的情绪与周围人交往。教师在选择、设计游戏时,要遵循游戏的特点,使幼儿的自主性、主体性得到发挥,避免生硬牵强地灌输概念。如:为培养幼儿与人合作的品质和集体主义精神,可以设计体育游戏"小小旅行团",让每位幼儿搭一块板,合作搭成一座桥后,小旅行团才能过桥到达彼岸去旅游。

4. 通过社区活动引导幼儿广泛感受社会规则

为扩大幼儿交往范围,应突破关门办园的模式,充分开发和利用所在社区的人才资源和物质资源,使幼儿能在一个更为广阔的天地中与父母、教师、同伴以外的人交往,把在幼儿园所学的交往知识和方法,运用到社区活动中去,并加以强化。如:到邻近的菜场、公园去参观、游览;节日时给交警叔叔表演文艺节目等。外出时,幼儿可以学到许多在幼儿园无法学到的东西,如:要排着队步行,过马路要走斑马线,主动向人问好,观察、了解沿途的商店和公共设施等。社区活动对幼儿来说充满新鲜感,幼儿在自由、欢快的"小小旅行"中,提高了交往的主动性,大大增强了独立性,社会规则意识也得到了提高。

(三)幼儿社会交往教育应注意的问题

1. 创设良好的物质环境与心理环境,激发幼儿主动与人交往的欲望

首先,要创设有利于幼儿发展的学习环境,提供充足的材料,使幼儿能在环境中自发生成多种多样的游戏,并在游戏中身心愉快地发展社会性行为。教师可以开设多个游戏活动区,如:娃娃家、小医院、美工角等,并尽量为幼儿提供能够促进其社会联想的玩具与道具,让幼儿在玩的过程中体验多种社会角色并学习怎样与同伴交往。与此同时,在条件允许的情况下,家长也可以为孩子提供一个小小的游戏或活动空间,使孩子在家里有自己的"一席之地"。

其次,民主和谐的师幼关系、友好融洽的同伴关系能使幼儿感到安全和自由,在这样的心理环境中,幼儿的交往行为将更加主动和积极。在幼儿园,教师是幼儿最信任、最依赖的人,教师的一言一行、一举一动都将对幼儿的成长产生潜移默化的影响,教师甜甜的一个微笑,轻轻的一次抚摸,信任的一个眼神,都会给幼儿带来安慰与舒适。正如高尔基所说:"谁爱孩子,孩子就爱谁,只有爱孩子的人才会教育孩子。"只有沐浴在爱的甘霖下幼儿才有安全感,才会毫无顾忌、充满自信地产生与同伴和教师交往的愿望和需要。另外,在日常生活中教师应多观察、引导幼儿,鼓励他们主动去交往。对待不同个性特征的幼儿,教师更应采用不同的激励策略,以最大的热情和耐心,随时随地地诱发幼儿与人交往的愿望,感受与人交往的重要。除良好的师幼关系之外,融洽的同伴关系对于幼儿的心境影响也很大。幼儿期的儿童需要与同伴交往,同伴交往是他们的一种社会性需要,是他们生长发育和个性发展的必需,也是完成个性社会化的过程。良好的同伴关系有助于幼儿适应幼儿园环境,愉快地学习、生活。因此,建立平等融洽的同伴关系对幼儿交往能力的提升也是非常重要的。

拓展阅读

马斯洛需要层次理论对幼儿社会交往教育的启示①

美国社会心理学家、人本主义心理学的主要发起者马斯洛认为,人人都有需要,人类的需要可以分为五个层次,它们由低到高是:生理需求、安全需求、社交需求、尊重需求、自我实现需求。通常,只有前一层次需要获得满足后,更高层次需要才会出现并显示出其激励作用。

① 资料来源:http://baike.baidu.com/view/690053.htm

生理需求:生理上的需要是人们最原始、最基本的需要,如空气、水、食物、穿衣、性欲、住宅、医疗等。如果得不到满足,人类的生存就会成问题。也就是说,生理需求是最强烈的不可或缺的最底层需要,也是推动人们行动的强大动力。

安全需求:安全需要比生理需要较高一级,当生理需要得到满足以后就要保障这种需要。每一个在现实中生活的人,都会具有对安全感、自由和抵御痛苦的诉求。

图6-8 马斯洛需要层次理论

社交需求:社交的需要也叫归属与爱的需要,是指个人渴望得到家庭、团体、朋友、同事的关怀、爱护、理解,是对友情、信任、温暖、爱情的需要。社交的需要比生理和安全需要更细微,它与个人性格、经历、生活区域、民族、生活习惯、宗教信仰等都有关系。

尊重需求:尊重的需要可分为自尊、他尊和权力欲三类,包括自我尊重、自我评价以及尊重别人。尊重的需要很少能够得到完全的满足,一般基本上的满足就可产生推动力。

自我实现需求:自我实现的需要是最高等级的需要。满足这种需要就要求完成与自己能力相称的工作,最充分地发挥自己的潜在能力,成为所期望的人物。这是一种创造的需要。

安全需求,是马斯洛心理需要层次论的第二层次,每个人都有着强烈的安全感需求,初离开父母走入幼儿园的小朋友更是如此。在幼儿园中,满足幼儿安全需要,教师要做到以下几点:首先,保证幼儿园玩教具结实、耐用,最大限度减少幼儿环境布置中的危险因素,以免幼儿在活动中畏首畏尾;其次,创设民主和谐的师幼氛围,即教师不要对幼儿过于严厉或提出过多行为要求,教师应着力培养幼儿的规则意识,使幼儿园的常规内化成为幼儿的主动需求,而非外在强加的约束;最后,教师应引导幼儿之间和谐、平等共处,对某些有攻击性行为的幼儿要给予足够重视。

只有安全需求得到满足,幼儿才能进一步追求社交需求的满足,才能主动、自由地投入到社会交往中,教师的社会交往教育也才能取得好的效果。

2. 留给幼儿自由的时间,扩大交往的范围,为幼儿提供更多与人交往的机会

在一日生活中的各个环节,教师应留给幼儿充足的自由交往的时间与机会。例如,在教育活动中为幼儿留出自由交流的时间和自由游戏的时间。社会交往教育不仅要给幼儿自由交往的时间,还要扩大交往的范围,让幼儿与更多的人交往。例如,打破班级界限,开展大带小活动;认识周围的劳动者,如炊事员、保健室大夫、门卫等,让幼儿尊重他们,主动与他们交往;通过家长开放日,家园同乐等活动,使幼儿接触更多的成人,有更多交往机会,使幼儿的情绪、情感得以流露。

3. 注重家园合作,确保幼儿良好社会交往行为的养成,并促进幼儿人际交往能力的进一步提升

苏霍姆林斯基说过:"没有家庭教育的学校教育和没有学校教育的家庭教育,都不可能完成培养人这一极其细致而复杂的任务。"家园同步教育是促使幼儿向预期目标发展的重要条件。因此,教师要通过家园小报、家园联系窗、家长会等多种形式向家长宣传先进的社会交往教育理念,以获得他们对幼儿园工作的配合。如在家庭中鼓励、引导幼儿继续练习交往技能。如:礼貌用语"你好,我叫××""有空来我家玩";协商语言"给我看一下好吗?能和我一起玩吗?";抱歉语言"对不起"等。此外,在开展幼儿园教育活动过程中,教师可以定期组织家园亲子活动,以亲子运动会、亲子游戏等形式,让孩子在亲情中感受与他人共处的快乐,感受分享快乐的甜蜜。同时,家园联谊活动也能使家长与孩子建立友好、平等的伙伴关系,促使家长积极配合幼儿园工作,共同实现教育目标。总之,幼儿社会交往教育应注重家园合作,通过多种家园合作方式确保幼儿良好社会交往行为的养成,并促进幼儿人际交往能力的进一步提升。

第二课　幼儿社会交往教育活动的设计

如前所述,幼儿社会交往教育渗透于他们生活的方方面面,社会交往教育可以通过教育活动、游戏等多种途径展开。但在诸多教育途径中,幼儿园社会交往教育活动因其系统性、目的性强等特点,有着其他教育途径所没有的独特优势,因此,科学设计与实施幼儿社会交往教育活动是每一个(准)幼儿教师必备的核心技能之一。

一、幼儿社会交往行为的观察与评价

观察与评价的首要功能就是了解现状。运用多种形式和方法,对幼儿社会交往行为进行观察与评价,可以帮助教师系统、全面地了解幼儿群体的社会交往水平以及具体的幼儿个体的社会交往特点,为教师拟定具体的班级社会教育目标提供依据。教师可以根据幼儿的社会交往水平和具体特点选择合适的社会交往教育方法和形式,以提高幼儿社会交往教育的质量,促进幼儿社会交往能力的发展。

社会交往能力是个体社会认知、社会情感和个性特征的综合外在表现,主要指在与人交往和参与社会活动时所表现出来的行为技能,如分享、谦让、合作、助人等。观察与评估幼儿日常社会交往行为是了解与评估其社会交往能力的主要途径,根据取样方法不同,教师可以采用以下三种方法观察幼儿的社会交往行为。

(一)时间取样观察法

时间取样观察法是指教师先将欲观察的行为分类列表,而后记录在特定时间内(如 1 分钟、5 分钟、10 分钟)行为出现的次数或时间长短的一种评价方法。其主要目的是观察所列行为是否出现。虽然这种方法无法顾及行为的前因后果,但观察到的行为容易量化,便于进行统计分析,且便于大样本收集幼儿的交往信息。在实施时间取样观察法时,最为重要的是观察工具的编制,例如下表便可以帮助教师了解幼儿参与角色游戏时的互动程度。

表 6-1 幼儿在角色游戏活动中互动情况观察表

幼儿姓名:_____ 观察时间:_____ 观察者:_____

时间	角色游戏活动的互动情况		
	组内交流	跨组交流	与教师交流

注:在角色游戏活动中,教师应对正在参与角色游戏活动的幼儿进行持续观察,对其互动行为类型和持续时间进行判断,然后记录在观察表中。通过连续几天的观察,并对记录表进行分析,就会发现每个幼儿参与角色游戏活动时的互动情况。

(二)事件取样观察法

事件取样观察法是以活动作为选择标准,对特定的行为或事件进行观察记录的方法。主要关注行为如何发生、如何变化、结果如何等问题,侧重对事件进行定性的描述,从而保留事件发生的背景,可用于研究比较广泛的行为事件。事件取样观察所得到的幼儿社会性发展的信息比较全面。运用此种方法时,教师也应预先设计好观察表,如表 6-2 所示。

表 6-2 幼儿攻击性行为观察表

日期:_____ 观察者:_____

幼儿姓名	性别	发展背景	指向对象	动作	语言	结果	备 注

(三)行为核查观察法

行为核查观察法是将要观察的项目和行为预先列出表格,然后核查行为是否发生或出现并予以记录的方法。这种方法比较简单,而且针对性强。

表 6-3　幼儿人际交往能力核查表

幼儿姓名：

行为表现	能	不能	日期
1. 能采纳别人提出的好建议			
2. 某种请求遭拒绝时，不哭泣也不赌气			
3. 来园或离园时主动向老师、家长问好			
4. 与小朋友比赛时，输了不要赖			
5. 与别人分享自己的玩具			
6. 做错事主动道歉			
7. 建构作品被别人不小心碰倒时，愿意听取别人的道歉			
……			

在观察后，对幼儿的社会交往能力进行评价时，可从幼儿交往愿望与动机的强烈程度，进入交往和持续交往的方法策略的丰富程度以及与周围伙伴的关系质量与交往效果等几个方面着手。

表 6-4　幼儿社会交往行为评价指标[①]

内容	等级标准		
	一	二	三
与教师交往	对教师的主动交往能作出积极反应	有时能主动与教师交往	常主动发起与教师的交往
与同伴交往	对同伴的主动交往能作出积极反应	有时能主动与小朋友交往	常主动发起与小朋友的交往
与客人交往	见到客人不害怕、不回避	对客人的主动交往有积极反应	能主动与客人交往
解决冲突	与同伴发生冲突时经教师帮助能和解	能用适宜的方式自己解决与小朋友的冲突	能帮助解决其他小朋友之间的冲突

二、幼儿社会交往教育活动的设计

(一)重视引导幼儿对自身与他人社会交往行为的观察、判断与反思

教师活动前可利用多种媒介记录本班幼儿或同龄幼儿的社会交往行为，将幼儿的生活片段引入社会交往教育活动中，例如，在日常生活或前期教育活动中对幼儿的交往片段进行现场录像，让幼儿更真实地看到自己是怎样与别人交往的，并从中找出

---

① 白爱宝. 幼儿发展评价手册[M]. 北京:教育科学出版社,1999:69—70.

正确与错误之处,最终总结出正确的交往方法。除视频录像外,教师还可以引用日常的行为观察记录、录音材料等。在活动设计与实施过程中教师应引导幼儿听、看、想自己与身边小朋友的交往行为,来判断什么是对、什么是错。

(二)重视创设广泛人际交往的环境,并引导幼儿做好交往技能准备

教师通过创设人际交往情境,能让幼儿在轻松的交往氛围中,积极与人交往,交往的环境越广、越丰富,幼儿交往的主动性、兴趣越浓,幼儿交往能力越能获得发展。因此,幼儿园可以人际交往教育为内容开展专题活动,如开展"大带小活动"、"生日沙龙"等,幼儿既享受到了活动的快乐,又体验到了交往的乐趣。在引导幼儿进入较新颖的人际交往平台之前,教师可引导幼儿做好交往技能准备。例如,中班社会活动"小记者",其设计程序为:首先通过与幼儿一起看大班小记者采访的情境表演,了解如何采访,然后讨论、确定采访的内容,最后让幼儿进入社区采访。

(三)注重通过儿歌、童话等多种形式调动幼儿多种感官感受与践行良好社会交往行为

例如,通过情境表演"乘公共汽车"培养幼儿的谦让行为;通过看图讲述《小猴过河》等活动引导幼儿学会简单的交往语言和可行的交往方法;学习歌曲《拉拉钩》,带领幼儿根据歌词内容做动作,启发幼儿通过一个眼神、一个微笑、一个动作传递情感,让幼儿学习如何与别人分享合作、共同活动、遵守诺言。

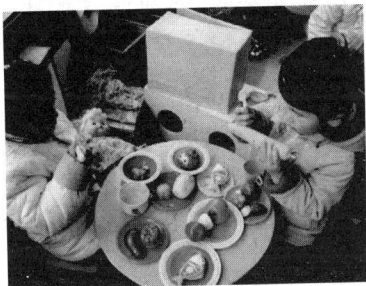

图 6-9　游戏中的交往 1　　　　图 6-10　游戏中的交往 2

(四)重视穿插游戏片段,将社会交往教育活动与幼儿游戏活动融会贯通,让幼儿积极练习与践行良好的社会交往行为

游戏是幼儿喜爱的活动,也是幼儿相互交往的最好方式。在游戏中,幼儿能够对社会生活进行模仿,这有助于幼儿学习社会性行为,发展交往能力。在人际交往教育活动中,教师要注重利用游戏,特别是角色游戏与表演游戏,幼儿在这些游戏中可以感受多种社会角色的社会交往行为与交往方式,模仿社会生活中人们的行为准则,体验他人的情感。如幼儿可以在过马路的游戏中体会盲人与跛脚人的感受,在坐汽车的游戏中了解售票员的工作,在娃娃家游戏中体会爸爸妈妈的辛苦等。教师可以把一次教学活动的核心内容通过幼儿的角色扮演来展现,也可以有意识地引导幼儿在区角游戏中践行教学活动中强调的社会交往规则与技能,将教学活动延伸到区角游戏中。儿童通过扮演各种不同的角色,体验多种社会角色掌握必要的社会技能,进而促进幼儿的社会化,为儿童以后成为"社会人"奠定基础。

(五)重视家庭教育对幼儿形成正确社会交往行为的作用

除亲子活动外,家长基本不会参与幼儿园组织的社会交往教育活动,但家庭依然可以成为辅助教师进行社会交往教育的重要活动基地。在教育活动设计与实施中,教师应在活动延伸环节安排家庭可配合幼儿园进行的社会交往教育。例如,学习了礼貌用语"你好"、"谢谢"后,可以引导幼儿回家后与家人问好、对家人道谢;可以引导幼儿在爸爸妈妈生日时送上生日祝福等。总之,家庭是幼儿接触的最为重要的小社会之一,这个小社会中的延伸教育对于幼儿的社会行为养成很关键。另外,家长还可以带幼儿接触更加广泛的社会,便于幼儿社会经验的拓展与巩固。

案例 6-1

小班社会交往活动:大家一起玩①

设计意图

小班幼儿还不能很好践行轮流、分享等交往行为,本活动主要引导幼儿学会交换、轮流、合作的交往行为。首先,让幼儿在自由玩耍中主动尝试与同伴交往;其次,引导幼儿从自己的实践中找出方法并与全班小朋友交流,教师适当总结,帮助幼儿学会交换、轮流、合作等大家一起玩的方法。

活动目标

1.通过互相玩玩具,知道用交换、轮流、合作的方法可以玩到更多的玩具,初步体验分享的快乐。

2.大胆在同伴面前说说自己是如何和周围的同伴一起玩的,学习初步的社交方法。

3.初步懂得互相谦让、爱护玩具。

活动准备

幼儿每人带来一件好玩的玩具。

活动过程

1.请幼儿利用自带玩具自由游戏。

教师:小朋友们都带来了好玩的玩具,每一样玩具都很好玩,现在请你们带着自己的玩具去玩。

2.组织幼儿讨论,请幼儿说说自己是如何和同伴一起玩的;教师引导幼儿从中发现、总结出交换、轮流、合作等大家一起玩的方法,并表扬互相谦让的幼儿。

教师:你带了几样玩具? 刚刚玩玩具时,你玩了几样? 哪些小朋友玩了许多玩

---

① 资料来源:http://www.jy135.com/html/youerjiaoyu/xiaobanhuodong/xiaobanshehui/1007.html

具? 怎么玩的?

3.请几组幼儿上来说一说或者演示一下刚刚玩玩具的情景与体验,让幼儿互相学习如何一起玩玩具。

4.引导幼儿讨论怎样爱护玩具。

玩"我爱玩具宝宝"的游戏,让幼儿对着玩具宝宝说"如何爱玩具宝宝",增加活动的游戏性。

活动延伸

幼儿自主活动,尝试与别人交换、轮流、合作玩玩具,教师巡视指导。首先,鼓励幼儿主动与别人交换玩具,能够互相合作、谦让;其次,注意指导幼儿在玩耍中爱护玩具。

日常教育活动渗透

在喝水、分点心等生活活动中,引导幼儿轮流、合作、互相谦让,使幼儿的交往能力得到进一步巩固。

案例 6-2

中班社会交往活动:说声对不起①

设计意图

由于幼儿的合作能力和交流意识还不成熟,他们在游戏、玩耍时,经常会出现摩擦与纠纷,有的幼儿刚刚还是好朋友,转眼却互不理睬了。面对问题,有的孩子能很好地解决,有的孩子则较为偏执、难以解决问题。为了帮助幼儿正确处理同伴间的矛盾,提高他们的交往能力,引导幼儿学会做错事要说"对不起"等交往技能十分重要。

活动目标

1.通过听故事、看挂图,知道做错事时应该赔礼道歉。

2.大胆在同伴面前表演,知道做错事时要说"对不起"。

3.感受礼貌用语的重要作用,形成勤用礼貌用语的意识。

活动准备

自编情景故事1个、挂图4张、歌曲表演磁带1盒、小红花若干。

活动过程

1.导入活动

(1)讲故事。

一天,阳光明媚、天气晴朗,老师带小朋友在院子里玩滑梯。大家都玩得非常高兴,只有玲玲和婷婷不玩。老师发现了,走过去问是怎么回事? 婷婷告诉老师,刚才上滑梯的时候玲玲不小心踩了婷婷的脚,婷婷被踩疼了可玲玲也不理,婷婷感到既委

---

① 资料来源:http://new.060s.com/article/2010/08/16/208630.htm

屈又疼,于是,两人就谁也不理谁了。在老师的劝说下玲玲走到婷婷面前,用细小的声音说了一句"对不起"。没想到这神奇的三个字一出口,婷婷顿时不哭了,原谅了玲玲,两个好朋友又重归于好了。

(2)提问并讨论。

小朋友,你碰到过这样的事情吗?你是怎样做的呢?

小结:生活中我们经常会因为各种原因不小心碰到别人,这个时候我们要主动向别人道歉;而当别人不小心碰到我们,也要向我们道歉,我们才愿意原谅他。这样大家在一起才能和睦、愉快地相处。

2.观看挂图

(1)玩积木时荣荣不小心把东东的积木弄倒了。

(2)喝水时鹏鹏不小心把水洒到了静静的身上。

(3)吃饭时龙龙不小心把饭汤弄到了笛笛的手上。

(4)睡觉时文文不小心蹬到了策策。

讨论:如果挂图上的小朋友是我,我会怎样做?

3.欣赏歌曲《对不起,没关系》

(1)教师演唱歌曲,幼儿仔细倾听歌曲内容,而后一起讨论歌曲内容。

(2)教师和幼儿一起演唱歌曲,鼓励幼儿和老师一起创编动作。

(3)请两个小朋友进行情境表演。

小结:为了社会大家庭更加和谐、文明,我们从小就要养成讲文明、懂礼貌的好习惯。像歌词里唱的那样,勇敢向人家道歉,说声"对不起",它会让别人转怒为喜地向你说"没关系!"

活动延伸

带领小朋友继续学习包括"对不起"在内的文明礼貌用语:"请"、"对不起"、"你好"、"谢谢"、"再见",并评选出每周的"礼貌用语小明星"。

案例 6-3

大班社会交往活动:找朋友①

设计意图

同伴交往在大班幼儿生活中占有重要地位,幼儿开始逐步理解朋友的含义,对于友谊也有一定程度的理解。"找朋友"这个活动,试图通过故事引发幼儿的共同讨论,引导他们通过理解故事发展的前因后果,明白交友不能只看人的外表,要与心灵美的人做朋友,初步形成判断谁是真正的朋友的能力,发展人际交往智能。

① 资料来源:http://www.jpinw.com/soft/sort01/sort0334/sort0639/down—11487.html

活动目标

1. 知道交友不能只看外表,要与心灵美的人做朋友。

2. 初步培养分析判断谁是真正的朋友的能力。

活动准备

1. 花蝴蝶、蜘蛛、毛毛虫活动教具1套,玫瑰花1束。

2. 幼儿绘画用的材料、工具等人手一份。

活动过程

1. 提问导入。

小朋友,你有自己的朋友吗? 你喜欢与怎样的人做朋友?

2. 讲述故事《玫瑰花找朋友》。

教师:今天老师给大家带来一些你们非常熟悉的动物(逐一出示蜘蛛、蝴蝶),还有一束美丽的玫瑰花。小朋友,你们想想它们之间会发生什么有趣的故事?

(1)教师边操作活动教具,边讲述故事。

(2)引导幼儿理解故事内容。

①开始的时候玫瑰花为什么不跟黑蜘蛛做朋友?

②玫瑰花为什么喜欢与花蝴蝶做朋友?

③玫瑰花为什么哭得很伤心?

④玫瑰花最后选择了谁做朋友? 为什么?

(3)幼儿看图,自由完整地讲述故事。

(4)讨论:这个故事告诉我们什么道理?

(5)小结:小朋友,我们在选择朋友时,不要只看他的外表美不美,更要看他的心灵和行为美不美。我们要与心灵美、行为美的人做朋友。

3. 用"因为……所以……"说话,尝试表述自己择友的标准。(如:因为轩轩爱学习,所以我喜欢和他做朋友。)

4. 做"找朋友"游戏。

5. 主题画:"我和我的好朋友"。

实践训练

1. 校内练习:依据幼儿社会交往行为发展的特点,按照教案范例的格式,设计一个完整的教育活动,互评,并表演。

2. 校外练习:(1)观察两次幼儿社会交往片段,写出观察记录并评价;(2)去幼儿园观摩一次教学活动,并写出听课记录。

第七单元

幼儿社会环境和规范认知
与教育活动设计

教育儿童通过周围世界的美、人的关系的美而看到精神的高尚、善良和诚实,并在此基础上在自己身上确立美的品质。

——苏霍姆林斯基

📚 学习目标

- 了解幼儿社会认知的内涵及其发展规律。
- 理解幼儿社会环境和规范认知教育的原则。
- 掌握幼儿社会环境和规范认知教育的方法与途径。
- 设计幼儿社会环境和规范认知教育活动并组织实施。

第一课　幼儿社会环境与规范认知

儿童很早就表现出对社会事物或现象的兴趣,并在此基础之上形成认知的需要。但是,儿童的社会认知不同于对一般客体的认知,它是儿童主观观念(是非观念、价值观念等)形成的过程。儿童不是简单地接受成人的理念,或记住现行社会的规则、规范,而是在了解这些的基础上做出自己的判断、抉择,形成自己的认识。因此,社会环境与规范认知作为幼儿的一种独特认知活动,需要成人的关注与重视。

一、幼儿社会环境与规范认知的发展

(一)幼儿社会环境与规范认知的含义

社会认知是个体对他人、自我、社会关系、社会规则等社会客体和社会现象及其关系的感知、理解的心理活动。社会认知主要包含社会环境认知与社会规范认知两个方面,社会环境和社会规范认知两者之间是相互关联、不可截然分开的。首先,社会认知总是在具体环境中进行的,社会环境对儿童的认知结果有巨大的影响。巴克指出,对象周围的环境常常会引起人们对其社会行为的联想,从而影响我们的社会认知,幼儿也不例外。如在图书馆、影剧院等公众场所,人们一定要保持安静,尽量不要大声喧哗,以免影响他人。以此为评判标准儿童很容易判断出在公共汽车上用手机大声通话是不合适的社会行为。其次,对社会环境的认知,都会伴随对这个环境的社会规范的认知。考虑到幼儿思维的具体形象的特点,对社会规范的学习更应该强调在社会环境中进行,还要注重规范的直观性、情境性和易操作性。

1. 幼儿社会环境认知

幼儿对社会环境的认知,主要包括对家庭、幼儿园、社会机构、家乡、自己的民族和国家以及世界其他一些国家的认知。

(1)对家庭的认知

幼儿对家庭的认知是逐步发展的,从对父母及家庭成员的认知到对家用物品的认知,从基本日常生活规范的认知到家庭中社会规范的认知。比如:引导幼儿了解家庭主要成员的姓名、职业、出生年月或属相等,激发幼儿对家庭的热爱和关心;知道家庭地址、电话号码、家庭中的主要设施,学会自我保护;知道家中常见的一些生活用品和家用电器的名称、用途和功能,培养幼儿的自我服务能力;知道热爱、尊重和关心父母及长辈,能够为他们做一些力所能及的事等。幼

图7-1　我的家

儿园应组织一些以家庭为认知内容的社会教育活动,从小培养幼儿对家庭的责任感,使幼儿了解对父母应尽的义务。

(2)对托儿所、幼儿园的认知

托儿所、幼儿园是幼儿参与社会生活的第一个集体教育机构,也是一个需要他们充分认知的重要社会环境。对幼儿园或托儿所的认知主要包括知道自己幼儿园、班级的名称及所在班级教师的姓名;知道园内其他教师和工作人员的姓名,他们所从事的主要工作,以及他们的劳动与自己的关系等;知道幼儿园内外的主要环境、主要设施和相关的行为规范等。

（3）对社会机构的认知

幼儿的生活离不开一定的社会机构，如医院、邮局、商场、超市、餐厅、理发店、银行、消防站、动物园、公园、影剧院、博物馆等。幼儿通常会在幼儿园角色游戏活动中再现这些机构中的情景和情节。此外，幼儿还需认识飞机、火车、公共汽车、地铁、轮船等公共交通工具，认识清洁车、救护车、消防车、车站、机场等公用设施；参观工厂、医院、超市等场所，知道它们的名称以及相关职业的名称，了解各种职业人群的主要工作以及与自己的关系等。

（4）对家乡、国家与民族的认知

帮助幼儿从小建立对家乡、国家与民族的初步认知，激发幼儿爱家乡、爱祖国的情感，培养幼儿的民族荣誉感。这主要包括知道自己的家乡、民族、祖国的名称以及在地图上的大致方位；知道首都、国旗、国徽、国歌等；知道家乡以及祖国的风景名胜、著名建筑、风土人情、风俗习惯以及主要的生活方式等；了解国家和民族的重大节日，如春节、清明、端午节、中秋节、重阳节等；知道与自己关系密切的主要节日，如三八妇女节、五一劳动节、六一儿童节、国庆节、教师节、父亲节、母亲节等。

（5）对重大社会事件的认知

对重大社会事件的认知，是幼儿了解社会、关心社会的一个重要途径。这主要包括了解社区、家乡和国家以及世界近期的一些重大活动，如2008年北京奥运会、所在社区的"爱鸟周"活动、家乡的环境治理和环境保护活动等；了解国家和世界范围内发生的战争和重大灾害等。

2. 幼儿社会规范认知

社会规范是指与社会要求相符的从事社会活动、处理社会关系必须遵循的一般要求和行为准则。首先，社会规范是个体社会行为的价值标准，是用以衡量个体行为的社会参照及做出判断的依据。其次，社会规范是由一定的社会组织提出的，是依据社会组织自身的利益需要及价值观确定的，具有鲜明的社会制约性。最后，社会规范随社会历史条件及社会组织的变更而变化，具有鲜明的历史性。所谓社会规范的认知学习，是指对社会规范的伦理准则知识，包括规范必要性知识、规范本身的内容与执行规范的程序性知识的学习以及各种行为"好"与"坏"的判断。社会规范认知主体通过观念接受，消除意义障碍，构建一种社会认知图式，来指引个体在特定情境中的社会行为。

幼儿在不同的社会环境中会接触到各种社会规范，他们要想成为合格的社会成员就必须了解和理解这些社会规范。幼儿对社会规范的认知主要来源于三个方面：一是父母、老师的影响，如父母经常告诫幼儿"不能往楼下乱扔垃圾""吃饭时不能用筷子在盘子里乱翻""乘车时要有次序地上下车"等；二是同伴互动，如一个幼儿抢夺别人的玩具，会受到同伴的批评；三是法律和道德规定，如公民文明行为规范、法律规则、交通规则等。需要幼儿了解的社会规范主要包括基本道德规范、文明礼貌行为规范、公共场所行为规范、群体活动规范、人际交往规范和谨慎规范。

（1）基本道德规范包括基本的是非观念及判断对错的标准。

（2）文明礼貌行为规范主要涉及个体自身的素质修养、与人交往的礼仪等，包括文明的言谈举止，在适当场合使用礼貌用语，不随意打断别人的讲话，集中注意倾听他人讲话等。

（3）公共场所行为规范包括全社会都应该共同遵守的各种规则，主要包括公共卫生规则、公共交通规则、公共财产保护和爱惜规则等。

（4）幼儿需要掌握的群体活动规范包括两个方面：一是幼儿园日常活动规范，如公平等待规则（排队）、轮流规则、集体服务规则等；二是学习、娱乐、游戏等活动的规则。

（5）人际交往规范是在社会系统内对社会互动起结构性作用的行为规范，主要是指人际交往中待人接物的一些礼仪与规则，如接待客人或到别人家做客的礼仪，以及不同的民族和国家的一些习俗规则等。

（6）谨慎规范主要是指一些经常遇到的、用以调节安全的行为规则，如"危险的地方不能去，危险的事儿不能干"，"不给陌生人开门"，"外出要切断一切的电源、水源和煤气"，"不要触摸电插座，不要玩打火机"等。由于幼儿年龄较小，缺乏社会生活经验，这种类型的社会规范认知不可缺少，成人应通过各种途径，让幼儿充分理解这些防止不良后果产生的行为规则。

拓展阅读

社会规范的特点[1]

首先，社会规范是个体社会行为的价值标准，是用以衡量个体行为的社会意义并做出判断的依据。所谓个体的社会行为，是指个人之间存在着的相互影响的行为。这种行为是在人与人之间的交往中发生的。个体的社会行为对社会生活及社会秩序都有着直接的影响，因而人的社会行为就需要有一定的社会规范加以制约和规定。社会规范正是评价和矫正个体社会行为的工具。

其次，社会规范是由一定的社会组织提出的，是依据社会组织自身的利益需要及价值观确定的，具有鲜明的社会制约性。所谓社会组织，在社会学中有广义与狭义之分。广义的社会组织包括人类生活活动的各种群体，既包括家庭、家族、村社等初级群体，又包括人们为了有效地达到特定目标而建立的共同活动的次级社会群体，如企业、公司、学校、医院、商店、政党、政府部门等。狭义的社会组织通常指上述次级社会群体。社会组织

图7-2　一个一个来

---

[1]　资料来源：http://baike.baidu.com/view/480647.htm

要进行有效运转,就需要一定的规范来统一组织内成员的个体行为。当个体的社会行为符合社会规范时,便会得到社会肯定及赞许;当个体的社会行为背离社会规范时,就会受到社会否定及指责。社会规范的这种制约作用正是维持一个社会组织稳定、发展的前提。

最后,社会规范随社会历史条件及社会组织的变更而变化,具有鲜明的历史性。任何社会组织都不是固定不变的,而是有它的发生、发展的历史。当社会组织发生一定的变化与更替时,组织内的各种规范也必须随之变化,及时反映本组织的利益与目标。在阶级社会中,社会规范具有阶级性,是一个阶级统治另一个阶级的工具。

(二)幼儿社会环境与规范认知的发展特点

1. 幼儿社会认知发展是一个逐步区分认识社会性客体的过程

儿童社会认知的发展是一个逐步区分认识社会性客体的过程,即区分认识人类客体与非人类客体、一个个体与另一个个体、自我与非我的过程。儿童出生不久就逐渐在不同方面表现出社会认知的萌芽。新生儿对人脸的偏爱反映了儿童最早对人类客体与非人类客体的区分。婴儿约 4 个月时能对主要照顾者与陌生人做出不同的反应。6 个月时能对特定抚养者形成依恋,这标志着婴儿能将不同的个体区分开。儿童在 9～10 个月时出现自我认识,表明儿童能把自己看作一个不同于其他人的个体,能像认识其他人一样认识自己。

同时,这一过程还表现在儿童对不同情绪情感、行为意图及社会规则的认识。研究表明,婴儿能对成人的不同表情做出不同的反应,出生 10 个星期的婴儿看到母亲高兴、生气、悲伤的表情,能分别做出高兴、生气、伤心等表情。有关行为意图认知的研究表明,儿童很早就能辨别有意导致和偶然发生的事件。塞尔曼(Selman)认为,能否区分他人有意与无意行为是儿童观点采择能力早期发展中的关键一步,之后儿童才能逐渐理解人们在同一行为中可能具有不同意图。在此基础上,儿童发现对于同一事件自己和他人会有不同的观点和反应,也就能区分自己和他人的观点。对社会规则认知的研究主要集中于儿童对道德规则和习俗规则的认识。研究发现,2 岁儿童不能区分违背道德的行为与违背习俗的行为,3 岁左右儿童开始能做出区分。

2. 观点采择能力是幼儿社会认知发展的关键

塞尔曼认为,儿童认知自己和他人的能力是以对其观点的假设或采择为前提的,要认识一个人,就必须理解他的观点并了解他的思想、情感、动机和意图等影响和决定其外部行为的内部因素。也就是说,观点采择在儿童社会认知发展中处于核心地位。同时,儿童对不同观点的理解、认同和协调能力的发展,标志着其摆脱自我中心思维方式以及认识社会关系方式的重新建构。

在儿童情绪情感认知的发展过程中,观点采择能力起着重要作用。移情是儿童观点采择能力在情绪情感发展中的集中体现。研究指出,4 岁儿童往往以自己的感受代替他人的感受,而 6 岁儿童不仅能摆脱"自我中心"倾向,而且能较客观地多维度地理解他人的情感体验,这是由于他们具备了一定的观点采择能力。

此外,对行为意图的认知、行为归因、对他人整体的认知以及对友谊等社会关系的认知,也都需要对他人内部心理状态予以理解、认同或采纳。对行为意图或原因的认知,实质上要求儿童能够从他人外在的行为推测其内在的动机,为此,儿童必须具备一定的观点采择能力。有关儿童对他人整体认知的研究表明,儿童对他人心理特征、个性品质的认识比对其外表、行为等外显特征的认识发展得晚,因为只有当儿童具备了一定的观点采择能力才能站在他人的角度体会、理解其感受、观点,推测其内部心理活动。同样,对友谊的许多研究发现,年幼儿童认识不到友谊的双向特征,仅把友谊看作是满足单方面需要的手段,随着观点采择能力的发展,儿童逐渐能认识他人的心理与需要,于是知道朋友是需要相互理解、共享内在的思想和情感的。

拓展阅读

幼儿眼中的《东郭先生和狼》[1]

所谓观点采择是指儿童推断别人内部心理活动的能力,即能设身处地地理解别人的思想、愿望、情感等。儿童究竟是怎样进行观点采择的呢?我国学者方富熹关于儿童对故事角色观点采择的研究表明,4岁儿童不仅能把自己的观点与故事角色的观点区别开来,而且能根据角色掌握的不同信息把他们的观点区别开来。如主试与儿童一起看图画书《东郭先生和狼》,主试边叙述故事边向儿童提问题。当故事叙述

图7-3 东郭先生和狼

到东郭先生把狼藏在口袋里,猎人赶上来时,主试问道:"猎人知道口袋里藏着狼吗?" 70%的4岁被试说"不知道"(把自己的观点与猎人的观点区分开来)。主试又问:"东郭先生知道口袋里藏着狼吗?"80%的4岁被试说"知道"(把猎人与东郭先生的观点区别开来)。同一实验还指出4~6岁幼儿对理解别人较为隐晦、复杂的动机、意图还存在困难。如在故事中,狼被救后恩将仇报要吃东郭先生,东郭先生要老农评理,狼说:"他刚才把我放在口袋里是想把我闷死。"实验者向儿童提出问题说:"狼说真话还是说假话?"即使4岁儿童大部分(75%)也能判别"狼说假话"。但对"狼为什么说假话?"这一问题仍不能做出解释,6岁被试也只有不到一半能答对,显然回答这一问题需要"自身反省的观点采择能力"。

① 杨丽珠,吴文菊. 幼儿社会性发展与教育[M]. 长春:辽宁师范大学出版社,2000.

3. 幼儿社会认知各方面的发展不是同步、等速的

儿童对自我、他人、社会关系、社会规则以及对人的情绪情感、行为意图、态度动机、个性品质等的认识不是同时开始，也不是等速发展的。其发生发展的总趋势是从认识他人到自我，再到相互关系；从认知情绪到行为，再到心理状态；从认知身体到心理然后再到社会。在同一时期，儿童各方面的发展水平也是不同的。

已有研究表明，儿童对他人的认知先于对自我的认知。婴儿 4 个月时能将照顾者与其他人分开，而对主体我的认知约在 9～10 个月出现，对客体我的认知则要推迟到 15～24 个月。10 岁左右的儿童已能基本完整地对他人进行描述，而自我认知达到这一水平则要到十三四岁。虽然儿童对他人和自我的认知是在人与人的相互关系中进行的，但儿童能明确认识到这种相互关系则在二者之后。有关儿童对社会关系包括权威、朋友和友谊的认知的研究表明，学前期儿童常常认识不到权威和友谊等社会关系的相互性特点，即使能认识到也是很具体、表面的。4 岁儿童认为应该服从权威，"因为他们是爸爸妈妈或老师"。多数幼儿把友谊看作是一种"单向制约关系"，5～7 岁的儿童能够认识到朋友是玩伴，能互享物质上的东西，而要认识到朋友之间是"相互理解、相互支持、共享物质精神等各个方面"的关系，则要到 11 岁左右。

儿童对行为的认知要比情绪晚，对他人行为意图和原因的认识一般要到 3 岁后开始。4 岁儿童能够对行为归因，但一般在到五六岁才主动对他人的行为进行归因。四岁半左右的儿童开始能摆脱自我中心，能够站在他人角度认识、理解他人的观点，8 岁儿童开始能更多地对他人个性品质、心理特征进行描述。

不管是对他人还是自我，儿童首先认识到的是身体特征，随着年龄的增长逐渐认识到人的内部心理过程和品质，而对社会角色、社会群体等的认识则较晚。学前期儿童对社会制度的认识还很困难，一般要在学龄初期渐渐开始有所认识。

4. 幼儿社会认知的发展基本遵循认知发展的普遍规律，但不完全受其影响

社会认知是认知发展的一个方面，具有认知发展的普遍规律和特点。皮亚杰认为，认知他人的发展与认知其他方面的发展是平行的，反映了认知能力发展的普遍规律。儿童在各个发展阶段所形成的思维结构为儿童社会意识和道德意识的发展奠定了基础。

然而，儿童社会认知发展与一般认知发展并非完全平行，它并不完全受认知发展的影响。不少研究发现，儿童智商与其观点采择能力之间的相关系数一般是中等或偏下。儿童的社会认知受其一般认知的影响，年龄越小，这种影响越大。当儿童的一般认知达到一定水平后，个体社会认知能力就更多地受社会、文化、教育等因素的影响和制约。如生活在不同国家、地区的儿童其社会认知的发展有显著差异；家庭经济状况、父母受教育程度、同伴关系、社区氛围等都会对儿童的社会认知发展产生不同程度的影响。随着儿童年龄的增长，其社会交往范围会逐渐扩大，社会经验会不断丰富，这些社会因素的影响作用也会日益增大，且变得更加复杂。此时，虽然一般认知水平对儿童的社会认知仍有影响，但其在社会认知发展中的作用在下降。

5. 幼儿社会认知的发展水平与社会交往密切相关

首先,儿童同伴互动对社会认知有促进作用。皮亚杰认为,儿童的同伴交往和互动能够促进其去自我中心和观点采择能力的发展。因为同伴互动为他们更好地认识自己的观点与他人观点间的差异提供了机会,使他们能够了解自己和他人对活动内容和相关问题可能存在不同的观点。其次,交往的需要和动机与儿童社会认知的水平有密切关系。费尔德曼认为,儿童认识他人的经验少,不能意识到对他人形成整体印象的重要性,缺乏更深刻理解他人的动机,会导致其对他人认知与描述的表面化。

拓展阅读

皮亚杰与科尔伯格的道德认知理论

①皮亚杰的道德认知理论

皮亚杰是第一位系统考察儿童道德规范形成与道德认知发展的心理学家。他在《儿童的道德发展》一书中,详细记录了儿童对弹子游戏规则的态度变化。幼儿对规则极少关注或缺乏意识。在弹子游戏中常常满足于从弹子本身的多种操作戏法中获得乐趣,极少考虑要在一种统一的规则下获胜。两名3岁儿童玩弹子游戏,很可能会使用各自喜欢的不同的游戏规则。但到5岁左右,儿童开始出现对规则的较多的注意和尊重。规则在儿童看来,代表着权威和神圣,是不可怀疑的、固定不变的。儿童常常以老师、父母或某个令人敬重的长辈的话为行动标准。1894年美国斯坦福大学的巴恩斯用问卷法研究儿童惩罚观念的发展。研究表明:成人对儿童的惩罚,儿童总认为是对的。任何对规则的违背必将受到惩罚。皮亚杰称这一时期的道德为"他律道德"阶段。大约在9~12岁左右,儿童开始认识到社会规则不是固定不变的,是一种可以改变的社会契约。对权威的遵从既非必要,也不总是正确的。违犯规则并非总是错误的,不一定非要受惩罚。儿童判断他人行为时开始考虑到动机与情感的问题,试图寻求一种更为公正、平等的公理。这一时期的道德,皮亚杰称之为"自律道德"。

这种由他律道德向自律道德的转化,反映了儿童对社会规范的学习与内化过程,必须借助于一定的权威、偶像作为中介媒体,进而逐步摆脱这种权威形成道德自我,即完成由外在的行为要求转变为内在的行为需要,从而建立主体自身的社会行为调节机制。

②科尔伯格的道德认知理论

科尔伯格采用道德两难故事与10~16岁儿童进行道德谈话。两难故事创设了一种道德两难情境,要求儿童做出选择。人的行动是应该遵从规则和权威,还是应该遵从与此相冲突的他人的需要与利益?经典的两难故事为:一个名叫海因茨的人,需要一种昂贵的特效药来挽救生命垂危的妻子,他向发明并控制这种药的药剂师提出先付一半的钱,另一半以后再付,却遭到药剂师的拒绝。海因茨若偷取药品就违背了社会"不许偷盗"的规则;若遵守社会规则,妻子就得等死。科尔伯格依据儿童对遵从规则还是服从需要的行为选择,将儿童的道德发展划分为三种水平、六个阶段。水平一称为前习俗水平,行为受逃避惩罚和获得奖赏的需要驱使,儿童主要着眼于自身的具体结果,还没有产生社会规范的内化。水平二称为习俗水平,儿童认同于父母,并遵从父母的道德判断标准。儿童主要满足社会期望,这时社会规范已开始内化。水平三称为后习俗水平,儿童主要履行自己选择的道德准则。此时社会规范已完成内化。科尔伯格道德认知发展阶段论揭示了社会规范内化为儿童自身道德标准过程中的规律:在内化的初始阶段,行为结果的反馈起着关键性作用;在内化中期,社会期望产生决定性影响。因此,我们在规范教育中必须注重对儿童的道德行为做出及时反应,并强化家长、教师对儿童的道德期望。

拓展阅读

皮亚杰三山实验

皮亚杰做过一个著名的"三山实验",他用这个实验测验儿童"自我中心"的思维特征。他在桌子上放置三座山的模型,三座山在高低、大小、位置上,具有明显的差异。实验时,先让一个3岁的幼儿坐在一边,然后将一个布偶娃娃放置在对面。此时实验者要幼儿回答两个问题。第一个问题是:"你看到的三座山是什么样子?"第二个问题是:"娃娃看见的三座山是什么样子?"结果发现,该幼儿用同样的方式回答两个问题,他只会从自身所处的角度看三座山的关系(如两座小山在大山的背后),不会设身处地地从对面娃娃的立场来看问题。皮亚杰以此来证明儿童具有"自我中心"的特点。

图7-4 皮亚杰三山实验

二、幼儿社会环境与规范认知教育的实施

(一)幼儿社会环境与规范认知教育的实施原则

根据国内外学者相关理论,以及有关的实验研究,幼儿接受社会规范可分为三种水平:服从水平、模仿水平和理解水平,幼儿对于规范行为的接受主要处于服从水平和模仿水平。因此,在对幼儿进行社会环境与规范认知教育时,应遵循由近及远与因

地制宜原则、直观性与情境性原则、情感性与体验性原则。

1. 由近及远与因地制宜原则

幼儿对社会环境、现象认知的总趋势是由近及远,由简单到复杂,逐步扩展和深化。因此,引导幼儿认识社会环境,首先应引导幼儿认知容易看到的、真实感人的社会现象和容易参与的有趣活动,逐渐在幼儿心中形成亲切的社区、可爱的家乡和伟大的祖国等美好印象。其次,要尽量多地联系幼儿的已有经验,如引导幼儿关注幼儿园所在大街在扩建、改建后的变化,欣赏国庆节广场上的辉煌景象,在春、秋季节组织幼儿去踏青和登山,和老师一起到博物馆、公园、福利院、消防站访问等。随着幼儿认知范围的不断扩大,他们能够逐渐了解各种社会设施的作用,从而逐渐形成对不同劳动者的尊敬、感激之情。最后,不同地区的幼儿园应选择不同的教育素材。如南京有中山陵和长江大桥,上海有南浦大桥和东方明珠塔,湖南有湘江和爱晚亭,甘肃有造林治沙工程和敦煌石窟壁画,这些都是对当地幼儿进行爱家乡、爱祖国教育的"活教材"。

图 7-5　剥玉米

图 7-6　我到军营

2. 直观性与情境性原则

首先,对社会环境和社会规范认知的教育活动内容的选择应尽可能从幼儿的生活经验与生活实际出发,选择那些能丰富幼儿生活经验的内容,让幼儿社会教育回归到真实的生活中。这也就是说要选择和利用那些与幼儿生活有密切联系的、具体的社会环境来开展活动。例如,中班幼儿想在区角中开个小卖部,为了让幼儿了解售货员与顾客各自的角色规范和行为准则,教师可开展"参观小卖部"的活动。教师事先与幼儿园附近的小卖部联系好,选择适宜的参观地点,制订好

图 7-7　参观超市

参观计划。活动开始,通过谈话,引起幼儿对参观小卖部的兴趣,并提出参观要求,如

观察小卖部里卖什么东西,营业员是怎么卖东西的等。接着,带领幼儿参观小卖部,引导幼儿观察小卖部里营业员和顾客的活动,请幼儿记住营业员和顾客之间的简单对话,并注意观察营业员是怎么放置物品的。最后,回到幼儿园讨论小卖部里有哪些人,他们在干什么,营业员是怎样卖东西的,他们是怎么对待顾客的等。活动延伸时,可提示幼儿收集各种包装袋和物品盒子,在活动区开展"小卖部"游戏。该活动选择的活动环境是与生活紧密联系的小卖部,是结合幼儿的生活经验开展的,教师首先带领幼儿参观小卖部而后讨论,再到扮演小卖部中的角色,这样的活动安排使幼儿对小卖部的认识更为直观,知识获取更为有效。

其次,对社会环境和社会规范认知的教育活动,常常需要在一定情境中开展,无论是对社会机构还是对社会规范的认知都需要注重认知对象的直观性、情境性和易操作性。所以,教师要积极创造条件鼓励幼儿与环境、材料的互动。例如,大班社会活动"帮助盲人",教师首先播放一组反映盲人生活不便的图片;然后让幼儿戴上眼罩走路体验盲人的生活世界,思考如果自己是盲人,在生活上会遇到哪些不便,会多么需要别人来帮助自己;最后讨论该如何帮助盲人。案例中,教师创设情境引导幼儿换位思考,这有利于幼儿把自己置于对方的处境中去认识、体验和思考问题,在这个过程中幼儿与环境发生了相互作用,这种作用促进幼儿产生了情感共鸣,让幼儿体验到了关心、帮助盲人的意义和价值。

3. 情感性与体验性原则

著名心理学家皮亚杰曾说过,没有一个行为模式(即使是合理的)不含有情感因素作为动机;但是反过来,如果没有构成行为模式的认识结构的知觉与理解的参与,那也就没有情感可言。幼儿社会环境与规范认知教育的重点不在于知识量的多少,而在于认知过程中给予幼儿的社会情感体验的深度,以及是否能够培养幼儿正确的社会态度。因此,对幼儿进行社会环境和社会现象教育,需要把认识、情感与行为有机组合,形成一个整体,这样才能取得良好的效果。幼儿的知识经验有限,逻辑推理、抽象思维能力尚处在萌芽状态,难以科学、系统地把握有关祖国的历史、地理知识,或从理性层面把握和分析社会环境和社会现象。对认知要求过高、过全,活动时间过长,或内容单调枯燥,都会导致教育活动的趣味性、新颖性、操作性不足,这对幼儿的社会学习不利。因此,社会环境与规范认知教育首先要利用多样化的手段,加深和巩固幼儿的社会知识,让幼儿在愉快的活动过程中,有机会动口、动手、动脑,主动表达出对周围环境的印象。教师要尽量多地让幼儿参与实际操作活动,如合作绘画、做灯,搭建交通工具模型,办家乡产品展览会,自由表演节目,植树、种花或参加收获活动等。其次,社会环境与规范认知教育应着眼于让幼儿获得最基本的社会知识,并在此基础上,引导幼儿产生对小伙伴的友爱之情、对祖国成就的自豪之情、对家乡的依恋之情、对普通劳动者的尊敬之情、对本国文化的喜爱之情、对兄弟民族的手足之情等,这些社会情感会为今后形成稳定的社会态度体系奠定良好基础。

拓展阅读

幼儿接受社会规范的三种水平①

（一）服从水平的接受

这种接受水平主要表现为儿童出于对教育者的依恋和崇拜，一般能服从和遵守教育者所提出的行为要求，在道德判断上只根据行为后果判断对错。这种接受水平可以与皮亚杰的"他律期"和科尔伯格的"前习俗水平"相对应。不过，对于服从水平所处的年龄段，我国学者李伯泰采用科尔伯格的方法进行研究发现，我国儿童4岁时已经基本能摆脱成人的影响，做出许多独立的道德判断；7岁时，主观性判断已经有了明显的发展；到9岁时，这种判断已经基本取代了客观判断。由此，我们认为，4岁以前的儿童对于社会规范的接受主要处于服从水平。在这一时期，儿童基本不能以自己的价值标准来判断是非，没有真正认识到社会规范的意义和必要性，只是出于对长者的敬畏和依赖而做出规范行为，所以其行为是被动的、盲目的，也是不稳定的。

（二）模仿水平的接受

此接受水平主要表现为幼儿的行为是对别人行为的模仿，这种模仿是建立在幼儿对外部世界的观察的基础上。模仿是儿童认识外界和形成行为方式最具特点的途径。美国心理学家班杜拉的社会认知理论认为，儿童主要是通过观察他们生活中重要人物的行为而学会社会规范，这些观察以心理表象或其符号表征的形式储存在大脑中。儿童对他人行为的观察和模仿实际上也说明了环境对儿童心理发展的影响。这种影响在某种程度可以大于成人对他们行为要求的影响。

幼儿对他人规范行为的模仿具有一定的主观能动性，因而其水平要高于服从行为，但它并不能取代后者。事实上，这两种水平的行为在很长时间内是并存的、相互渗透的。当然，模仿行为的年龄跨度要长许多，因为，观察和模仿是人类适应环境的一个重要条件。但是处于他律期的幼儿对所模仿的行为并没有独立地分辨善恶的能力，而榜样者往往也没有在意自己已经成为儿童的模仿对象，所以，成人的有些不良行为会潜移默化地出现在幼儿身上。

（三）理解水平的接受

到了幼儿园后期，有些五六岁的幼儿对社会规范的接受达到理解水平，当然，也只是初级理解。这种理解水平表现在道德判断上就是出现了自律道德的萌芽，即能够摆脱外界的影响，对道德问题做出自己的主观评判；在行为上表现出较稳定的规范行为，无论何时何地，都能以社会规范来约束自己的行为，做出自觉的、具有主体意识的道德行为。

应该说，能够让幼儿达到理解水平的社会规范对幼儿来说是有限的，这与幼儿的思维发展水平和生活经历很有关系，不能要求幼儿对所有的社会规范都达到这个水

---

① 李群．依据幼儿接受社会规范的规律有效进行德育［J］．学前教育研究，2000（1）：17—18．

平,但是达到理解水平的行为便具有自觉性、主动性、稳定性和一定的灵活性。比如,对处于服从水平的幼儿来说,"撒谎"是绝对不对的,但达到理解水平的幼儿对"某人向身患绝症的家属隐瞒病情"表示可以理解,而不认为这个人"是坏人"、"不诚实",表现出更注重对行为动机而非结果的评价。

(二)幼儿社会环境与规范认知教育的方法与途径

1. 通过环境创设,营造良好社会规范的氛围,培养幼儿良好的行为规范

环境对人的影响具有自发性、偶然性、经常性和广泛性,并有潜移默化的作用,良好的教育环境有助于幼儿行为规范的形成和发展。因此,布置集艺术性和教育性于一体的环境,营造培养良好社会规范的氛围,对幼儿社会规范认知教育具有重要意义。例如,可以在教室、活动室、走廊等场所布置一些主题鲜明的社会活动图片,促进幼儿的社会规范认知。再如,提供适宜并促进合作的玩具,引导幼儿合作创作作品,如绘画、手工、搭积木等,让他们享受到合作分享、关爱别人带来的乐趣。利用环境创设来进行社会规范教育,能够使幼儿在良好的氛围中不知不觉地受到教育。

2. 通过游戏拓宽交往空间,促进儿童之间的人际交往

陈鹤琴先生指出:"各种高尚道德,几乎都可以从游戏中学得,什么自治、什么克己、什么独立、什么共同作业、什么理性的服从、什么纪律等,这些美德的养成,没有再比游戏这个利器来得快来得切实"。游戏有很多种,角色游戏、表演游戏、结构游戏等,不管哪一种游戏都有自己的游戏规则,制定好各种游戏规则,能促使幼儿自觉遵守,从而养成良好的守纪律、守规则的好习惯。如在游戏"小兔采蘑菇"中,游戏规则是每只小兔过桥后只能采一朵蘑菇回来放在篮子里,并且采完后必须排到队伍的最后,不许插队。幼儿知道游戏规则后就得自觉遵守,要是不遵守就会被停止游戏,要一个人站在旁边反思等待。游戏规则可以规范幼儿的行为,能支持游戏顺利地开展,并保证游戏的质量,所以,游戏能让幼儿养成自觉遵守规则的好习惯、好品质。同时,游戏是一种社会活动,幼儿能在游戏中学习处理各种社会关系和不同的文化知识。如幼儿在玩"过家家"的游戏中可以学会尊老爱幼,互敬互爱;在玩"争当小警察"的游戏中掌握各种交通规则。通过游戏,幼儿还能够提高自己的社会活动能力。在游戏过程中,幼儿可以以同伴为镜增进对自己的认识,能够感觉到同伴对自己的影响,还能学会人际交往必备的礼貌用语。

3. 组织专门的社会环境与规范认知教育活动

社会环境与规范认知的内容丰富,让幼儿有积累集体活动的经验、集中学习社会环境与社会规范知识的机会,幼儿对社会环境的认知主要包括对家庭、幼儿园、社区、家乡、国家等的认知,对社会规范的认知主要包括对基本道德规范、文明礼貌规范、公共场所行为规范等的认识和理解。教师组织专门的社会环境与规范认知教育活动可以有计划、有针对性地对幼儿进行社会认知教育。幼儿社会认知教育活动可以根据幼儿社会教育的目标、幼儿社会性发展的实际情况和发展趋势,有计划地安排具体的教育活动,有顺序、有步骤地引导幼儿提高社会认知能力。幼儿社会认知教育活动是一项有计划的活动,幼儿对社会环境与规范的认知是一系列较复杂的心理活动过程,具有自身的特点和发展规律。因此,教师要努力组织好专门的社会认知教育活动,让幼儿有集中学习社会环境特点和社会行为规范的机会。

另外,有组织的教育活动,可以使幼儿相互交流自己已经获得的经验,锻炼幼儿在集体或成人面前说话的勇气和自信心。活动中愉快情绪的相互感染,也有助于提高幼儿社会规范学习的兴趣和积极性。

4. 利用一日生活的多个环节,引导幼儿进行社会规范认知

社会规范渗透于日常生活的很多环节,教师可以抓住生活细节对幼儿进行社会认知教育。例如幼儿对当值日生很感兴趣,知道这是很光荣的,但是,对值日生究竟要做哪些事情还不太清楚,也缺乏一定的责任感。因此,教师可以在激发和保持幼儿良好兴趣的同时,逐步让幼儿明白值日生工作的意义,引导其由对值日具有简单兴趣向对班级有责任感过渡。

在日常生活中进行教育,教师需要及时反馈,以使幼儿明确什么是对、什么是错。表现出在幼儿主动运用礼貌用语、与同伴合作共享、关心帮助别人等良好行为时教师都应及时给予肯定、表扬。例如,教师在幼儿说过"谢谢"后,可接着对孩子说:"宝宝真懂礼貌。"也可以用向幼儿点头、微笑、竖起大拇指、用手轻轻抚拍肩、为他拍拍手等肢体语言进行强化;还可建立激励机制,如在墙上布置"奖评栏"等。在日常生活中进行社会规范认知教育时,教师的榜样作用十分重要,它是幼儿社会规范教育中一种更为直观、有效的教育途径。

图 7-8　两只小羊过桥

5. 将社会规范教育融入各领域教学活动中,提高幼儿社会规范认知水平

各领域教学活动也是引导幼儿进行社会规范认知的好机会。首先,在各领域教学活动中可渗透社会认知教育的内容,例如,通过看图讲故事《两只小羊过桥》,可以教育幼儿在日常生活中要学会谦让,这是一个语言活动但也蕴含了社会教育因素。其次,在组织各领域教学活动的过程中,要重视对幼儿社会规范行为的引导,例如在美术活动《照哈哈镜》中,让幼儿排队照哈哈镜,可以引导幼儿懂得谦让,并习得轮流做事的行为规范。

6.家园协调配合,提高幼儿社会规范认知教育的有效性

如果教育者的行为要求不一致,幼儿很难形成稳定的规范行为。比如在家庭中,父母和长辈对孩子的要求有时会不一致,这常常导致幼儿无所适从,难以养成良好的生活习惯。相应地,如果家庭教育与幼儿园教育不能共同配合、保持教育一致性,就会造成教育作用相互抵消,大大降低社会规范认知教育的效率,可能会使幼儿在不同情境做出不同的行为以迎合当时的情境,其行为表现出情境性和工具性,这对孩子品德的构建和人格塑造都是不利的。例如教师要求幼儿自己的事情自己做,在园自己洗手、进餐、午睡、穿脱衣服;而幼儿回到家,父母嫌幼儿自己洗手弄湿衣服,进餐、穿衣速度太慢而一一包办代替。又如,教师教育幼儿要友好地一起玩玩具,而家长却教育幼儿"这是爸爸妈妈花了好多钱才买来的,你不要给小朋友玩,自己一个人在家好好玩"。为解决类似问题,幼儿园可以通过定期召开家长会、"家园联系栏"、育儿知识讲座、家访等方式与家长保持相互联系,及时传递信息、相互沟通,转变家长的育儿观念,提高家教质量,促使家长配合幼儿园的教育工作,在家庭中对幼儿进行良好行为规范的培养。例如,教师可向家长介绍幼儿在园内的学习情况和表现,宣传幼儿园的教育主张和对幼儿进行良好行为规范教育的意义、内容和要求;请家长注意自己的教养方式,注意自己的言行,为幼儿树立良好的榜样;请家长尽量为幼儿创设一个温暖、快乐的家庭气氛,并注意对幼儿的做法做出正确的评价,让幼儿知道什么应该做,什么不该做,为幼儿的行为指明方向。

(三)幼儿社会规范认知教育应注意规范的内化

幼儿的社会规范教育主要是指在教师、家长或其他成人的教化下,幼儿将社会规范内化为自己的规范,形成规则意识和良好行为规范的过程。比如,父母带孩子出门时碰到熟人,教孩子打招呼,叫"叔叔、阿姨"等。父母教孩子与熟人见面打招呼的行为即为人际交往规则教育,从刚开始的在父母教导下与人打招呼,到随着年龄的增长,幼儿主动与人打招呼,逐渐地,外在的人际交往规则内化为幼儿自身的规范意识,这就是对幼儿进行社会规范教育的过程。同时,随着时代的发展,社会规范也在不断发生变化,社会规范教育也要相应地变化,因此,对幼儿的社会规范教育的终极目的就是使幼儿能够具有形成和内化社会规范的能力。所以说,社会规范教育的目的绝不是让幼儿机械地记忆一些规范条文,或单纯地顺从权威人物的行为要求,而是要使规则内化到幼儿自身,其实质是把成人的行为要求纳入幼儿的认知结构体系,成为幼儿占优势的价值观念或行为习惯。幼儿的社会规范内化一般会经历以下过程。

1.幼儿被动地顺从成人的规则要求。一方面出于尊敬教育者的威信、权力和避免惩罚;另一方面,出于对照顾者的依恋和获得赞许、接纳的需要,幼儿会接受、服从规则,但自觉性较低,行动上虽暂时能做到,但内心的自我中心状态尚未改变。

2.在执行过程中逐渐理解规则的意义和可能产生的后果,不断自觉调节个体愿望与遵守规则之间的矛盾,对违背规则的不良后果留下了较深印象或在行为练习中受到了良性强化。

3. 通过模仿或观察学习，儿童了解了执行规则和违反规则的不同结果，认识和情感渐趋一致，能够运用规则评价自己和他人的行为；在无人监督的情况下，也会因不能执行规则而感到不安和羞愧，继而能自觉抵制干扰和诱惑，坚持执行规则。

不同幼儿因发展水平和社会经验的不同，其规则内化的过程会有很大差异。在进行社会规范和规则教育时，应特别注意以下几点。

1. 认真研究制定符合幼儿身心发展特点和本园实际的行为规则体系。在充分分析各班现实情况的基础上，反复论证每条规则要求的合理性、必要性，引导幼儿从需要出发共同讨论和论证规则，理解规则的含义，懂得建立规则的必要性，激发幼儿主动、自觉地实施规则的积极性。

2. 规则的数量不宜过多，表述要清楚、明确，便于记忆，易于执行。随幼儿年龄和环境变化，要不断更新要求，逐步增加规则的难度，循序渐进，经过反复实践使规则内化为不需提醒或外力监督的行为习惯。

3. 在执行规则过程中要及时讲评，指明效果与范例，经常表扬、鼓励符合规则的言行，肯定幼儿的进步和规则对集体生活的益处。由于情感的冲动性和不稳定性，且自制力和坚持性较差，幼儿容易发生认识和行为脱节的现象。当幼儿违反规则时，先要让幼儿申诉原因和想法，给予幼儿信任并指出正确的做法，不要任意训斥、辱骂、恐吓，以免伤害儿童的自尊、自信。

4. 幼儿来自不同的家庭文化背景，对规则认知的心理准备有较大差距，教师必须和家长取得教育态度上的一致。同时，教师要反省规则要求的难度和进度是否适当，要采取灵活、有效的步骤、方法，加强个别指导，从实际出发落实规则要求，避免家园脱节增加幼儿的心理负担。

第二课　幼儿社会环境与规范教育活动的设计

一、应选择符合幼儿年龄特征的任务与内容

幼儿每时每刻都会接触到丰富复杂的社会环境中的各种事物，教师应当选择那些符合幼儿认识特点和发展水平的最必需、最生动、最易于幼儿接受的教育内容，有计划、有目的地开展活动。让幼儿去体验、去感受、去了解，并有针对性地提高幼儿观察、搜集、调查、讨论、操作、探究的积极性。家庭和幼儿园，是幼儿最熟悉、接触最多的社会环境，其中蕴藏着丰富的教育资源。教师可以通过引导幼儿了解自己的成长过程、父母的职业与工作，来培养幼儿对父母的情感，启发他们关心父母、为父母做力所能及的事。幼儿在社会化发展的进程中，会因所处环境的变化而产生心理上的冲突与矛盾，同时也激发出新的学习需求，这使他们的学习和发展具有渐进性和阶段性的特点。教师能准确理解并把握幼儿发展阶段的主要矛盾，按各年龄段幼儿的发展

特点、接受水平及社会化的基本发展需求,制定幼儿社会认知教育的内容与任务,将有效促进幼儿社会认知的全面发展。

拓展阅读

各年龄段幼儿社会行为规则教育和学习的要点①

小班:1. 熟悉并愿意遵守一日生活常规与必要的行为规则,知道其与自己行为的关系;2. 在成人指导下愿意遵守集体活动的行为规则(如轮流与分享等);3. 在成人帮助下辨别明显的对与错的行为。

中班:1. 学习待人处事的基本礼貌;2. 知道遵守生活常规与行为规则对自己和他人都有好处,愿意主动遵守;3. 对照常规与规则,能初步辨识行为的对与错;4. 在成人的指导下,知道自己与同伴产生某些冲突时,可以用互相约定的方式解决;5. 在成人的指导下,了解并遵守社会公德。

大班:1. 初步体验规则与公平;2. 结合具体活动,了解自己对集体负有的责任,以及自己在集体中应享有的权利;3. 了解自己在家庭中应承担的任务和责任,以及应享有的权利;4. 根据常规与规则,能初步分析行为的对与错,并讲出简单的道理;5. 有与同伴协商约定、主动解决争执的意识,承认并愿意遵守自己与同伴或他人的约定;6. 在规则、任务意识与责任、学习方式和自我管理等方面,获得向小学学习生活过渡的经验。

二、设计活动应具有针对性,涉及的社会规则不宜过多

社会行为规范方面的培养目标主要是让幼儿知道与他人共同生活、与社会和谐相处所必须遵守的规则与纪律,在主动运用规则、纪律来约束自己的同时,体验这些规则对自己和他人的积极意义。规范的学习与内化需要长时间的实践积累。在一次教育活动中,如果涉及的社会规范过多,容易导致幼儿认知混乱,难以消化,这会降低教学效率。相反,如果在一次教育活动中,仅涉及一两个简单的行为规范,将有助于幼儿获得清晰的知识经验,有效指导自己的行为,将规范内化,由他律发展为自律。可见,设计社会规范认知教育活动时,活动目标应简单易达到,以使活动更具有针对性。

三、活动内容的选择应根据幼儿的兴趣和关注点

在社会认知教育过程中,教师在选择教育主题或内容时应充分考虑本班幼儿的兴趣和关注点,选择那些对幼儿有吸引力的主题与内容。要了解本班幼儿的兴趣与关注点,首先要求教师善于观察幼儿,能够把握住幼儿的行为特点和活动细节,熟悉幼儿的心理。正如案例下所描述的,幼儿对"标志"与"规则"产生了兴趣,教师就可以抓住这个契机在环境中增加"标志"因素,更多地以标志来引导幼儿认识和遵守规则。

① 瘳贻. 幼儿园社会认知教育的重要性及其目标与内容[J]. 学前教育研究,2010(1):60.

与此同时,还可以调动家庭教育的力量,请家长引导幼儿关注日常生活不同的标志,并向幼儿讲解标志的规则含义。在此基础上,开展"标志与规则"的相关活动"谈谈自己找的标志"、"我设计的'安静'标志"等,将能获得较好的教育效果。其次,受家长和教师潜移默化的影响,幼儿也会关注重大节日和社会突发事件,选择这些作为社会认知教育的内容,同样能引起幼儿的兴趣,提高幼儿的社会认知水平。可选择的题材包括:地震灾害、奥运会、国庆节、中秋节等。

【案例 7-1】

图书区里的"静"①

新活动室的图书区是一个温馨的区域,地板上铺着地毯,还有各种色彩鲜艳、柔软可爱的靠垫和毛绒玩具,幼儿可以靠着靠垫或抱着玩具坐在地毯上看书。开学后,该区域深受幼儿的喜爱,选择图书区的人数也较多。一段时间后,有些幼儿在看书的同时喜欢在地毯上蹦跳或乱扔靠垫,区域活动显得很嘈杂。针对这一现象,教师在书架上摆放了一个"静"字标志。幼儿很快发现了这一变化,并你一言我一语地讨论起来。有的说:"我认识这个字,它叫'静'!"有的说:"我们在图书区看书要保持安静。"有的说:"我在医院也见过这个标志。"还有的说:"我还见过人行横道和马路上汽车拐弯的图案标志。"……

四、应选取正面的社会现象作为社会规范认知的案例

现实生活中既有很多诚实、勇敢、勤劳、守信、关心他人、舍己为人的好榜样,也有酗酒、赌博、打架、说粗话、欺诈、损人利己等很多消极丑恶现象。教师在设计活动时,应尽量选择正面的社会现象作为案例,一是避免幼儿因好奇而模仿、尝试消极现象;二是避免消极现象引起幼儿对他人与社会的过度恐惧。当许多幼儿因关注某些负面行为并产生困惑时,教师可以在教育活动中少量涉及社会消极现象,但应将活动目的放在,通过对比,帮助幼儿分辨是非、好坏,支持正确行为,反对错误行为。

五、重视参观、游览等教育方式的运用

外出活动是幼儿最喜欢的事情,参观商店、邮局、银行、消防站、交警大队、文化宫、图书馆等社会机构,可以使幼儿更为直观地认识周边的社会环境,了解不同职业劳动者的工作,在设计活动时,教师应重视参观、游览的作用:一是可以在活动准备环节请幼儿进行参观或游览,以便为社会认知活动的开展做好经验准备;二

图 7-9 快乐出行

---

① 陈世联. 幼儿社会教育[M]. 海口:南海出版公司,2009. 有改动.

是可以将参观游览作为教育活动的实施方式,即参观游览本身就是一次社会认知活动,将参观游览的过程设计为社会认知的核心环节;三是可以在活动延伸环节,带领幼儿对教育活动中讨论过的社会环境进行参观游览,以加深幼儿对社会环境及相关规范的认识。

【案例 7-2】

小班社会规范认知活动:不打扰[①]

设计意图

这是一次社会规范认知教育活动,主要目的在于引导幼儿认识到,在家中或其他场所,不应影响别人做事与休息。活动中,教师通过看图讲故事《客人在家时》导入教学,并引导幼儿懂得不打扰别人谈话。然后通过变化多种情境,引导幼儿认识到别人做事或休息时都不应打扰。

活动目标

1. 能够主动参与对话,积极思考教师提出的问题。
2. 知道打扰他人是不礼貌的行为,在各种场合应讲礼貌。
3. 树立"做有礼貌的小朋友"的行为观念。

活动准备

1. 图片:家的背景图(两个房间隔一道门)。
2. 贴绒教具:猴妈妈、小猴、兔妈妈、小兔、飞机、汽车。
3. 图片三幅:别人谈话时、妈妈休息时、爸爸工作时。

活动过程

1. 幼儿听故事《客人在家时》,教师结合教具进行讲解。

故事大意:

一天,兔妈妈带着小兔来小猴家做客。猴妈妈嘱咐小猴要好好招待小兔玩、要友好,小猴快乐地答应了,带小兔进屋玩起了"开汽车"游戏,而猴妈妈与兔妈妈则坐在外屋谈话。不一会儿,就听见孩子们的屋子里传来"哐当、哗啦"的声音,两个妈妈谈话进行不下去了,跑进屋一看,原来是玩具汽车撞倒了屋里的花架,两个妈妈看到孩子没有吵架、还在友好地玩着,于是嘱咐他们"小心点",然后又出去聊天了。

可是,两个妈妈刚说了一会儿话,就又被打断了,小猴带着小兔开着飞机大声吵嚷着从屋里跑了出来,边跑边围着外屋高兴地转来转去。"真吵!"猴妈妈生气了,"小猴,怎么这样没礼貌? 你应该带小兔好好玩!"小猴觉得很冤枉,它和小兔很友好,玩得也很开心,怎么妈妈还说自己没有礼貌了呢?

2. 故事理解与讨论。

(1)猴妈妈批评小猴对不对? 为什么说他没礼貌?

---

① 资料来源:http://www.youjiao.com/e/20091206/4b8bd5bbea952.shtml

（2）小猴的冤枉是什么? 他哪儿做得对,哪儿做得不对? 礼貌的孩子该怎么做?

教师小结:客人来了,友好招待小朋友一起玩是对的,但要讲究方式。不能只顾自己高兴,而影响了别人做事,打扰别人谈话是不礼貌的行为。

3. 出示三幅图片,说说这些情况下小朋友的做法是否礼貌,应该怎样讲礼貌,为什么。

（1）出示图一:两个大人谈话时,孩子站一旁插话。

（2）出示图二:妈妈下夜班休息时,孩子在门外玩。

（3）出示图三:爸爸伏案工作时,孩子想和他玩。

4. 教师小结。

礼貌的孩子应该知道什么时候可以参与,什么时候不应该打扰。希望小朋友在家、在幼儿园、在公共场所都要懂礼貌,不要随便打扰别人。

案例 7-3

中班社会环境认知活动:走进消防队

设计意图

首先,生命安全教育是教育体系中不可或缺的一课,安全教育必须从小抓起,将孩子们带到消防队实地参观,模拟演习,孩子们受到的教育更为深刻。其次,在亲子活动时,消防队员的精彩表演给小朋友留下了深刻的印象,小朋友非常想了解消防队叔叔的帽子、衣服及工具里的秘密。有的小朋友也很想和消防叔叔成为好朋友,带着好奇、带着问题,教师带领幼儿走进了消防队。

活动目标

1. 了解消防队员的工作,培养对消防队员的敬意。

2. 了解简单的火灾防范知识,学习简单的自我保护技能。

活动准备

联系消防队,请消防队中队长做客座教师,并与其商量活动内容。

活动过程

（一）出发前教师说明参观的目的地,并提出注意事项

（二）消防队中队长（客座教师）主持活动

1. 客座教师带领幼儿参观消防队。

小朋友,我们的房间和你们家里的房间有什么不一样?

（消防员叔叔的房间要整洁、简单,一些生活物品要自己保管好,衣服要放在床边,有事时可以马上穿好。）

2. 客座教师向幼儿介绍消防员叔叔的衣服和帽子。

（1）介绍衣服种类。

消防员的衣服分为两种:救火的衣服为黑色,救人的衣服为红色。

（2）介绍消防车类型（边看边介绍）。

一种车是用来放消防队救火器材及用具的，一种车是让被救出来的伤员休息的。

（3）介绍消防工具。

在电视里你们看过消防队员救火吗？救火时，用到些什么工具？

①防火罩：是消防员叔叔在救人时，用来保护自己的。

②望远镜：可以看到很远的地方还有没有受伤的人。

③三脚架：人掉到井里，可以用三脚架把他拉上来。

④担架：用来把受伤的人转移到安全的地方。

⑤撬锁工具：紧急时撬锁用的。

⑥防火衣：为了保护消防员叔叔不被烧到。

⑦水枪：灭火用的。

3. 分析归纳引起火灾的原因。

在我们的生活中为什么会发生火灾呢？

引起火灾的原因很多。有的是因为人们用火不当，或用电不当，有的是因为雷击等自然现象。为了避免火灾，我们要做到不玩火、不玩电。

4. 讨论火场逃生自救常识。

万一发生火灾该怎么办呢？

（1）一旦身受火灾威胁，千万不要惊慌失措。匍匐爬行，最好用打湿的毛巾、口罩蒙鼻。

（2）如果楼层已着火燃烧，但楼梯尚未烧断，在火势并不十分猛烈时，可披上用水浸湿的衣被，从楼上快速冲下来。

（3）如各种逃生的路线都被切断，应退回室内，关闭门窗。有条件时可向门窗上浇水，以延缓火势蔓延。

（4）如无条件采取上述自救办法，而时间又十分紧迫，烟火威胁严重，要被迫跳楼时，可先向地面抛下一些棉被等物，以增加缓冲，然后手扶窗台往下滑，以缩小跳楼高度，并保证双脚首先落地。

5. 幼儿模拟体验火场逃生。

幼儿在听到"着火了"警告后，在消防叔叔的带领下每人拿好一条毛巾在水里浸湿后捂在鼻子上，快速匍匐逃离。（根据幼儿的表现，消防叔叔提出发现的问题和改正的方法。）

6. 了解火警电话"119"。

如果发现火灾你们会怎么做？幼：打电话给消防队。消防叔叔：那这里的电话号码你们知道吗？幼：119。

（三）小结

小朋友很聪明，今天学习了很多消防知识，你们回家后可以把学到的知识讲给爸爸妈妈听，让他们也能懂得更多的消防知识。

案例 7-4

中班社会环境认知活动：世界环境日[①]

设计意图

爱护自然环境是每个幼儿都应该树立的观念，本活动通过让幼儿认识世界环境日，引导幼儿了解周围自然环境，增强环保意识；同时，认识到世界上有许多节日，不同节日有不同的特定主题，在不同节日人们会做不同的事。

活动目标

1. 知道 6 月 5 日是世界环境日。

2. 关注周围环境，增强环保意识。

3. 在成人指导下，能主动与不认识的人交谈并送出自己制作的宣传卡，培养勇敢精神，体验与人交往的乐趣。

活动准备

有关环境保护的图片、纸、彩笔等。

活动过程

1. 世界环境日的来历。

(1) 教师：小朋友们觉得我们周围的环境怎么样？

可重点从空气、水、树木、动物等方面引导幼儿回答。

(2) 提问：6 月 1 日是儿童节，那么你知道 6 月 5 日是什么节日吗？为什么世界上要确定这样一个节日？

1972 年 6 月 5 日联合国召开了有 113 个国家参加的"联合国人类环境会议"，会上提出了"只有一个地球"的口号，讨论了保护全世界环境的行动计划。为了纪念大会的召开，当年联合国做出决议，把 6 月 5 日定为"世界环境日"。世界环境日设立的目的是让全世界人民都来注意保护我们生存的环境。

2. "世界环境日"的主题。

(1) 教师：每年世界环境日的主题都不一样，1984 年是"沙漠化"，1992 年是"只有一个地球——关心与共享"，2003 年是"水——20 亿人生命之所系。"

(2) 教师讲解今年世界环境日的主题。

3. 教师提问，幼儿讨论。

(1) 教师：在环境日到来之际，我们可以做哪些事呢？幼儿讨论。

可建议幼儿为环境保护做一件事，如一人捡一袋垃圾、种一盆花或节约水、粮食等。

(2) 教师出示环境保护宣传画、警示画并讲解内容。

(3) 教师：小朋友看到过哪些破坏环境的行为呢？怎样使大家都行动起来保护环境呢？幼儿讨论。

---

① 资料来源：http://www.youjiao.com/e/20091206/4b8bd5bbdb326.shtml

只有全社会每个人都行动起来保护环境,那些破坏和污染环境的行为才能被杜绝。

(4)教师:有的人不知道这一节日,不知道怎么保护环境。

鼓励幼儿为宣传世界环境日想出不同的办法,引发动手制作宣传卡的意愿。

4.讨论如何制作宣传卡。

引导幼儿从方法、材料方面来谈谈自己的想法。(在卡片上写下要说的话,画出被污染、破坏的环境,把6月5日世界环境日写在卡片上等。)

5.幼儿制作宣传卡,教师巡视指导、帮助。

环境保护的内容要突出,画面安排要合理,在四周、两边或角上适当加一些装饰。

6.分发宣传单。

教师告知幼儿安全及注意事项,带他们到幼儿园最近的社区街道、车少并有人行道的地方,鼓励幼儿向见到的爷爷、奶奶、阿姨、哥哥、姐姐问好,然后告诉他们今天是世界环境日,最后把宣传卡送给他们。(教师可根据班级情况分组带幼儿外出,还可增加助手以确保安全。)

7.讲评活动。

活动延伸

在美工角投放材料、纸张,请幼儿继续制作有关环境保护的宣传卡,可请家长在节假日带孩子外出时分发。

在创设活动室墙面时,可在每个孩子名字后面写上或画上他们所做的保护环境的事情,选择适当时机进行表扬,鼓励幼儿争当环保小尖兵。

案例 7-5

大班社会环境认知活动:我去过的地方

设计意图

大班幼儿都跟随爸爸妈妈去过了许多地方,本活动通过幼儿说说自己去过的地方,可以引导幼儿认识到自己祖国的广阔和美丽。另外,大班幼儿方位知觉开始发展,此活动不仅可以让幼儿认识许多地方,还能提高他们对方位的敏感。

活动目标

1.能在地图上找出自己居住的地方和熟悉的地方。

2.萌发爱祖国的情感。

活动准备

幼儿用书《中国地图》、地球仪1个。

活动过程

1. 中国在地球上的位置:出示地球仪,找找中国在哪里。

"中国在地球的什么位置?""中国地图看上去像什么?"

2. 我居住和去过的地方。

(1)教师介绍我国主要省、市、自治区的地理位置,重点介绍我国首都北京。

幼儿在自己的地图上给北京画上红五星。

(2)找找自己居住在哪里,并做上记号。

(3)幼儿用红笔将家乡和北京连线。

"我们离北京有多远呢?"

3. 感受祖国疆土的辽阔。

(1)幼儿圈出自己去过的地方。

"你去过中国的哪些地方? 请你在幼儿用书上找到它们。"

(2)统计数字:自己一共去过几个地方。

(3)测量距离:将自己的居住地和曾经去过的地方用红笔连线。用目测的方法找出自己去过的最远和最近的地方。

实践训练

1. 校内练习:依据幼儿社会认知发展的特点,按照教案范例的格式,设计一个完整的教育活动,互评,并模拟教学。

2. 校外练习:去幼儿园观摩一次社会认知教学活动,并写出听课记录。

第八单元

幼儿多元文化教育与活动设计

一般而言,每个人都会同意:婴儿是后天获得自己的文化的——即他恰巧在其中降生的群体所具有的文化。因此,爱斯基摩人的婴儿并不是生而具有住雪屋的特质的,和芝加哥的婴儿也并不具有乘电梯的特质一样……如果这些婴儿交换一下摇篮,那么,我们就会看到爱斯基摩人的孩子学会了讲英语,而芝加哥的孩子学会了讲爱斯基摩语。

——威斯勒

学习目标

- 了解文化内涵以及社会多元文化的发展。
- 理解幼儿多元文化认知的内涵及其发展规律。
- 掌握幼儿多元文化教育的途径。
- 设计适合不同年龄阶段幼儿的多元文化教育活动并组织实施。

第一课　多元文化教育

文化的产生和发展是在教育的传递过程中实现的,文化的积累促使人的认识水平不断提高,教育的作用就是使年轻一代享有前人的文化,在前人的水平上向更高的水平发展。同时,特定的文化类型决定了特定的教育模式,美国文化决定了美国的幼儿教育,中国文化决定了中国的幼儿教育,东西方文化的差异决定了东西方幼儿教育的差异。这种差异直接或间接地影响到幼儿对文化认同的差异,也直接或间接地影响到幼儿社会性发展的差异。亦即美国这种文化类型决定了生养其间的幼儿是美国化的幼儿,生养于中国文化的幼儿自然会成为中国化的幼儿。

幼儿多元文化教育,旨在帮助幼儿初步了解、认同本族文化,并在此基础上,从小树立包容、理解、尊重和珍惜其他民族的文化,从中吸取精华部分,以便获得参与未来多元文化社会所必需的价值观念、情感与态度、知识与技能,继而具有和平共处、维护文化平等和社会公平的粗浅意识和信念。[①]

一、文化与多元文化的发展

(一)文化与多元文化社会

1. 文化的内涵

文化是一个运用广泛且很难把握的特殊词汇,要给它下一个严格和精确的定义是一件非常困难的事情。不少哲学家、社会学家、人类学家、历史学家和语言学家一直努力试图从各自学科的角度来界定文化的概念。然而,至今人们对"文化"一词的含义仍然莫衷一是。我国学者韩民清所著《文化论》中指出文化定义有近 200 种,学者郑金洲在其著作《教育文化学》中指出他收集的文化定义已达 310 余种。可以说"文化"这一术语简直就是"你不说我还清楚,你越说我越糊涂"的那类概念[②]。

中国古代,文与化并用较早见于战国末年儒生编辑的《易·贲卦·象传》:

分刚上而文柔,故小利有攸往,天文也。文明以止,人文也。观乎天文,以察时变。观乎人文,以化成天下。

这段话是说,治国者须观察天文,已明了时序之变化,又须观察人文,使天下之人均能遵从文明礼仪,行为止其所当止。在这里,"人文"与"化成天下"紧密联系,"以文教化"的思想十分明显[③]。我国《辞海》对文化有广义和狭义两种解释:广义上的文化是指人类社会历史实践过程中创造的物质财富和精神财富的总和;狭义上的文化是指社会的意识形态,以及与之相适应的制度和组织机构。[④] 在西方,"文化(culture)"来源于拉丁文 cultura,其词源为 colere,本义是指对植物的培植、养育,以及居住、保护、朝拜等。古代希腊著名哲学家马尔库斯·图留斯·西塞罗(Marcus Tullius Cicero)最早将种植活动与人的培养进行比较,他认为一块田地没有人去种植,就不能长出庄稼,而一个人如果没有得到培养也一样无法成才。这种将栽培、种植之意引申为对人的性情的陶冶、品德的教养,与中国古代"文化"一词的"文治教化"内涵比较

---

① 陈世联.幼儿社会教育[M].海口:南海出版公司,2009:78—79.
② 郑金洲.教育文化学[M].北京:人民教育出版社,2000:1.
③ 张岱年.中国文化概论[M].北京:北京师范大学出版社,2004:1—2.
④ 辞海编辑委员会.辞海[M].上海:上海辞书出版社,1979:1533.

接近。

1871年英国人类学家泰勒(E. B. Tylore)在《原始文化:神话、哲学、宗教、语言、艺术和习俗发展之研究》中指出:文化或文明,从其广泛的人种史的意义上说,是包括知识、信仰、艺术、伦理、法律、风俗及一个人作为社会的一名成员所掌握的任何其他能力和习惯在内的一个复杂的整体。[①]

泰勒的定义是一条"经典性"的文化定义,影响了其后许多学者,特别是文化人类学家和民族学家。各种讨论文化定义的著作和世界主要百科全书的文化条目,谈及文化概念时,几乎无一例外地提到这一公认最早的专业化的文化定义。

从泰勒的这个定义来看,文化包含的内容极为广泛,社会中的任何个体和组织都有其文化。根据不同的分类标准,可将文化分为如下类别:

按文化在社会中的地位来分,有主文化和亚文化;

按文化的层次结构来分,有世界文化、民族文化和阶段文化;

按文化的内容来分,有物质文化、制度文化和精神文化;

按文化的空间范围来分,有本土文化、外来文化,大陆文化和海洋文化。

总之,不管从何角度来理解文化,文化都既由人类所创造,同时又影响着人类本身。

拓展阅读

文化的一般特点[②]

文化是人与人、人与社会、人与环境在互动的过程中创造的一切物质与非物质形式的成果。虽然文化迄今为止没有一个公认的、明确的定义,但对于文化的一般性特点,本研究认为有如下几点。

①文化是后天的。文化是人类创造并为人类所特有的,文化既不是先天的,也不是所有生物都具有的,而是人类在长期发展过程中不断创造和发展起来的。

②文化是一种复合体。文化可以是人类社会生活中所有事项的总和,包括人类所有的语言、行为、思维、情感、意识等。

③文化具有差异性。人类社会所有的文化不都是相同的,受到种族、地域、历史等因素的影响,使用不同语言的人们的文化是有差异的,不同民族、不同地区的人们的文化是有差异的,接受不同教育的人们的文化也是有差异的,从微观上来看,甚至每个人所习得的文化都是不同的。

④文化具有动态性、适应性。文化不是静止的,而是随着人类社会的进步在不断发展变化,同时,不同的文化之间也会相互适应、融合、甚至创新,从而产生出新的文化形态。

---

① 泰勒. 原始文化[M]. 蔡江浓,编译. 杭州:浙江人民出版社,1988:1.
② 赵海燕. 学前教育民俗文化课程研究[D]. 西南大学博士学位论文,2012:32.

⑤文化是非私有物、是可以分享的,它并不会随着人们的分享而减少。文化并非私人物件,像衣服、钻石、房子、汽车等等都可分别冠以所有格形式,如我(们)的、你(们)的、他(们)的,代表着权利与独占。文化是世界性的,是非私有物。在人类发展过程中,一方面是一种文化与另一种或几种文化的分享,如华夏文化便是从东夷、南蛮、西戎、北狄文化的不断碰撞、排斥、吸收、融合中发展和创新而来的。另一方面是人们生产生活中的文化分享,如:古代的"胡服骑射",现代人们使用欧美家居、服装、建筑风格等。文化的分享并不代表着对文化的使用会使文化削弱或是减少,反而会在增进文化传承的过程中使文化不断得到发展和创新。

2. 多元文化社会

多元文化问题是近现代才出现的社会问题,随着社会的发展,在当代世界和社会的发展中表现得尤为突出。这一问题的提出,在理论上主要得益于区域文化和民族文化的界定和划分,这是多元文化形成的一个根本性前提条件。在人类文明和文化发展的初期,任何一个社会、群体都处在没有联系的状态中,各自的单元文化间没有比较、交流和碰撞,因而也就没有经过文化冲突后对彼此文化的深刻认识。随着社会和人类文明的不断发展,文化在不同群体的人与人的交往中逐渐打破了地域、地缘的界限,产生了联系和交流;进而人们在比较彼此的文化后,开始把分属于不同地域的文化以地域或民族的方式命名,从而出现了欧洲文化、北美文化、中国文化、印度文化、日本文化以及非洲一些部落文化等。这些区域文化的命名,为多元文化的出现奠定了基础。[①] 随着社会的发展,不同民族、文化间的交流、融合日益增强,多元文化的问题越来越突出。这使得当今社会已成为名副其实的多元文化社会。所谓多元文化社会即是一个承认和肯定文化多样性的社会。那么,何为文化多样性? 在2001年《世界文化多样性宣言》中,对文化多样性是这样表述的:

"文化在不同的时代和不同的地方具有各种不同的表现形式。这种多样性的具体表现是构成人类的各群体和各社会的特性所具有的独特性和多样化。文化多样性是交流、革新和创作的源泉,对人类来讲就像生物多样性对维持生物平衡那样必不可少,从这个意义上讲,文化多样性是人类的共同遗产,应当从当代人和子孙后代的利益考虑予以承认和肯定。"

今天的中国和许多国家、尤其是多民族国家一样,面临着一个重要的挑战,那就是如何在不同的文化和传统之间营造兼容并蓄的多元文化社会。

---

① 牟岱. 多元文化概论[J]. 社会科学辑刊,1996(6):20.

拓展阅读

朝戈金:构建多元文化社会①

文化多样性在当今世界上不是一个愿景而是一个现实。文化多样性已经成为当今国际社会面临的普遍问题,全球超过 200 个国家里有 6000 种语言和超过 5000 个族群,其中超过 100 个国家拥有超过 1/4 的人口,他们是文化上的少数人群。文化多样性在大都市人口构成上体现得相当充分,加拿大多伦多有 44% 的人口出生于国外。大量移民流动,尤其是人口向富裕国家的涌入极大增强了特定地区的文化多样性。在文化自觉和文化觉醒的大潮流中,越来越多的人群希望和要求他们的文化得到认可和尊重。这种文化诉求在发展中国家和发达国家都呈现为一浪高过一浪的态势。中国也是文化多样性十分鲜明的国家,拥有 56 个民族,他们讲着 130 多种语言,这些语言分别属于几个大的语系。他们操持着不同的生活方式,具有不同的文化传统,从民居、服饰、口头传统和深层文化心理特征等方面,就可以看到他们彼此之间的文化差异。

在应对文化多样性的局面时,历史上的国家和今天的国家通常会采取两种做法,也相应地产生了两种结果。

一是同化:试图建构单一的居于统治地位的文化身份或文化认同,这将会损害文化自主权,并导致紧张的局面。而且从长远来考察代价巨大,后患不绝。在今天,这种做法已经不能适应日益完善的民主政治以及广泛的国际交流和全球化的趋势。

二是多元化:尊重和认可多元化,这必定对推进社会公正,尊重文化权力具有积极意义。这种做法既行之有效,又会推动人类的可持续发展。

思考多元文化和文化遗产的问题时,应当注意以下几点。

第一,强调文化是人类所共享的,不特别强调文化的"原产地"和"本真性"特征。这在非物质文化遗产的保护热潮中,体现得尤为明显。

第二,考察"文化多样性"在不同国家中的有效性和适用性。因为不同国家在政治制度、文化传统、国民构成等方面差异较大,所以在推行多元文化政策时,所采取的措施也不尽相同。应注意把学理性的思考与实践相结合,总结各地区、各人群的经验,从中提炼智慧。在探寻文化多样性道路的过程中,不应追求统一的"范式"或"样板"。

第三,讲差异性也讲统一性。差异可能是由不同的时代背景和民族文化传统造成的,也可能是生态环境造成的。人类作为一个物种具有基本的统一性特征,所以追求文化多样性时,讲同也讲异才符合辩证法。

---

① 资料来源:中国民俗学网 http://www.chinesefolklore.org.cn/web/index.php? NewsID=8292

(二)多元文化下的幼儿社会教育

当今世界,任何一个民族都不可能单纯地生活在自己的民族文化中,而是生活在世界多元文化的背景之下。社会发展的全球化趋势拓宽了人们的视野和活动范围,国家之间的交流互动越来越频繁,社会日益多元化。要使幼儿在这样的环境中成长为具有责任感的世界公民,能够成功而又幸福地生活,我们的学前教育就应该主动应对多元的文化环境和文化价值选择,为幼儿打下理解和接纳多元文化的基础。而建立这个基础的最佳途径,就是在幼儿园开展多元文化教育活动[①]。对儿童进行多元文化和跨文化教育,可以让他们学会尊重、理解和重视其他民族的文化和习惯,同时强化和保持自己民族的文化特征,以适应多元文化社会的需要。

多元文化对儿童社会化具有导向和调控作用。因此,在幼儿社会教育内容的选择上,应立足民族,放眼世界,把其他国家和民族的文化纳入幼儿社会教育内容中。不同的民族文化具有不同的特征和价值观,为幼儿提供尽可能多的文化资源,能够使他们加深对多元文化的了解,从而更好地把握本民族文化的特点,形成符合本民族传统的价值观,并形成对文化的选择能力和跨文化的交流能力。

拓展阅读

多元文化教育的价值[②]

对学前儿童进行多元文化教育,其价值主要体现在以下几个方面。

1. 有利于发展儿童的外语能力。语言是文化的载体,日本、韩国、新加坡等国都认为要在 21 世纪的竞争中处于不败之地,不仅要帮助儿童掌握母语,而且还要鼓励儿童学习英语、芬兰语、汉语或其他外语;对儿童进行多元文化的熏陶,能增加儿童学习外语的机会,提高儿童运用外语的能力。

2. 有助于加深儿童对民族文化的认识和情感。多元文化教育能使儿童对本国的生活方式、文学艺术、文化传统具有深刻的印象,为自己的语言、文化、社会背景感到骄傲和自豪。这已为许多亚洲国家的教育实践所证明。

3. 有益于培养儿童了解他人的能力。国际 21 世纪教育委员会认为,多元文化教育能使儿童有更多的机会触及人类各群体、各民族、各大洲的文化,"通过对世界的进一步的认识来了解自己和了解他人"。

4. 有利于提高儿童尊重别人的能力。欧洲国家的教育实践表明,儿童在接触不同文化的过程中,其敏感性、接受力会逐步增强,并意识到每一个人都是平等的,学会尊重、包容与自己文化不同的人。

5. 有助于儿童身心的健康成长。联合国教科文组织指出,在多元文化教育的过程中,教师会"适当考虑到每一民族的传统及文化价值对儿童的保护及和谐发展的重

---

① 张明红. 学前儿童社会教育[M]. 上海:华东师范大学出版社,2008:145.
② 李生兰. 学前儿童多元文化初探[J]. 早期教育,2003(6):4.

要性"，通过让儿童"广泛地接触文化与教育来促使个人的全面发展"。

6. 有益于把儿童培养成世界公民。美国等国家认为，多元文化教育能扩大儿童地方性和全球性的视野，当儿童"从各种多元文化观点中学到有关自己国家和世界的知识时，他们就更有可能成为多元化国家和世界的公民"。

第44届联合国大会通过的《儿童权利公约》的第29条指出，对儿童进行教育的目的应是："培养对儿童的父母、儿童自身的文化认同、语言和价值观、儿童所居住国家的民族价值观、其原籍国以及不同于其本国的文明的尊重；培养儿童本着各国人民、族裔、民族和宗教群体以及原为土著居民的人之间谅解、和平、宽容、男女平等和友好的精神，在自由社会里过有责任感的生活"。

二、幼儿多元文化认知的发展

文化认知的发展，有赖于通过多次反复的视觉、听觉、触觉的刺激形成短时记忆（Short-Term Memory）和长时记忆（Long-Term Memory），再由表象系统的建构形成概念，最终在情感体验和心灵濡化的过程中，形成价值观。特定的民族成员在对本民族文化进行感知、注意、记忆、信息加工的过程中，形成对本民族文化的基本概念和认识，通过实现文化自觉，确立文化自信，进而形成对自己民族的身份确认、情感归属和心灵依附。[①]

现代文化心理学认为：儿童诞生在其中的具体习惯决定着儿童将从事的社会互动的类型，决定着儿童将要得到的东西，决定着儿童遇到什么样的学习经验和机会，也决定儿童从他们周围的人们的生活方式中得出什么样的推论。

个体一出生，就处于特定的文化情境之中，所受的教养方式传递着特定的文化价值、观念和行为。从儿童期的特点来看，家庭是幼儿文化认知获得的最重要的文化场。幼儿不仅从这里获得基本的物质需要，也从这里获得对外界的初步认识和理解。因而，家庭是幼儿多元文化认知发展的第一源头。当幼儿学会走路，他的活动范围即从家庭迈向了社区，参与社区的文化活动，比如节日庆典、宗教礼仪等。但这时幼儿是作为边缘人、旁观者的身份参加的，他对文化的感受与理解，更多的是通过模仿和熏陶而获得的。当幼儿长到一定年龄后，便进入托幼机构等专门的教育场所学习。这时，幼儿的身份与以前不同了，他是作为学习的主体参与到托幼机构的各项活动中去的，机构则通过引导、灌输、规约等手段帮助幼儿获得相应的文化认知。[②]

值得注意的是，当前我国学前教育课程内容主要以汉文化为主，少数民族文化没有得到足够的反映，优秀的外国文化更是缺乏。由此导致幼儿既缺乏对民族文化的理解、接纳，也缺乏对世界文化的了解、判断、选择和认同。与此同时，幼儿园的民族文化教育大多是有关民族文化知识的灌输，忽视让幼儿感受和理解民族文化的特色

---

① 杨丽萍. 从文化认知、文化自信到民族认同的转化与整合[J]. 湖南师范大学教育科学学报，2012(11):28.
② 孙杰远. 浅谈儿童的文化习性及其获得[J]. 学前教育研究，2007(2):15—16.

及其折射出的民族精神,更加忽视在多元文化中对幼儿进行比较、鉴别、创新等能力的培养。

拓展阅读

学前儿童多元文化认知目标[①]

小班:

第一,知道我国的重要节日,如春节、中秋节等,并熟悉基本的风俗习惯;第二,认识并尊重我国的国旗、国徽、国歌、首都、领袖;第三,初步了解我国的重要节日与风俗习惯;第四,简单了解我国部分少数民族的基本知识;第五,知道其他国家的一些基本常识。

中班:

第一,认识我国传统的重要节日与风俗习惯,并能够清晰地讲述相关的文化故事;第二,认识并尊重国旗、国徽、国歌、首都、领袖,能通过合理的方式展现自己对国家的感情;第三,认识中外历史上某些杰出人物,知道他们的故事及重要贡献,通过合理的方式表达对他们的尊敬之情;第四,认识几个不同地域的代表性建筑以及当地的风俗民情;第五,对较为感兴趣的世界文化能够进行深入的探索研究,养成探究的精神。

大班:

第一,认识我国与世界各国的某些重要节日,理解其他国家的风俗习惯;第二,熟悉代表一个国家主权的标志物,并对自己较为感兴趣的国家的文化进行探索;第三,能够较为主动地认识国内外杰出人物,能够较为确切地讲述他们的重要贡献,并能做到以他们为榜样;第四,区分各级地方政府和中央政府,知道各级领导者的称谓;第五,关注自己感兴趣的新闻和话题,能够辨认、描述有助于群体内和国家内、群体间和国家间进行合作的因素,以及易引起争端的因素。

三、幼儿多元文化教育的途径

如何使各种多元文化教育资源转化成为适合幼儿感知体验、尝试探索的活动内容,是实现幼儿园多元文化教育目标的关键。

(一)将多元文化教育内容主题适时融入五大领域教学

把多元文化的教育内容适时融进语言、艺术、健康、社会和科学等五大领域中,试图让幼儿以主题的形式进行学习,学会分享共同的文化,支持不同的文化。

(二)通过民间游戏开展多元文化教育

民间游戏具有浓烈的生活气息,人们通常将日常生活中的劳动情节、尊老爱幼的良好品质、地方风俗习惯等融入民间游戏之中,因此民间游戏、地方童谣是幼儿园开

---

① 袁爱玲,王娟.我国幼儿社会领域教育目标体系的构建[J].保定学院学报,2008(7).

展立足本土文化的多元文化教育应当考虑和选择的内容①。把民间游戏作为民族文化中独特的文化遗产来加以研究,把民间游戏、童谣等作为幼儿园多元文化教育内容之一,以丰富和补充幼儿园多元文化教育的内容和形式。它既可以作为一种娱乐游戏,又可以作为多元文化内容的延伸。同时,能让幼儿在轻松、自由的环境中接触地方方言、了解地方文化,让他们玩在其中,学在其中,乐在其中。

民间游戏是我国广大劳动人民在日常的劳动中创造出来的具有一定文化价值且在民间广为流传的游戏。民间游戏对材料、环境的要求较为简单,幼儿容易把握。广为流传的游戏有:跳绳、丢沙包、老鹰捉小鸡、踢毽子、滚铁环、跳皮筋、打陀螺、踩高跷、炒黄豆、丢手绢、跳竹竿等民间游戏能够锻炼幼儿的身体,强健体魄;因其对材料的要求简单,所以能为幼儿园节省费用;同时它不要求有固定的场地,可以随时随地开展;最后,民间游戏的操作难度具有层次性、递进性,较小的幼儿同样能够进行。②

(三)环境中渗透多元文化教育

《全球幼儿教育大纲——21世纪国际幼儿教育研讨会文件》指出:"应为不同种族、性别、民族或有特殊需要的儿童提供多样的学习环境,这个环境应反映当地儿童及家庭的文化背景和传统"。

不同的材料和设备对幼儿多元文化的熏陶有着不同的影响。为此,有的国家的多元文化教育十分重视材料和设备的选择,努力加强材料之间的联结,以求得全面反映社会中的不同文化。

在幼儿园开展主题活动时,可以创设与主题相关的物质环境,如中国京剧脸谱、国画、中英文问候语;在班级走廊里悬挂着各国的国旗;玩具柜上摆放上地球仪,图片角、语言区存放不同文字版本的图书、杂志和音像资料;在表演区摆放各种不同风格的服饰、头饰,在音乐区放置东西方的乐器及录音带等;走廊楼梯上可以有图文并茂、中英文互译的文字卡片,以便随时培养幼儿表达的积极性。通过这些生动的材料,向幼儿展示各国不同的文化特色,激发幼儿浓厚的学习兴趣。

图8-1　图们市阳光幼儿园开展传统文化教育活动

---

① 马春玉.幼儿园多元文化教育浅探[J].学前教育研究,2007(6).
② 何菲.幼儿多元文化课程初探[J].教育教学研究,2009(4):111.

(四)利用中外特色节日开展多元文化教育

各种重要节日、纪念日都是宝贵的教育资源,幼儿园可以借相应的节日气氛开展多元文化教育。

第一,利用民族传统节日,帮助幼儿理解自己的民族传统文化。中国传统节日有着很强的民族文化色彩,可以围绕春节、元宵节、端午节、重阳节、中秋节等开展主题活动。中国是一个多民族的国家,很多民族都有自己独特的传统节日,如傣族的泼水节、汉族的元宵节、朝鲜族的寒食节等,各民族人民在节日庆祝中用自身独特的方式表达情感。如结合维吾尔族的开斋节,组织幼儿进行"我是能歌善舞的维吾尔族娃娃"的主题活动,在活动中引导幼儿多层面、多角度地了解各民族文化。[①]

第二,利用外国节日,学会尊重异国文化和其他文化。在此类文化教育活动中,幼儿既了解了其他国家的文化背景和习俗,又感受了国外节日活动的欢乐气氛。如在万圣节,可以和孩子们一起收集有关这一节日的信息,包括万圣节的由来,万圣节的小游戏及其玩法等,还可以制作南瓜灯,组织幼儿和家长参与狂欢舞会,让幼儿在尽情玩耍的同时熟识万圣节的独特标志,接受欧美文化的启蒙教育。又如在感恩节教师可以借住"感恩"设计系列主题活动,引导幼儿从关爱身边的父母开始,知道要感恩、致谢周围关心自己的长辈、老师及亲朋好友。通过这些活动,不仅培养了幼儿关爱他人的情感,同时促进幼儿社会性的发展。

第三,利用国际性节日,丰富多元文化教育的内涵,培养全球化公民意识。如:联合国日、五一国际劳动节、六一国际儿童节、世界旅游节等节日中,引导幼儿了解不同国家的风土人情,启发幼儿以一种国际的角度看待身边的人、事、物。

(五)在一日活动中渗透多元文化教育

在幼儿的一日生活中,时时处处都蕴藏着多元文化学习的契机,日常生活能有效地帮助幼儿理解、欣赏不同的文化。例如,入园、离园时,家长和孩子道别、相见时,所使用的语言和行为就有所不同,这其中就蕴含着文化因素;在餐饮活动中可以引导幼儿通过使用不同国家的饮具、餐具,制作和品尝不同国家的食物,学会尊重不同饮食传统所代表的文化。

(六)结合地方资源开展多元文化课程

我国地大物博,东西南北各地都有自己的特色食品、风景名胜、风俗习惯、地方节日等。如云南的幼儿园可以结合当地的特色小吃开展饮食文化的多元文化课程,让幼儿动手制作、品尝风味小吃等;沿海一带则可以利用海边的优势,对幼儿进行海洋知识和渔业文化的教育等。另外,各地幼儿园要注重就地取材,农村地区的幼儿园就可以利用丰富的自然资源开展多元文化课程。[②]

---

① 简娜．幼教阶段培养儿童对民族文化的认知感[J]．青年文学家:教育论丛,2012(24):102－103.
② 何菲．幼儿多元文化课程初探[J]．教育教学研究,2009(4):111.

图 8-2　北京的小吃
（庞各庄镇中心幼儿园提供）

　　总之，幼儿园多元文化教育主题的构建和内容选择，不仅要考虑幼儿的年龄特点、文化水平，而且还要尊重幼儿的个体差异、家庭背景和社会文化。更重要的是要将具有不同文化价值的内容整合起来，要将多元文化教育的主要内容与民间游戏活动结合起来，力求使幼儿园多元文化教育内容向国际化、本土化、科学化、生活化和主题化方向发展。

拓展阅读

多元文化教育的途径①

一、环境渗透

　　多元文化教育需要"创造一个尊重与重视差异的学校氛围"。《全球幼儿教育大纲——21世纪国际幼儿教育研讨会文件》也指出："应为不同种族、性别、民族或有特殊需要的儿童提供多样的学习环境，这个环境应反映当地儿童及家庭的文化背景和传统"。为此，许多国家的学前教育机构在营造环境时，都注意从教育对象出发，将多元文化的教育因子融入其中。比如，在美国、日本、澳大利亚访问期间，笔者就发现，他们的幼儿园都贴着本国地图、世界地图，放着地球仪，插着国旗；班级的表演区都摆放着不同肤色的玩具娃娃，悬挂着和服、旗袍、西装；操作区都陈列着本国、外国版图的拼摆材料；图书区都放置着不同语言形式的图书和磁带。

　　不同的材料和设备对儿童多元文化的熏陶有着不同的影响。为此，有的国家十分重视材料和设备的选择，加强材料之间的联结，从而全面反映社会中的不同文化。例如，美国学前教育学者认为，好的多元文化材料应是没有任何偏见、歧视和误导的，他提出教师所选择的材料要能反映：(1)各种性别角色、种族和文化背景；(2)各种职业；(3)各种年龄；(4)各种能力(包括来自不同背景的有特殊需要的人)；(5)各种时间

---

　　① 李生兰．多元文化教育的途径[J]．早期教育，2003(10)：8—9．

(过去与现在)和空间(当地、国家及世界)。有的国家还提出要观察、评价儿童对材料和设备的使用情况,以提高多元文化教育的实效性。比如,澳大利亚学前教育学者认为,要提高多元文化教育的实效性,可考虑从以下几个方面的问题着手:(1)儿童什么时候运用多元文化材料?是玩游戏的时候,还是进行音乐活动或是烹调活动的时候?(2)儿童对哪些多元文化材料感兴趣?(3)多元文化材料对儿童产生了什么样的影响?是否增强了儿童的自尊心和对文化的辨识力?是否发展了儿童认识别人、尊重别人的能力?(4)多元文化材料是否改变了儿童的行为?儿童是否能倾听别人?是否能提出关于其他文化的问题?是否想唱其他文化的歌曲?是否愿意同别人分享?

二、活动多样

众多国家在对儿童进行多元文化教育的时候,通常采用了一日活动与专门的节日庆贺活动、食物制作活动、艺术欣赏活动相结合的策略。

1. 一日活动。美国认为在幼儿的一日生活中,时时处处都蕴藏着多元文化学习的契机;澳大利亚认为多元文化教育应该且能够被组合进儿童每天的生活之中,日常生活能有效地帮助儿童理解、欣赏不同的文化;挪威儿童每天主要是在游戏中度过的,教师注意寓挪威文化和传统教育于各种游戏活动之中;比利时幼儿园,每天上午为儿童安排了 70 分钟的传统活动时间,下午为儿童安排了 15 分钟的民间舞蹈活动时间;泰国幼儿园,儿童每天上午有半小时的时间学习文化和认识周围环境。

2. 节日活动。各种重要节日、纪念日都是宝贵的多元文化教育资源,幼儿园应适时加以利用。美国认为"节假日是儿童分享不同风俗习惯的好时机",因而注意从儿童的需要、兴趣、能力、经验和家庭文化背景出发,不仅以圣诞节、复活节、万圣节、感恩节、情人节等为主题开展综合活动,还以犹太新年、中国春节、加拿大感恩节等为主题,开展庆祝活动,使儿童有机会习得不同文化的新信息,养成对多元文化的积极态度。澳大利亚认为不同的国家有不同的节日,只要精心选择和利用,都能为形成儿童的多元文化意识服务。因此,幼儿园不仅要围绕着本国的节日开展活动,也要适时引进国外的一些节日(如中国春节、越南新年、越南儿童节、日本儿童节、土耳其儿童节、英国女王生日、荷兰女王生日等)开展活动,使儿童在欢快的气氛中意识到不同人拥有不同的文化,能够在不同的时间以不同的方式庆贺各种各样的节日。

3. 餐饮活动。不同的文化有不同的饮食结构和餐饮习惯,儿童通过使用不同国家的炊具、餐具,制作、品尝不同国家的食物,能够学会尊敬这种饮食传统所代表的文化。澳大利亚认为开展烹调活动,能使儿童受到不同文化的感染:在准备食物的过程中,儿童有机会了解食物的来源(如鱼、虾产于临海地区,饺子源于中国),接触用不同的语言形式书写的食谱,了解不同食物的加工过程和步骤。美国认为多元文化教育应尽可能多地以儿童的亲身体验为基础,让儿童与真实的人和物打交道(如当儿童与印第安人一起烤面包时,他们就会更好地认识印第安人)。我国儿童通过制作水果色拉,品尝西方的特色食物等,对西方的饮食文化也有了初步的了解。

4. 艺术活动。"通过分析一种文化的艺术,我们也可以领略塑造此艺术的文化",帮助儿童了解文化的共性和差异。俄罗斯注意为儿童选择不同民族或地方的作家、诗人、音乐家、画家的作品,不同民族或地方的民间创作和民间工艺精品,通过音乐活动、美工活动、戏剧活动、建筑活动等形式,引导儿童理解艺术,认识多元文化。加拿大重视指导儿童搜集相片、海报、图片、故事、传说、歌曲、舞蹈、木偶、磁带、录像带等视听材料,开展"文化侦探"活动,使儿童学会从艺术的视角审视不同的文化。美国注重为儿童提供听、唱不同国家的儿童歌曲,看、跳不同国家儿童的舞蹈,穿戴不同国家的衣饰鞋帽进行表演,观看不同国家照片、图片、绘画、雕塑等机会,使儿童在欣赏他国艺术作品的过程中,学会尊重他人的文化传统。

三、资源利用

教育资源既有物质方面的也有人力方面的,"能够用于多元文化教育的人力资源包括保教人员、父母和社区人士",合理而"有效地利用人力资源,需要彼此合作",共同负责。

1. 走出去,参观游玩。社区中储藏着丰富的多元文化教育资源,只要合理挖掘,就能增加儿童的信息量,拓宽儿童学习的空间,提高教育的效果。为此,世界各国都较重视组织儿童到各种社会场所进行参观、游览和活动。例如,英国幼儿园经常组织儿童到博物馆去参观,让儿童更直观地了解东西方文化的异同。为了充分发挥社会资源在培养儿童文化意识中的功效,有的国家还制定了优惠政策,如加拿大儿童到博物馆、生物馆、电影院、公园、动物园和其他公共场所均可免费或减收费用;有的国家还对教师带领儿童外出活动的频率和次数做出了具体的规定,如挪威要求教师每周带儿童外出活动2次,参观博物馆、美术馆或到公园等地去游玩;有的国家还注意调动家长的积极性,鼓励家长主动参与,如美国要求家长做志愿者,和教师一起领着儿童到地方图书馆、博物馆、科学馆、美术馆去参观,或到社区中心、商业区、公园、动物园去游玩(如观赏美国牛蛙,认识缅甸蟒蛇,抚摸非洲昆虫标本等),让儿童对世界文化有更多更深的了解。

2. 请进来,分享体验。家长、社区人士都是教师对儿童进行多元文化教育的重要合作伙伴,幼儿园应适时把他们请进幼儿园,和儿童一起活动,让儿童分享他们的经历和体验。美国幼儿园经常邀请从事不同职业的人士,来园给儿童讲解自己的工作;鼓励拥有不同文化背景的家长来园给儿童讲故事,和儿童一起唱歌、装饰、绘画、制作;建议到国外旅行过的家长,来园让儿童观赏他们拍摄的异国风情照。

多元文化教育的实施,既有赖于幼儿园环境的创设和各种活动的开展,也有赖于幼儿园与家庭、社区的紧密合作。为了提高我国幼儿园多元文化教育的质量,我们应学习国外成功的教育经验,重视对多元文化教育素材和手段的研究,真正探索出一条适合我国幼儿园多元文化教育的新途径。

第二课 幼儿多元文化教育活动的设计

一、幼儿多元文化教育的目标

我国学者何菲认为幼儿多元文化教育的主要目标是要让幼儿能正确看待本民族的文化,在此基础上尊重、欣赏、理解异文化。让幼儿正确看待本民族的文化,首先应该是幼儿所属民族的文化,其次是中华民族的文化;尊重、欣赏、理解异文化也是一样的,应从对我国其他少数民族的理解、欣赏、尊重扩大到对世界其他国家民族文化的理解、欣赏与尊重。对于汉族的幼儿来说,本民族的文化即汉文化。汉文化是我国的主流文化,幼儿多元文化教育应使汉族幼儿认识到汉文化的优秀与丰富,产生热爱之情,但不应使其形成一种优越感而排斥或看不起少数民族的优秀文化。同时也应使汉族幼儿对于我国优秀的少数民族文化有一定的了解,学会欣赏与理解少数民族的幼儿,同样热爱少数民族文化,与少数民族幼儿友好相处,相互学习,共同进步。对于少数民族的幼儿来说,能正确看待本民族的文化这一点比汉族幼儿更为重要。因为其民族的文化在我国不是主流文化,若引导不好就会阻碍其心理的健康成长,不利于民族认同感与归属感的形成,从而影响文化的传承。

张明红指出幼儿多元文化教育的目标应包括:

1. 初步感受具有代表性的社区文化;

2. 了解祖国传统的民俗节日、人文景观、少数民族和文化精品等,对祖国的传统文化感兴趣;

3. 初步感受世界著名的人文景观及优秀的艺术作品,对世界文化感兴趣;

4. 了解世界是由许多国家和民族组成的,萌发热爱和平的情感;

5. 愿意接触或了解不同国家、不同种族的外国人,感受他们的风俗习惯。

《指南》在社会适应的子目标 3 中强调幼儿要具有初步的归属感,各年龄段幼儿应做到以下几点。

小班幼儿要认识国旗、知道国歌。

中班幼儿要知道自己是中国人;奏国歌、升国旗时能自动站好。

大班幼儿知道自己的民族,知道中国是一个多民族的大家庭,各民族之间要互相尊重,团结友爱;知道国家一些重大成就,爱祖国,为自己是中国人感到自豪。

拓展阅读

多元文化教育的基本理念①

多元文化教育的理论核心是文化多元和教育公平理论,旨在保证所有人不论其性别、种族、民族、宗教、语言、社会经济地位和所属社会群体的差别都能具有接受公平教育的机会。20世纪80年代初,美国学者高尼克综合众多学者的观点,提出了多元文化教育的五大目标:促进文化多样性的特性与价值;促进人权观念和尊重个体之间的社会公平与机会均等;促进每个人都有不同生活选择的机会;促进全人类的社会正义和所有人的机会平等;促进不同种族间权力分配的均等。

概而言之,多元文化教育的基本理念主要包括:正视文化差异,尊重文化多样性,即透过教育的途径,使学生理解和欣赏不同群体的文化特质及文化内涵,进而培养尊重、理解和欣赏不同文化群体的积极态度;追求教育权利和机会平等,即无论性别、年龄、种族、语言、宗教、阶级等不同背景的学生,都应享有平等的教育机会。

1. 正视文化差异,尊重文化多样性

社会是由不同民族、不同群体所组成,社会成分的多元化决定了文化的多样性。

每个民族都有自己的文化传统、独特的心理特征和民风民俗,这便构成了人类文化的多样性,而且这种多样性必然会持续存在和发展下去。

文化之间的相互承认和尊重是多元文化教育理论的基础。

任何一个文化群体对自身文化的认同部分是以文化群体的相互承认为基础的。因此,多元文化教育观既包含着文化的自我认同,也包含着对相异文化的承认与尊重。

文化的差异性是人类文化发展的重要源泉,没有差异,没有文化的多元发展,就不可能出现今天多姿多彩的人类文化。多元文化教育正视文化差异的现实,坚持世界不同的团体都拥有基本的权利,不同阶层、不同文化的人都应被接受、被理解,它尊重每一种文化的价值,更积极强调文化的主体性、相对性与互补性,主张学校教育应当依据正义与公平,促使不同种族、阶层、性别、宗教的学生能平等地接受教育,能发挥所长,相互欣赏、包容、学习并丰富彼此。美国多元文化教育研究者提德特(Tiedt)等人指出,多元文化教育的整体目的是世界和谐,使我们能够和不同的人共存于世界中。学校必须补充学生的文化经验,提高学生的文化素养,由认识自己的文化开始,激发强烈的价值感和自尊心,进而理解和尊重其他文化,并将这份理解延伸至其他的国家。

1992年,联合国教科文组织在《教育对文化发展的贡献》的报告中提出,多元文化教育是面向全体学生和公民而设计的、促进对文化多样性的尊重、相互理解和丰富多彩的教育。多元文化教育包括了为全体学习者所设计的计划、课程或活动,而这些

---

① 吕耀中.论多元文化教育的思想内涵[J].世界教育信息,2011(10):50—51.

计划、课程或活动,在教育环境中能促进对文化多样性的尊重,增强对不同团体文化的理解。这种教育也能促进学生的文化融入和学业成功,增进国际理解,并促使同各种排斥现象作斗争成为可能。其目的应是从理解本民族文化发展到鉴赏相邻民族的文化,并最终发展到鉴赏世界性文化。1994年,第44届国际教育大会提出了"为相互理解和宽容而教育"和建设"和平文化"的思想,在《行动纲领》中指出:教育必须发展承认并接受存在于各种个人、男女、民族和文化之中的价值观的能力,并发展同他人进行交流、分享和合作的能力。多元文化社会和多元文化世界的公民,应能承认他们对形势和问题的解释根植于他们个人的生活、他们社会的历史以及他们的文化传统;其结果是,没有一个人或群体掌握了解决问题的唯一答案,而且问题或许都有不止一种解决方式。这标志着多元文化的教育价值观在全球范围的确立。

多元文化教育强调认识和理解各群体不同的文化背景,即透过教育的途径,使学生理解和欣赏不同群体的文化特质及文化内涵,进而培养尊重、理解和欣赏不同文化群体的积极态度。

正如联合国教科文组织在其经典之作《教育——财富蕴藏其中》指出:"教育应当促进每个人的全面发展,即身心、智力、敏感性、审美意识、个人责任感、精神价值等方面的发展;应该使每个人尤其借助于青年时代所受的教育,能够形成一种独立自主、富有批判精神的思想意识,以及培养自己的判断能力,以便由他自己确定在人生的各种不同的情况下他认为该做的事情。"

多元文化教育的目的是培养学习者在面对不同文化时的抉择能力、批判能力和反思能力,这充分体现了多元文化教育理论的内涵。

社会中每一种族群都有其文化特色和独特的生活习惯,彼此之间唯有相互尊重、欣赏与接纳,才能使各种不同文化的精髓传承下来。在一个多民族、多元文化的国家里,任何一个民族的文化都有其存在的合法性和发展的平等性,应当受到相同的尊重,教育应该而且必须是多元的。多元文化教育的目的就是通过给学生提供文化选择的权利和机会,培养学生的平等意识和跨文化适应能力。

2. 追求教育权利和机会平等

教育是所有人都享有的平等权利,这是世界人民普遍认可与接受的观点。早在1945年《联合国宪章》就重申了基本人权、人格尊严与价值平等观念。与其他人权一样,明确将教育平等作为基本人权的是1948年发布的《世界人权宣言》。宣言指出,"教育的目的在于发展人的个性并加强对人权和基本自由的尊重",由此确立了人人平等原则并将教育确立为一项基本人权,为教育平等权的确立提供了国际法依据。多元文化教育旨在促进机会平等,即无论性别、年龄、种族、语言、宗教、阶级等不同背景的学生,都应享有平等的教育机会。1989年,联合国大会通过了《儿童权利公约》。该公约第29条申明:教育儿童的目的应是最充分地发展儿童的个性、才智和身心能力;培养对人权和基本自由以及《联合国宪章》所载各项原则的尊重;培养对儿童的父母、儿童自身的文化认同、语言和价值观、儿童所居住国家的民族价值观、其原籍国以及不同于其本国的文明的尊重;培养儿童本着各国人民、族裔、民族和宗教群体以及原为土著居民的人之间谅解、和平、宽容、男女平等和友好的精神,在自由社会里过有责任感的生活;培养对自然环境的尊重。1990年联合国召开的世界全民教育大会也重申了"教育是所有人的基本权利,全世界所有的人,无论性别与年龄,都享有接受教育的权利与机会。"2000年《达喀尔行动纲领》重申了按《世界人权宣言》和《儿童权利公约》的精神制订的《世界全民教育宣言》的目标,即所有的儿童、青年和成人均享有接受教育的人权,这种教育应能真正地和充分地满足他们的基本学习需求,并应包括学会认知、学会做事、学会共处和学会做人。这种教育的目的是开发每个人的才智和潜力,发展学习者的个性,使他们能够改善生活和改造社会。

多元文化教育在一定意义上就是从人权出发,认为无论其民族、信仰和性别如何,接受教育是每个人普遍享有的权利。它追求全社会的教育权利和机会平等,促进多元文化社会中人们对不同文化的理解。

多元文化教育是教育公平理念的映射,也是推动教育公平实现的重要力量。多元文化教育与教育民主化思潮相伴而生、相互促进,促使教育不断向现代化发展。其价值取向主要包括:(1)人的人格尊严平等,人的法律地位、受教育机会均等,不应以性别、种族、宗教、社会及经济地位、个性特征的差异而受到偏袒或忽视;(2)保证每一个人都有平等的选择机会,接受符合其能力发展的教育;(3)创建一种每个人都有同等参与机会的民主化教育,即学习社会化的民主教育,同时,保证每个受教育者有同等的机会参与学校管理和教育、教学活动,实现师生平等、管理者与被管理者的人格平等,学校由国家的选拔机构变为社会的机构;(4)保证每一个受教育者都享有平等性和公平性,即发展权利的平等和发展机遇的公平。这些取向也使教育不断地适应多元文化社会的要求。

二、多元文化教育活动设计的基本结构

多元文化教育需要教师在幼儿原有的认识基础上,向幼儿介绍中国文化和世界文化,让幼儿知道自己的祖国是中国,认识国旗、国徽、国歌,要尊敬国旗、国徽,了解中国的主要民族、风景名胜、人文景观、民间艺术,及主要的世界人文景观等。限于幼儿的认知水平和生活经验,这部分内容的学习有赖于教师提供典型的、有代表性的、直观的范例,让幼儿逐步感受和体验。鉴于此,多元文化教育活动设计和实施的基本结构可简单概括如下。

1. 引出活动主题

通常采用演示法引出活动主题,使幼儿对所要接触的文化知识产生兴趣。如活动"少数民族大家庭",教师通过地图、儿歌等方式引导幼儿了解中国是个多民族的国家,知道少数民族所处的地理位置。

2. 引导幼儿学习相关的文化知识

这里的文化知识的学习应可以调动幼儿以往的知识经验,也应该包含新的、幼儿

不熟悉的文化知识。

如在组织民族文化教育活动时,教师可以利用课件和多媒体,通过提问、讨论等方式,引导幼儿认真观察,了解不同民族的生活习惯以及服饰、音乐等知识。

3. 组织幼儿自由表达出对文化的理解,注重情感的培养

在引导幼儿学习了文化知识后,需要组织幼儿表达出对所学文化的理解,教师也可以此了解幼儿掌握文化知识的情况。

如教师可以在幼儿了解部分少数民族知识的基础上,请幼儿说一说自己的感受,并在音乐的带动下,自己创编出少数民族舞蹈的不同动作,从中体验少数民族大家庭的快乐。

案例 8-1

大班多元文化教育活动:少数民族大家庭[①]

设计意图

在近期的舞蹈活动中,我们学习了藏族舞蹈"草原小牧民",孩子们兴趣极高,模仿着藏族的舞蹈动作,跳得有板有眼,日常谈话时常以此为话题。但是,由于他们知识的有限和生活经验的缺乏,孩子们遇到了一些问题,如蒙古的服装该是什么样的,藏族的服装是什么样的,他们有些什么风俗习惯等。为此我们生成了社会活动"少数民族大家庭",力求通过多样的活动形式,引领幼儿了解少数民族的生活环境、习惯以及服饰等,从而培养幼儿对少数民族的热爱之情。

活动目标

1. 知道我国是一个多民族的国家,各族人民勤劳勇敢,他们都是中国人。
2. 能从服装上尝试辨认蒙古族、藏族、维吾尔族、朝鲜族四个民族,了解他们的主要生活习惯及居住地。
3. 萌发热爱少数民族的情感。

活动准备

1. 经验准备:具有相关地理音乐与知识及舞蹈方面的技巧。
2. 材料准备:相关课件资料;自制投影片;中国地图;四个民族娃娃(彩色图片);居住地标记(蒙古包、大雪山等彩色图片大小各1套);彩色挂图;录音机。

活动过程

1. 教师通过地图、儿歌等方式引导幼儿了解中国是个多民族的国家,知道少数民族所处的地理位置。

(1)出示中国地图,复习儿歌"中国地图",巩固以前所学的地理知识。
(2)让幼儿知道中国是个多民族国家。

---

① 夏力. 回归生活:幼儿园教育活动案例及评析[M]. 上海:复旦大学出版社,2009.

（3）出示朝鲜族、蒙古族、藏族、维吾尔族四个民族的娃娃，一起找出他们居住在"大公鸡"（中国版图）的什么地方，并将民族娃娃与他们居住地的标记贴在地图上。

2. 利用课件和多媒体，通过提问、讨论的方式，引导幼儿认真观察，了解四个民族的生活习惯以及服饰、音乐等知识。

（1）放映投影片，并出示挂图，认识四个民族的服饰特征并了解其生活习惯。

提问：四个民族的服饰相同吗？哪里不一样？

少数民族在生活中习惯相同吗？他们都吃什么？用什么？

①放映蒙古族的投影片，让幼儿通过观察、讨论，了解蒙古族人的服饰特征与主要生活习惯。

②出示蒙古族的挂图，引导幼儿仔细观察，并能用完整的语言描述其服饰、生活、乐器等部分特征。然后由教师小结，加深幼儿印象。

教师小结：蒙古族人身穿长袍，斜开衣襟，头上扎着头巾或戴着皮帽子，腰间束丝带，脚穿皮靴。他们生活在大草原上，以放牧为生，住在可以随拆随搭的蒙古包里，他们爱吃牛肉、羊肉、喝奶茶。蒙古族人喜欢唱歌、跳舞、弹马头琴。

③用同样的方法，介绍藏族、维吾尔族和朝鲜族。

（2）利用投影片，组织添色游戏"为民族娃娃穿花衣"，让幼儿再次辨认不同的民族服饰及居住地，巩固所学知识。

（3）欣赏四个民族的音乐，尝试创编民族舞蹈。

3. 教师在幼儿了解几个少数民族知识的基础上，请幼儿说一说自己的感受，并在音乐的带动下，自己创编出少数民族舞蹈的不同动作，从中体验少数民族大家庭的快乐。

放映民族大团结的投影片，幼儿随音乐自由舞蹈，结束。

活动延伸

1. 在美工活动中，教师提供废旧物品及成品，引导幼儿制作民族娃娃。

2. 把少数民族的图片、照片等材料放到语言区，供幼儿讲述。

```
案例 8-2
```

大班多元文化教育活动：欢度圣诞节①

设计意图

圣诞节，虽然是一个舶来的节日，但随着改革开放和社会的发展，中国正逐步与国际接轨。幼儿是21世纪的接班人，他们的未来面向全世界，在了解中国传统节日的同时，也应适当让幼儿接触西方文化。圣诞节作为全球流行的节日，影响力可与中国的春节相较。圣诞节风趣幽默的神话传说、慈祥可爱的圣诞老人和精美的礼物，能

---

① 资料来源：http://wenku.baidu.com/view/c7eb617527284b73f24250cf.html

够引发幼儿很大的兴趣。立足于社会及幼儿的发展要求,我们选择"圣诞节"作为活动主题。

活动目标

1. 了解圣诞老人、圣诞树的由来;并与中国的春节进行对比,感受中西方文化的差异。

2. 通过扮演圣诞老人等活动体验节日的喜悦。

3. 通过欣赏歌曲《铃儿响叮当》来感受3/4拍音乐欢快的节奏,尝试演奏打击乐。

活动准备

1. 教师准备:(1)制作相关道具,如圣诞帽,圣诞老人的胡子,一些圣诞礼物等;(2)音乐及关于圣诞节的一些多媒体课件。

2. 幼儿准备:携带自己制作的小礼物等。

活动过程

1. 创设情境,引出活动主题。

教师扮演圣诞老人出场,引起幼儿的好奇心。

教师:小朋友们知道,我是谁吗?

幼儿:圣诞老人。

教师:小朋友们真聪明。有哪位小朋友知道圣诞老人是干什么的?(请幼儿分别回答。)

教师:嗯,小朋友们知道得真多。那小朋友想不想知道更多关于圣诞节和圣诞老人的故事呢?

2. 播放媒体课件,丰富幼儿有关圣诞节的知识。

(1)了解圣诞老人的传说。

①圣诞老人是谁?

②圣诞老人是怎样给小朋友送礼物的?

(2)了解圣诞树的由来。

圣诞老人为什么会有一棵挂满礼物的树?

(3)知道圣诞节是哪一天。

教师:看完这些,老师还有一个问题,你们知道圣诞节是哪一天吗?

幼儿:嗯……12月25日。

3. 圣诞节与春节的对比。

(1)回忆中国的春节文化,讲述人们欢度春节的情景。

(2)从吉祥物、吃、穿、人们的主要庆祝方式等方面进行比较,感受中西文化的相似性与差异,体会人们对美好生活的向往和祝福。

4. 音乐游戏活动。

(1)感受3/4拍歌曲欢快的节奏,尝试演奏打击乐。

(2)请"圣诞老人"给小朋友发礼品,同小朋友一起做游戏,在愉快的情绪中结束活动。

活动延伸

1. 请幼儿回家后再找找中国春节与西方圣诞节的异同。

2. 在圣诞节的时候,向周围的人送去礼物与祝福。

案例 8-3

中班多元文化教育活动:认识国旗①

设计意图

《3—6岁儿童学习与发展指南》在4~5岁幼儿社会领域发展目标4中指出,幼儿应在奏国歌、升国旗时能自动站好。因此在幼儿园多元文化教育活动中需要让幼儿认识国旗,知道国旗是国家的标志,同时通过活动萌发热爱国旗、国家的情感。

活动目标

1. 认识国旗,萌发热爱国旗的情感。

2. 知道国旗是国家的标志。

活动准备

1. 国旗1面。

2. 活动前家长带领幼儿观看升国旗的场景(如:学校、广场、电视等)。

3. 各种关于升旗的图片和影像资料。

活动过程

1. 出示国旗,引起幼儿兴趣。

这是什么? 在哪里见过它? 请幼儿回忆在哪些地方见过国旗?

2. 认识国旗。

这面红旗是我们的国旗,也叫五星红旗,它的旗面是红色的,形状是长方形,国旗上面有五颗五角星。星星的颜色是黄色的,其中1颗大星星,4颗小星星。

3. 热爱国旗、尊重国旗。

(1)谈话,出示图片:这张图片上有谁? 他们在干什么? 为什么要升国旗?

(2)尊重国旗。

国旗代表中国,我们的祖国,在很多重要场合都要举行升旗仪式。

例如在奥运会开幕式上,运动员比赛得冠军时,还有我们幼儿园每周一升国旗的时候。

(3)教师:在升国旗时我们都要站立端正,对着国旗行注目礼,直到国旗升到旗杆顶端,这样做就是尊重国旗。

---

① 资料来源:http://sxyeyjsjxjy.guopei.guoshi.com/html/class/251/2012—07/m18740.shtml

（4）教育幼儿从小热爱、尊重国旗。

教师：你是怎样尊重国旗的？幼儿园升国旗时你是怎么做的？

请幼儿示范升国旗时的站立动作。

（5）总结谈话。

排队去操场上参加升国旗仪式，感受升国旗时的庄严和自豪。

活动延伸

在美工区投放粘贴、涂色国旗的半成品材料，让幼儿在区域活动中完成此美术作品，增强幼儿爱祖国的情感。

案例 8-4

小班多元文化教育活动：元宵节①

设计意图

元宵节是我国传统的节日之一，其赏灯、猜灯谜、吃元宵等活动寄托着人们的美好祝福和愿望。《纲要》指出幼儿园应"充分利用社会资源，引导幼儿实际感受祖国文化的丰富与优秀"。根据小班幼儿的年龄特点，从幼儿熟悉的生活入手，整合多种活动形式，充分利用社区、家庭、同伴资源，加深幼儿对传统灯节的认识，体验灯节的乐趣。

活动目标

1. 了解元宵节的习俗，加深对传统节日和风俗的认识。

2. 感受元宵节带来的快乐，并能大胆地表达自己的感受。

活动准备

1. 事先了解元宵节的一些知识。

2. 各类有关元宵节习俗的图片（吃元宵、猜灯谜、赏花灯）。

活动过程

1. 欣赏元宵节主题的照片，引出主题。

（1）教师出示图片，向幼儿提问：这些都是什么东西？我们在什么时候要用到的？

（2）教师总结：原来这些东西都是在元宵节这一天会用到的。

2. 介绍元宵节，知道元宵节的一些风俗。

（1）小朋友们，那你们在元宵节都会做些什么事情呢？

（2）教师小结：元宵节是我们国家的传统节日，只有我们中国才有，而且他的历史非常久远，已经有2000多年了，每年农历的正月十五就是元宵节，为了庆祝元宵节，在这一天我们会一家人一起出门赏月、放烟火、欣赏花灯、品尝元宵，感受家人团聚在一起的喜悦。

---

① 资料来源：http://www.ksfsky.com/zyxz/ShowArticle.asp？ArticleID＝12470

（3）教师：原来元宵节中我们可以做这么多的事情，那你最想和家人一起做什么事情呢？请你们讨论后互相说说看。请幼儿互相说说自己想做的事情。

3. 说说你所知道的我们国家的传统节日。

（1）我们今天了解了元宵节的习俗，那你还知道哪些我们国家的传统节日呢？在这些节日里我们会做些什么事情呢？

（2）教师小结：我们国家除了元宵节还有许多其他的传统节日，如春节、清明节、端午节、重阳节、中秋节等，这些节日也有自己的风俗特点。

活动延伸

请家长带幼儿一起去欣赏花灯，感受节日的喜庆。

三、幼儿园多元文化教育应注意的问题

（一）树立多元文化的意识

美国幼教界认为，要使多元文化教育的核心理念准确无误地贯彻到实践中，教师必须树立基本的、牢固的多元文化意识。我国幼儿教师应当认识到汉文化之外的各少数民族文化也是中华文化的重要组成部分，承认少数民族文化的重要性，尊重其存在的价值，鼓励保持和发展其文化，并在继承少数民族优秀文化的基础上积极加以引导，使其文化走向现代化。同时，还要认识到多元文化教育还需要对幼儿进行世界文化的启蒙教育。

（二）积极地推进民族文化教育①

我国是一个多民族国家，所有幼儿都应接受民族文化教育。但考虑到各园的具体情况，不同地区、不同条件的幼儿园可以有针对性地、分步骤地进行。

1. 保持民族特色。在少数民族聚居地的幼儿当中要实行少数民族特色的教育，保持和发展具有民族特色的文化。同时也要进行汉语的普及教育，使少数民族幼儿更好地参与到广泛的社会生活中来。

2. 加强不同民族文化的交流。在汉族和少数民族交界或多民族杂居地充分实行多元文化教育，让幼儿认识到各民族的特色与不同点，相互尊重各自的文化，互相学习，加强交流，促进民族团结并形成统一的民族向心力。此外，可对汉族儿童进行少数民族文化的通识教育，使其了解并尊重其他民族文化。

3. 要注意中外文化的兼容，共生互动。将民族文化置身于缤纷多彩的世界文化背景中，将我国社会中居主导地位的文化置身于生生不息的大众文化之上，幼儿民族文化教育才会显得生动活泼，文化教育资源才不至于枯竭。因此，面对席卷而来的全球化经济和文化浪潮，要有一种包容的态度，在进行民族文化教育时，应适当关注外来文化，将其融入本民族和本土文化中。

（三）遵循幼儿学习的特点，以感知体验式学习为主

为此，幼儿园应为幼儿广泛接触生动多样的节庆活动、充分体验各种不同的风俗

---

① 柴金红. 试论幼儿园的多元文化教育[J]. 课程教材教学研究，2008(7)：2—3.

习惯、饮食、服饰、建筑等提供充足的机会,让幼儿在玩中学、做中学,在积累丰富感性经验的基础上对本土文化产生认同感和归属感。《指南》中指出,要运用幼儿喜闻乐见和能够理解的方式激发幼儿爱家乡、爱祖国的情感。如:和幼儿说一说或在地图上找一找自己家所在的省、市、县(区)名称;和幼儿一起外出游玩,一起看有关的电视节目或画报等,和他们一起收集有关家乡、祖国各地的风景名胜、独特物产的图片等,激发幼儿对家乡和祖国的自豪感和热爱之情;利用电视节目或参加升旗等活动,向幼儿介绍国旗国歌以及看升旗听奏国歌时的礼仪,同时成人要以自己的行为做表率。

实践训练

    1.校内练习:依据学前儿童多元文化发展需要,按照教案范例的格式,设计一个完整的教育活动。

    2.校外练习:去幼儿园观摩一次多元文化教学活动,并写出听课记录。

附录 1
社会适应不良幼儿的教育建议

由于生活节奏的加快和社会竞争的日趋激烈,幼儿的心理和行为问题日见突出,相关问题的发生率高达 13.91%①,其中主要问题是社会适应不良。目前,人们对幼儿社会适应能力培养的重视还不够,很多幼儿的心理和适应问题不能在早期发现并接受早期干预,这严重影响了幼儿的身心健康。本附录总结了几种常见的社会适应不良行为问题,通过对案例的详细描述与分析,直观、形象地呈现了社会适应不良幼儿的特点,进而给出了常见的教育干预建议,以期能改善社会适应不良幼儿的行为,促使他们能顺利地适应社会,融入社会。

一、自闭症

(一)案例

4 岁的君君活在自己的世界里,他总是一个人活动,低着头,从不主动去跟别人有眼神或行为交流,甚至抗拒其他幼儿的主动交往。他不会用语言进行交流,只会模仿别人说过的最后一个字,不过会说"爸爸"、"妈妈"。他经常突然跑出教室或在操场活动时脱离班级,并喜欢在操场飞速奔跑或在原地转圈跑。他对于声音很敏感,喜欢看巧虎和听儿歌,兴奋时手脚同时舞动,精神亢奋。

(二)行为分析

通过专业医疗机构的综合测评,君君的行为被诊断为"自闭症"。自闭症又叫孤独症,是一种由大脑、神经以及基因的病变所引起的综合征,属于广泛性发育障碍的一种,是常见的幼儿精神障碍。它以社会交往障碍,语言发展障碍,兴趣范围狭窄,动作刻板重复为主要临床表现。每一个自闭症幼儿都可能兼具一系列不同程度的行为困难和行为能力障碍,较为普遍的行为障碍有以下几方面:

1. 社会交往障碍

"视而不见,听而不闻"是自闭症幼儿与人交往沟通的一种独特方式,也是与人沟通的一大障碍。他们孤独离群,不会与人建立正常的联系,缺乏与人交往、交流的倾向。案例中的君君的表现非常典型,他不愿与人交流,抗拒其他孩子的交往。大多数

---

① 雪荣. 现代儿童精神医学[M]. 长沙:湖南科学技术出版社,1994:126—127.

自闭症儿童对呼唤没有反应,对别人的指令和要求没有任何肢体或语言上的反应,避免与他人目光接触,无法听懂他人的话语,总喜欢自己单独活动、自己玩。

2. 兴趣狭窄、行为刻板重复

自闭症幼儿的兴趣很狭窄,对很多事情都漠不关心,没有太多反应。行为刻板重复,强烈要求环境维持不变。对人、物表现出固定的反应,对亲人或陌生人说固定的话,做固定的动作,不懂得因人、因时、因地而有所变化。比如他习惯了平常上课的时候门是关的,如果上课的时候门开了他会很不习惯,会去把门关上。他的书包或杯子没有放在固定的位置,他也会很着急要放好。

3. 语言沟通障碍

语言沟通障碍,即通常所说的语言发育迟缓,是自闭症幼儿的显著特征之一。主要表现为听力正常,语言发音明显滞后。大多数自闭症幼儿言语很少,严重的病例几乎终生不语,会说会用的词汇有限,并且即使有的幼儿会说,也常常不愿说话而宁可用手势代替。

(三)教育建议

自闭症幼儿作为社会适应不良幼儿的一个典型代表人群,与他们的沟通交流虽然会很困难,但是如果家长和教育人员能够早发现,早进行全方位的干预,是能够帮助自闭症幼儿逐步学会有效的沟通,甚至获得康复的。

1. 交往和情感训练

教师要创造条件改变自闭症幼儿的社交障碍。首先,教师要取得自闭症幼儿的信任。有相当一部分自闭症幼儿害怕见到陌生人,当陌生人试图与他们交流时,他们会感到惶恐不安,甚至会出现情绪失控,但是他们看到自己经常见到的亲人,如爸爸妈妈时,就会安静下来。教师应该让自闭症幼儿知道老师的存在不会对他造成任何伤害,老师是值得信任的,可利用目光对视及肌肤的接触来进行训练。其次,让自闭症幼儿与同伴一起玩耍。由于自闭症幼儿不理睬同伴,所以同伴也不喜欢和他们一起玩。这样就更让自闭症幼儿孤立在集体之外,使他们越来越得不到与同伴接触的机会,以至更孤僻。作为教师应教育班级其他幼儿,告诉他们某某幼儿很孤独,需要其他幼儿主动邀请他一起玩。比如在开火车的小游戏里,教师可以引导其他幼儿邀请自闭症幼儿一起参与游戏,并帮助其做好这个游戏。

2. 游戏治疗法

游戏治疗法是以游戏活动为媒介,精心为自闭症幼儿创设一个充分自由、没有任何压力的良好环境,让自闭症幼儿通过游戏,自然地表达情感,将内心存在的问题通过"玩"暴露出来,使紧张、焦虑、恐惧及不满等消极情绪得到充分的表达和发泄,使健康的情绪在身心放松的状态下发展起来。

在游戏治疗中,治疗者可先与自闭症幼儿的家长取得联系,要求家长正视幼儿的问题,并经常与治疗者保持联系,即时反馈情况,使治疗者能够更好地把握幼儿的情况。游戏治疗室是治疗的必要条件,要便于自闭症幼儿充分自由地玩耍,把游戏治室的使用权交给孩子,每次使用后都要让其整理一下,但不要求把玩具摆放得整整齐齐。

3. 感觉统合训练

感觉统合指人的大脑将从各种感觉器官传来的感觉信息进行多次分析、综合处理,形成有效率的组合,并作出正确应答,使个体在外界环境的刺激中和谐有效地运作。[①] 感觉统合治疗是一种源于行为疗法和游戏疗法的心理治疗法,通过改善和丰富幼儿的感觉刺激,用良好的环境推动幼儿神经系统的发育。在治疗中,通过各种感觉统合训练器械对孩子前庭、本体、视觉、触觉、听觉系统的刺激,使自闭症幼儿的中枢神经系统对各种感觉信息的整合得到改善。常见的感觉统合游戏有羊角球、袋鼠跳、滑板(滑板静撑、滑板爬行、滑板绕圈)等。

二、攻击性行为

(一)案例

案例1:鸣鸣,3岁,小班幼儿,脾气急躁,经常抬手就打不喜欢的小朋友,经常因为和小朋友发生争执而动手打人。在做游戏的过程中,只要是自己喜欢的玩具,他就一定要抢过来,打人或者是咬人;当不能得到自己喜欢的玩具时,会大吵大闹。

案例2:钟毅,4岁半,中班幼儿。有一天,班上几个女孩告状,说钟毅总是捣乱,不让她们玩游戏。我找到钟毅,他站在我面前,低着头,一句话也不说。我轻轻地问他:"你为什么要捣乱呢,把你的想法告诉老师,好吗?""我想和她们一起玩。"他的答案出乎我的意料。

(二)行为分析

攻击性行为,又称侵犯行为,指个体采取的使他人受损失或不舒服的行为,包括殴打、侮辱、抢夺和损坏他人财物等霸道行为。[②] 受家庭结构和生活环境的影响,现在越来越多的孩子表现出了攻击性行为,这种行为既影响幼儿人格和社会性的发展,也会影响幼儿园班级活动的正常开展,它是幼儿个体社会化程度的一个重要指标。

幼儿攻击性行为通常表现在三个方面:第一,情绪不稳定、脾气暴躁,如喜欢生气,时常乱发脾气,稍有不如意就可能出现叫喊、苦恼、扔东西等强烈的情绪反应;第二,破坏他人物品,如故意抢走他人物品,抛掷他人玩具、书本等;第三,社会交往行为充满敌意,如稍有不如意就用言语攻击他人,在交往中显露出不满、蔑视、不悦等情绪,经常向同伴发起打、推、踢、咬等身体攻击行为。像案例中鸣鸣和钟毅的行为都属于典型的攻击性行为。

幼儿攻击性行为的产生具有多方面的原因,通过对幼儿的观察及家长访谈,我们认为攻击性行为的成因可归纳为以下几个方面。

1. 消极模仿

幼儿的模仿能力很强,如果家庭成员间经常吵架、打架,父母经常用打骂的方式

---

① 钱志亮. 特殊需要儿童咨询与教育[M]. 北京:北京师范大学出版社,2006.
② 李幼穗. 儿童社会性发展及其培养[M]. 上海:华东师范大学出版社,2004:117−126.

教育孩子,幼儿容易具有攻击性行为。另外,大众传媒也对幼儿有一定负面影响,电影、电视、电子游戏中的打斗、绑架、凶杀等暴力事件,能使幼儿学会发动攻击性行为的技巧和方法。如案例中的鸣鸣喜欢看"奥特曼",经常学"奥特曼"打人,有时还用脚踢,完全不顾后果。

2. 不当的教养方式

心理学的研究表明,不恰当的奖励可能会强化孩子的攻击性行为,而合理的、恰当的批评和惩罚会抑制幼儿的攻击性行为。有的家长看到自己的孩子在打架中占了便宜,就容忍了孩子的行为,不加批评,甚至称赞孩子"有种";如果孩子吃了亏,则讽刺孩子"你不知道揍回去吗?"案例中鸣鸣的家长干脆不管不问,以孩子为中心,只要孩子高兴,纵容孩子的一切行为。

3. 缺乏同伴交往的机会和技巧

现在的孩子很少有机会与同伴一起玩,缺少互助、合作、谦让、自制等同伴交往策略的直接体验。幼儿离开家庭进入幼儿园后,虽然喜欢同伴并愿意参与团体游戏,但是缺乏交往的技巧,常常采用攻击性的行为方式来解决问题。案例中的钟毅想和女孩们一起玩游戏,却用捣乱的方式来表现,他想交往却不知道如何与人交往。钟毅从小是由爷爷奶奶抚养的,很少带他去户外活动,缺少与其他孩子交往的机会和技巧,这是造成他攻击性行为的一个很重要的原因。

(三)教育建议

1. 提供良好的环境

活动室中社会性密度过大和玩具数量不足,都会引起幼儿的攻击性行为,因此,幼儿园应该为幼儿布置和安排面积大小合适的活动场地。场地面积过大,会使幼儿的社会交往行为减少;场地窄小,会过于拥挤,增加幼儿的攻击性行为。此外,应该避免为幼儿提供有攻击性倾向的玩具。在具体的教育活动中,教师应为幼儿创设一个尽可能减少发生攻击性行为的活动环境。

2. 给幼儿以榜样示范

榜样示范符合幼儿善于模仿、崇拜英雄的心理需要。作为教师和家长都有责任加强自身修养,为幼儿树立良好的榜样。教师应提供互助合作的平台,让幼儿通过模仿学习身边的好人好事,培养其谦让、合作等良好的心理品质。当某个幼儿出现谦让、互助、合作等行为时,教师应给予及时的表扬和肯定,以便为其他幼儿树立正确的榜样。当有幼儿出现攻击性行为时,教师和家长应及时对孩子的行为予以矫正,矫正的重点不是训斥、批评孩子的攻击性行为,而是要让孩子知晓正确解决问题的方式和方法。

3. 帮助幼儿掌握人际交往的技能

幼儿缺乏社会经验,社会交往能力弱,缺乏人际交往的技能和策略,家长和教师可以帮助幼儿学习运用体态语言和口头语言进行人际交往。第一,学会身体动作的交往技能。运用招手、握手、点头、微笑等体态语言,让他人感受到幼儿的友好。如可用招手向同伴问好、道别,以点头表示对同伴意见的赞同等。第二,学会语言交往的技能。教师可以为幼儿创设良好的语言环境,让幼儿学习简单的礼貌用语,如:"请"、"谢谢"、"对不起"、"没关系"等。还可利用故事表演、情境表演、角色游戏等方式,让幼儿感受语言交往的乐趣。

4. 引导幼儿移情换位

费希巴赫等人的研究说明,幼儿的移情能力与攻击性行为存在负相关的关系,移情能力越差,幼儿就越倾向于对别人采用攻击性行为。许多幼儿之所以反复出现攻击性行为,是因为他们没有体验到被打同伴的身体感受和心理感受。由此,家长和教师可以通过移情训练,让幼儿设身处地地站在被打同伴的位置和角度考虑问题,理解被打同伴的情绪体验,觉察到被打同伴的痛苦,进而减少攻击性行为。

三、社会退缩行为

(一)案例

案例1:浩浩,男,3岁,小班幼儿。浩浩开学后一个月还哭闹不停,每次上学都牵着家长的衣服不肯放手,放声大哭,如生离死别一般。在幼儿园里,裤子湿了,自己躲一边偷偷流泪;口渴了,不敢拿杯子喝水。上课时从不敢主动举手发言,或旁观师幼交流或无所事事地独坐发呆,生怕老师提问他,两手在胸前搓来搓去,十分紧张。浩浩的好朋友很少,平日基本不主动跟老师或同伴交流。

案例2:小欣,女,4岁,中班幼儿。小欣知识面广,语言表达能力很强,在家活泼、善言,但有陌生同伴来访时,则像变了一个人,不说话,也不和同伴玩。在幼儿园,她不多言,仅和个别幼儿玩;不敢与老师的目光对视,若老师多看她几眼,她会局促不安,很少与老师交谈,多用点头、摇头表达意愿。她动手能力较同龄孩子差,对绘画、手工活动有恐惧心理。

(二)行为分析

社会退缩行为是指在社会情境下或在同伴环境下,幼儿所表现出的跨时间、情境的各种独处行为。[①] 幼儿社会退缩行为不是暂时的、情境特异性的,它具有跨时间、情境的一致性,即无论在陌生环境还是熟悉环境均表现出一贯的孤独行为。幼儿社会退缩行为是幼儿社会适应不良的一种表现形式,尤其是在环境发生改变时,幼儿更会产生焦虑、害怕、烦躁与退缩的反应。具有社会退缩行为的幼儿一般会具有以下行为特点:不喜欢与人交往,喜独处;有与社会接触的兴趣,但因为社会技巧缺失等原因,受到同伴排斥;过分地害怕与同伴交往。案例中的浩浩和小欣在幼儿园与同伴或老师的主动交往都很少,喜欢一个人独自玩,对别人发起的主动交往有焦虑情绪,他们的行为都是典型的社会退缩行为。

幼儿社会退缩行为的产生有多方面的原因,从内外因素来分析,主要包括以下几点。

---

① 叶平枝. 幼儿社会退缩的特征及教育干预研究[M]. 北京:中国社会科学出版社,2007:12.

1. 内部因素

幼儿本身的内部因素包括幼儿的生理因素和自身的认知模式。第一,生理因素。婴儿时期的两种行为可以预测后期的退缩行为,一是身体活动的频率高,二是具有消极的情绪,两者均能提高边缘系统的兴奋性,而这种兴奋性可能是与害怕相关的。婴儿期具有上述两种行为的孩子在幼儿期容易表现出抑制行为。第二,幼儿自身的认知模式。社会退缩幼儿极易形成不合理的认知特点,如悲观的估价或是对挫折归因不当,而消极的认知模式会促使退缩行为的产生,还会加速其发展。

2. 外部因素

外部因素主要包括亲子依恋关系、家长教养方式和父母性格特点。第一,亲子依恋关系。积极的亲子依恋关系使幼儿感到安全、自信,能促进儿童对周围环境主动探索,进而与同伴积极互动;而消极依恋关系会导致幼儿在与他人交往过程中表现出退缩和缺少对周围环境的探索意愿。第二,家长教养方式。专制型教养,表现为对子女态度专横、粗暴,要求子女过度学习、完美发展,常常批评孩子,从而限制了他们自信心和个性的发展;溺爱型教养,表现为过度保护,过分限制孩子的活动和过多的情感疼爱,从而压抑了孩子活动的积极性,削弱了他们独立历练的能力,造成遇事退缩,动力缺乏。还有许多家长常常是专制和溺爱交织在一起的,这更加重了孩子的心理冲突。案例中的浩浩自小由爷爷奶奶抚养,父母没有太多的时间跟孩子在一起,不善于观察和了解孩子的需求,只是盲目地从物质上满足孩子,孩子调皮了就随意打骂,不正确的教养方式加剧了孩子的退缩行为。第三,父母性格特点。研究发现,父母内向畏缩、胆小怕事、易紧张焦虑等性格,会在子女身上再现,这可能是因为家长的退缩表现起到了榜样作用,潜移默化地影响了子女的行为。

(三)教育建议

研究表明,对幼儿的社会退缩行为若不加以弥补和干预,不仅会令其目前的行为出现严重的功能障碍,而且会导致更广泛的行为功能的丧失,甚至可能会产生比较严重的心理疾病,形成难以治愈的畸形性格。教师和家长可以从以下几方面进行矫正。

1. 改善亲子关系和师生关系

家长和教师应对幼儿表现出关爱和接纳,经常与幼儿进行一些亲子活动或玩一些幼儿感兴趣的游戏,并且要在活动或游戏中尊重幼儿的想法,经常鼓励和表扬幼儿,帮助他们树立自信心,让他们感受到生活的快乐和亲人的温暖。除此之外,父母和教师要信任幼儿,要让他们做力所能及的事情并及时对其行为进行强化。

2. 建立良好的同伴关系

教师和家长一定要想方设法帮助幼儿建立良好的同伴关系。教师可以利用集体游戏,创造幼儿与同伴交往的机会,引导其体验与同伴交往的快乐和集体活动的喜悦。如在"老鹰抓小鸡"的游戏中,教师选择一些性情温和、懂得谦让的伙伴邀请小欣一起参加活动,让小欣当小鸡。在"老母鸡"的保护下,小欣一次次地避开了"老鹰"的追捕,体验到了同伴的关怀和友爱。

3. 社会技能训练

社会技能训练是最早采用且运用较广泛的一种干预幼儿各种同伴交往不良行为的方法。它是一种让退缩幼儿学习和练习事先准备好的、对幼儿社会交往有影响的技能,常用的方法有榜样学习、角色扮演。以角色扮演为例,具体做法是:让退缩幼儿扮演社交活动中的角色,然后交换角色,这样幼儿自然就要考虑在不同的角色中应选择什么样的交往方式,成人在一旁给予指导、评价。除此之外,还可以让行为退缩幼儿参加短剧表演,让他在剧中扮演一个热情开朗、能拯救弱小者的英雄式人物,让他从中体验快乐,增强自信。

四、注意力缺陷多动症

(一)案例

小华,男,5岁,大班幼儿。小华的特点是注意力不集中、好动、多话。小华与别人进行一次直接的语言交流不会超过30秒,因为他的注意力很快就分散了。他很难根据教师的指令去完成一个任务,他做同一件事情的时间很短。比如教师要求他指认一个物体,他能说出来,再让他指认另一个物体,他可能就已经跑开了或者眼睛看着别处,嘴里不停地重复:"老师,我的妈妈呢?"他的情绪很容易失控,比如每次午睡起来,看到王老师和妈妈马上就哭了,开始老师以为他受委屈了,后来才知道他是激动得哭了。做操的时候,他根本就控制不了自己的动作,到处乱跑,兴奋时又使劲地蹦跳。小华喜欢吮手指,咬衣服,经常将一些细小的物品放到嘴里,喜欢用手在衣服上抠来抠去。

(二)行为分析

注意力缺陷多动症,简称 ADHD 或多动症,是一种常见的幼儿行为障碍疾病,主要针对智力正常或接近正常的幼儿,以注意缺陷、多动冲动为主要表现,并可伴有知觉和认知障碍及中枢神经失调等。[①] 根据临床表现可将多动症分为三种类型:注意缺陷为主型(约占 10%~15%)、多动冲动型(约占 5%)和混合型(约占 80%)。

注意力缺陷多动症幼儿主要症状表现为:1. 注意力涣散,注意持续的时间较短,容易受外界因素的影响,不能按照要求完成任务,做事半途而废;2. 活动过度,与发育不相称的活动过多,如以跑代步、无耐性、上课小动作多、好插嘴、惯于打人等;3. 情绪不稳、冲动任性,容易激怒,对不愉快的刺激常做出过分的反应,要求必须立即被满足,显得很任性;4. 学习困难,由于注意力很难集中,因此他们很难长时间地参与学习活动,从而导致学习成绩不佳。案例中小华的行为经专家诊断,确认为"注意力缺陷多动症",他的诸多行为符合以上所说的多动症幼儿的症状表现,如注意力不集中、好动、冲动、情绪不稳定、学习困难等。

与普通幼儿相比,多动症幼儿的社会适应性显著偏低,这可能与多动症幼儿的临床症状有关。在认知方面,多动症幼儿注意广度狭窄,注意力容易分散,这影响了幼

---

① 艾里克·J. 马施等. 儿童异常心理学[M]. 孟宪璋,等译. 广州:暨南大学出版社,2004:150.

儿的学习,造成学习困难,从而影响了其社会适应。在情感和行为方面,多动症幼儿常缺乏对冲动的控制,具有挫折耐受力较低和活动性较高的特点,这影响了幼儿的同伴交往,使其无法建立良好的人际关系,进而影响到其社会适应的水平。

(三)教育建议

由于多动症的发生存在着复杂的生理、心理、社会因素,因此,在实践中往往采用心理干预和药物治疗相结合的方式。但是对于儿童来说,因为药物的副作用太大,还可能出现分离焦虑、烦躁不安等不良反应,因此应着重于行为、心理治疗及教育,必要时辅以药物治疗。在对多动症幼儿的干预上,强调多向治疗支持,切实做好医院、学校、家庭三者间的协作。教师可以采取以下几种方法对多动症幼儿进行早期干预。

1. 强化消退训练

当多动症幼儿出现适宜的行为时,如安静、守纪律的行为,立即给予强化,例如给予奖励、鼓励等,目的是促使幼儿自愿地、主动地去学习、重复某些良好行为。对不良行为要首先明确何种因素起了强化作用,找到强化因素后,对其进行消退。例如,小华看到王老师和妈妈就哭,可能是每次他一哭,老师和妈妈就过分关注,从而强化了他的行为,并反复发生。因此,可以采取不理睬的态度来对待,不必表现得太过强烈,他的这一行为将可能逐渐消退。如果将"消退"和"强化"相结合,即对不良行为不予理睬,良好行为给予鼓励,这样将取得更好的效果。

2. 程序训练

减少多动症幼儿过多活动和不良行为,可安排一定的程序训练。如使多动幼儿学会在恰当的时间和地点安静地坐着,可用"刺激辨别训练"进行积极强化训练,具体做法是:在某一特定时间开辟一块非常显眼的绿地,并宣布"同学们,灯亮了,大家坐好不要说话!"则开始训练时时间应短暂(约 15s),对坚持者给予表扬和奖励,强化那些安静者,同时警告违反者"不行,灯亮着!"并带其到隔离室待一会儿(通常 2～5 分钟)。经过循序渐进的训练,可有效控制多动症幼儿的多动行为。

3. 放松训练

放松训练矫正幼儿多动行为是近些年的新尝试,并取得了一定的成效。因为多动症幼儿的身体长时间处于紧张状态,所以,让他们的肌肉放松可以减少他们的多动症状。放松训练主要采用生物反馈疗法和指导语放松法。训练一般要求集中进行。

附录 2
《幼儿社会教育与活动指导》课程标准(建议)

一、课程的性质及任务

《幼儿社会教育与活动指导》是学前教育专业的一门专业基础课程,具有理论与实践技能相结合的性质。教师通过讲述讲解、实践观摩、演示操作、设计指导、实践训练等方式,使学生了解幼儿社会性发展的规律及其影响因素、幼儿社会教育的目标、内容,掌握幼儿社会教育活动的基本方法、活动方案的设计和实施,使学生具备学前教育专业的基本专业技能,为今后做好幼儿教育工作奠定良好的基础。

二、教学目的与要求

理论与实践相结合。通过教学,使学生掌握幼儿社会性发展和幼儿社会教育的内涵、特点、影响因素和基本规律;使学生熟练掌握幼儿社会教育活动的设计与实施。《幼儿社会教育与活动指导》是一门复杂并涉及广泛领域的课程。教学中除介绍幼儿社会教育的基本概念、基本理论知识外,还应向学生讲清楚幼儿社会教育与其他教育领域的关系,引导学生结合幼儿的生活、运动、游戏、学习和发展的现状,思考和分析问题,培养学生独立思考、分析问题和解决问题的能力。

三、课程对象

本课程主要为教育类学前教育专业的学生开设,也可作为学校教育、特殊教育等其他教育类专业学生的选修课程或必修课程。与教育相关的非师范类学生也可选修本课程。

四、教学起点

本课程学习的基础是《学前教育学》《基础心理学》《儿童发展心理学》等先修课程。

五、课时安排

本课程总共36学时。其中实训课时(包括幼儿园见习、观摩、活动方案撰写等)

应不少于 10 学时。

六、考核方式

1. 书面测试。

2. 技能展示。

3. 幼儿园评价练习。

七、教学参考书

各类学前教育丛书及幼儿社会教育活动案例资料等。

主要参考文献

[1] 福禄贝尔.人的教育[M].孙祖复,译.北京:人民教育出版社,2006.

[2] 中华人民共和国教育部.3—6岁儿童学习与发展指南[M].北京:北京师范大学出版社,2012.

[3] 默娜·B.舒尔,特里萨·弗伊·迪吉若尼莫.如何培养孩子的社会能力[M].张雪兰,译.北京:京华出版社,2009.

[4] 教育部教育管理信息中心组编.全国优秀幼儿社会教育活动课例评析[M].重庆:西南师范大学出版社,2010.

[5] 莫源秋,韦凌云.幼儿教师实用教育教学技能[M].北京:中国轻工业出版社,2012.

[6] 雅斯贝尔斯.什么是教育[M].北京:生活·读书·新知三联书店,1991.

[7] 周梅林.学前儿童社会教育活动指导[M].上海:复旦大学出版社,2009.

[8] 李焕稳.幼儿社会教育[M].北京:北京师范大学出版社,2012.

[9] 彭海蕾.学前儿童社会教育与活动指导[M].北京:教育科学出版社,2012.

[10] 科斯特尔尼克等.儿童社会性发展指南:理论到实践[M].北京:人民教育出版社,2008.

[11] 张明红.学前儿童社会教育[M].上海:华东师范大学出版社,2008.

[12] 李幼穗.儿童社会性发展及其培养[M].上海:华东师范大学出版社,2004.

[13] 张文新.儿童社会性发展[M].北京:北京师范大学出版社,1999.

[14] 邢靖枫.幼儿社会性教育论[M].长春:吉林人民出版社,2009.

[15] L.E.贝克.儿童发展[M].吴颖,等译.南京:江苏教育出版社,2002.

[16] 方建移,胡芸,程防.社会教育与儿童社会性发展[M].杭州:浙江教育出版社,2005.

[17] 但菲.幼儿社会性发展与教育活动设计[M].北京:高等教育出版社,2008.

[18] 联合国教科文组织.教育——财富蕴藏其中[M].北京:教育科学出版社,1996(7).

[19] 乔纳森·布朗.时代[M].陈浩莺,等译.北京:人民邮电出版社,2004.

[20] 桂景宣.学前教育概论[M].北京:高等教育出版社,2007.

[21] 夏力.回归生活:幼儿园教育活动案例及评价[M].上海:复旦大学出版社,2009(8).

[22] 甘剑梅.学前儿童社会教育[M].北京:中央广播电视大学出版社,2007.

[23] 乔治·S.莫里森.当今美国儿童早期教育[M].王全志,孟祥芝,等译.北京:北京大学出版社,2004.

[24] 席小莉,窦岚.幼儿园教育环境创设[M].北京:高等教育出版社,2010.

[25] 陈世联.幼儿社会教育[M].海口:南海出版公司,2009.

[26] 卢乐珍.幼儿道德启蒙的理论与实践[M].福州:福建教育出版社,1999.

[27] 施晶晖.学前儿童社会性教育:兼论儿童职业意识培养[M].合肥:中国科学技术大学出版社,2010.

[28]刘金花. 学前儿童发展心理学[M]. 上海：华东师范大学出版社，2003.

[29]吴育红. 我国学前儿童交往的现状与对策[J]. 教育理论与实践，2012(26).

[30]李生兰. 学前儿童多元文化教育初探[J]. 早期教育，2003(6).

[31]杨丽萍. 从文化认知、文化自信到民族认同的转化与整合[J]. 湖南师范大学教育科学学报，2012(11).

[32]马春玉. 幼儿园多元文化教育浅探[J]. 学前教育研究，2007(6).

教学资源获取说明

尊敬的老师：

欢迎您选用由国家一级出版社、全国百佳图书出版单位——北京师范大学出版社出版的教材。我们坚持"出版精品教材，全程服务教学"的理念，在开发教材的过程中，配套开发了教学资源，以期为您的教学提供方便。如您希望获取该教学资源，请将"教学资源获取回执表"如实填写好并由您所在的院系或贵校教务处签章后传真、邮寄或用电子邮件传给北京师范大学出版社。具体联系方式如下。

邮寄地址：北京市新街口外大街19号北京师范大学出版社职业教育分社　100875

联系电话：010-58802883,010-58806560(传真)

电子信箱：ygp@bnupg.com

Q Q：563314661　　226941663(QQ群)

博客地址：http://blog.sina.com.cn/u/2730476753

- -

教学资源获取回执表

（特别说明：为保证您及时获得教学资源，请您务必如实填写相关信息。）

教师姓名		职称/职务		QQ	
联系电话			电子信箱		
通信地址				邮编	
所在学校			任教课程		
选用教材情况	教材名称			主　编	
	书　号			选用学生数量	

院/系主任签字：

（院/系或教务处盖章）

201___年　月　日